히스텔링
(History+Storytelling)
-역사, 문화콘텐츠를 입다-

• 유동호

어느 날 문득 진리는 무엇일까? 라는 궁금증이 생겼다. 아이들의 모습에서 어렴풋이 답을 찾았다. 아이들은 종종 버려진 물건에 새로운 가치와 의미를 부여해 새로운 장난감을 만든다. 또 새로운 장난감을 가지고 놀면서, 커다란 세계 안에 자신들만의 작은 세계를 만든다. 그렇다! 진리는 각각의 사물·인물·시대 등이 갖고 있는 고유한 가치 속에 숨어있으며, 진리가 쓸모 있으려면 새로운 가치 속에서 재배치되어야 한다.

진리와 진리의 쓸모를 찾기 위해 역사학과 기록관리학을 공부했다. 충북대학교에서 『조선후기 지방군제의 변화와 하삼도 병영 운영』으로 문학박사학위를 취득했고, 한국기록관리학교육원에서 「무형문화유산 아카이브 운영방안」이라는 작은 논문을 써서 공공기관 기록물관리전문요원과정을 수료했다. 또 문화재청 국립무형유산원 건립기획단에서 일하면서 문화유산을 활용하는 지식과 방법을 익혔다.

여전히 진리가 무엇인지, 찾은 진리는 어떻게 써야 하는지 잘 모른다. 다만 강의하는 자는 진리를 탐구하고, 탐구한 진리를 믿으며, 믿는 진리를 타인과 나누어야 한다는 신념을 갖고 있다. 이 신념 속에서 이 책을 썼다.

지난 수년 간 충북대학교, 건국대학교, 충청대학교, 중앙경찰학교, 한국방송통신대학교 등에서 한국사를 강의했고, 현재는 충북대학교 사학과에서 초빙객원교수로 한국사의 이해, 역사학과 디지털문화콘텐츠의 만남, 역사와 스토리텔링 등을 강의하고 있다.

히스텔링
역사,
문화콘텐츠를
입다

초판인쇄일   2017년 8월 30일
초판인쇄일   2017년 8월 30일
2쇄발행일   2019년 2월 28일
지 은 이   유동호
발 행 인   김선경
책 임 편 집   김소라
발 행 처   도서출판 서경문화사
            주소 : 서울시 종로구 이화장길 70-14 105호
            전화 : 743-8203, 8205 / 팩스 : 743-8210
            메일 : sk8203@chol.com
등 록 번 호   제300-1994-41호
ISBN   978-89-6062-197-8   03900
ⓒ 유동호, 2017

정가 14,000

히스텔링
(History+Storytelling)
-역사, 문화콘텐츠를 입다-

유동호 지음

서경문화사

역사는 과거의 사실을 조사하여 기록한 것으로서, 두 가지 성격을 가진다. 첫 번째는 변하지 않는 과거사실로서의 역사이고, 두 번째는 변할 수 있는 기록으로서의 역사이다. 즉 역사는 존재론적 가치와 인식론적 가치를 모두 가진다. 최근 '역사는 변할 수 있는 기록이다'라는 성격을 잘못 이해하여 활용하는 사례가 늘어나고 있다. 디지털인터넷기술의 발달로 생겨난 팩션(Fact+Fiction)현상 때문이다.

디지털인터넷기술이 발달하면서, 사실(Fact)과 허구(Fiction)가 공존하는 팩션시대가 도래했다. 팩션시대를 살아가는 사람들은 현실의 불만족을 가상현실세계에서 해소한다. 역사를 향유할 때도 마찬가지다. 역사적 사실이 적혀있는 책보다, 허구가 포함된 영화·방송 드라마·다큐멘터리 등의 역사문화콘텐츠를 통해 역사상(歷史象)을 그린다. 그럼에도 불구하고 대중에게 역사문화콘텐츠 향유방식을 알려주는 서적은 적다.

최근 출판되는 역사문화콘텐츠 책들은 역사와 문화콘텐츠의 융합 필요성만을 역설(力說)하거나, 한 쪽 분야에 편중된 주장만을 한다. 이래서는 사람들이 올바르게 역사문화콘텐츠를 향유할 수 없다. 사람들이 역사문화콘텐츠를 올바르게 향유하려면, 스스로 역사를 해석하는 능력을 키워야 한다. 그리고 관련 책들은 사람들이 역사해석 능력을 키울 수 있도록 도움을 주어야 한다.

이 책은 사람들이 역사문화콘텐츠를 올바르게 향유하는데 도움을 주기 위한 가이드북이다. 책 속에는 '역사와 문화콘텐츠는 무엇이며, 역사와 문화콘텐츠는 왜 융합해야 하는지, 스토리텔링은 무엇인지, 역사문화콘텐츠는 어떻게 향유하면 좋은지' 등의 내용을 담았다.

제1장에서는 역사와 문화콘텐츠의 개념을 알아 본 뒤, 양자(兩者)의 융합 필요성을 이야기했다. 제2장에서는 스토리텔링의 의미를 소개한 뒤, 구체적인 스토

리텔링의 방법을 이야기했다. 제3장에서는 역사적인 소재와 주제를 문화콘텐츠로 만들 때 필요한 스토리텔링 전략을 소개했다. 제4장에서는 나름의 역사적 의미를 가지는 역사문화콘텐츠를 분석한 뒤, 각 역사문화콘텐츠가 가지는 의미와 한계를 설명했다. 마지막으로 역사기록과 문화유산을 체계적으로 보존하고 활용할 수 있는 역사문화유산 아카이브 운영방향을 덧붙였다.

이 책의 목적은 대중에게 역사문화콘텐츠의 향유방식을 제공하고, 대중 스스로 역사해석 능력을 키우는 데 도움을 주는 것이다. 책에 서술된 주요 내용은 기존의 연구 성과를 기반으로 서술되었다. 다만 사람들이 책을 쉽게 읽을 수 있도록 일일이 출처를 밝히지 않았다. 대신에 책의 맨 뒤에 필자가 참고한 글들을 꼼꼼히 소개했다.

아울러 책의 전체 내용 중 많은 부분이 충북대학교의 교양과목인 〈역사학과 문화콘텐츠의 만남〉, 〈역사와 스토리텔링〉의 수업내용을 정리한 것이다. 또 수업시간에 학생들과 주고받았던 이야기들은 저자의 생각을 정리하는 데 큰 도움을 주었다. 두 과목의 수강생들이 아니었다면, 이 책은 세상에 나오지 못했다. 우리 학생들에게 진심으로 고마운 마음을 전한다. 그리고 책을 낼 수 있도록 격려해 주신 김영관 교수님과 정갈하게 책을 꾸며주신 서경문화사의 김선경 사장님께도 감사드린다. 그리고 항상 옆에서 힘이 되어주는 처와 아들 정우에게도 고맙다는 말을 전한다.

2017년 8월
연구 '空間'에서 유동호

목 차

히스텔링
(History+Storytelling)
역사, 문화콘텐츠를 입다

제 1 장
시대의 긴밀한 요청,
역사와 문화콘텐츠의 만남

| **제1장** 시대의 긴밀한 요청. 역사와 문화콘텐츠의 만남 |

1. 역사의 진실이란

역사는 공동체의 과거·현재·미래를 이어주는 공동의 기억이다. 한 사람이 자신의 기억을 상실했을 때 올바른 삶을 살 수 없듯이, 우리가 공동의 기억을 잃는다면 공동체의 현재와 미래는 불투명해진다. 우리는 공동의 기억을 상실하지 않도록 올바른 역사관과 인식을 가져야한다.

우리나라 사람들은 '우리의 역사가 당신의 삶에 소중합니까?'라는 질문을 받으면, 대부분 '예'라고 대답한다. 하지만 실제로 우리나라 사람들의 역사지식과 인식은 빈약하다. 2013년 삼일절 즈음, 청소년들의 역사 지식과 인식을 조사한 뉴스가 보도되었다. '야스쿠니 젠틀맨'이라는 제목의 뉴스였다. 기자가 한 여고생에게 '야스쿠니 신사'를 아느냐고 물었더니, 여고생은 '이 사람이 불쌍해요'라는 대답을 한다. 신사(神社)를 신사(Gentleman)로 생각한 것이다. 다음은 당시 취재진과 청소년들 사이에 오간 질문과 답변이다.

질문1. 서대문 형무소가 뭐하던 곳인지 아시나요?
 - 몰라요.
 - 사람들 가두던 곳 아닌가요?
 - 일제강점기에 독립투사 가두던 곳이요.
 (서대문 형무소 관련 질문은 실제 서대문 형무소 근처에서 진행되다보니 그래도 정
 답률이 가장 높았습니다.)

질문2. 야스쿠니 신사를 아시나요?
 - '야' 뭐요? 몰라요. (가장 많이 나온 답변입니다)
 - 처음 들어보는데요.

– 세배하는 곳? 세배니까 세 번 절하는 곳 아니에요?

– 한국 사람들이 일본 숭배하는 곳 아닌가요?

– 사람 이름 아니에요? 위인?

– 야쿠르트가 먹고 싶어요.

 ('야스쿠니'와 '야쿠르트'가 발음이 비슷해서 그랬답니다)

질문3. 일본군 위안부를 아시나요?

– 몰라요. (가장 많이 나온 답변입니다.)

– 한 번도 못 들어봤어요.

– 막 싸우던 곳?

– 독립운동 하던 곳 아니에요?

– 막 끌려가서… 뭐 하던 덴데…

질문4. 안중근 의사를 아시나요?

– 도시락 폭탄 던진 분. (가장 많은 대답이었습니다)

– 독립운동가요.

– 안창호 아니에요? (안중근 의사 사진을 보고 나온 답변입니다)

– 고문 받다가 손가락 잘렸다고 알고 있어요.

– 손가락을 잘라서 다른 곳으로 보냈다고 하던데.

질문5. 외국인에게 독도가 한국 땅인 이유를 설명한다면?

– 옛날부터 우리 땅이었으니까요.

– 그냥 지도에 그렇게 나와 있잖아요.

– 자원이 많으니까요.

– 울릉도에서 가장 가까운 곳에 위치했잖아요.

– 고3이라서 다 잊어버렸어요. 옛날엔 알았는데…

 (수능에서 한국사 과목을 선택을 안 하다 보니, 공부를 안 하게 된답니다)

질문6. '일본 중의원 168명, 야스쿠니 신사 참배. 사상 최대' 기사를 보면 어떤 생각이 드시나요?

- 모르겠어요. (가장 많이 나온 답변입니다.)
- 정치 기사 아니에요?
- 불쌍해요. 야스쿠니 신사가요. '신사' 아니에요?
  신사, 숙녀 할 때… 아닌가? 의사인가?
- 이런 기사 처음 보는데요.
- 일본이 도발한다는 내용 같은데, 정확히 모르겠어요.

SBS 8시 뉴스 (2013. 4. 29)

청소년들은 기자의 질문에 제대로 답하지 못한다. 하지만 청소년뿐만이 아니다. 우리나라 많은 사람이 비슷한 모습을 보일 것이다. 그렇다면 겉으로는 우리역사가 소중하다고 말하지만, 실제 역사지식과 인식이 부족한 원인은 무엇일까? 전문가들은 우리나라의 기형적인 역사교육제도가 근본원인이라고 말한다. 교과과정에서 국사를 필수과목으로 두지 않은 점, 국사를 한 학기에 몰아 배우는 집중 이수제 등의 제도가 큰 문제라는 것이다. 물론 맞는 말이다. 그런데 기형적인 교육제도가 근본원인은 아니다. 역사교육제도가 아니라, 역사교육방식의 문제이다. 지금까지 우리의 역사교육은 스스로 기억하는 교육이 아니라, 기억당하는 교육이었다. 그러다보니 과거의 역사와 현재의 삶 사이에 괴리감이 생겼다.

올바른 역사교육방식은 무엇일까? 역사란 단순한 과거사실이 아니라, 우리의 삶과 밀접히 맞닿아 있는 현재의 문제이다. 지금껏 우리의 역사교육은 과거사실을 모사(模寫)하는 것만 알려주었지, 과거사실과 우리 삶의 연계성을 알려주지 않았다. 그러다보니 사람들은 역사의 교훈을 실행으로 옮기려는 필요성을 느끼지 못했다. 역사의 현재성과 실천성이 떨어졌던 것이다.

역사가 우리 삶과 밀접히 맞닿아 있음을 어떻게 알려주어야 할까? 우선 역사의 본질적인 성격과 역사 공부(탐구)의 목적을 알려주어야 한다. 그런 다음 고대사에서 근현대사에 이르는 한국사의 전반적인 맥락 속에서 주요사건들을 되짚어야 한다. 그래야만 역사의 맥락 속에서 역사의 메시지를 파악하고 활용할 수 있는 능력을 키울 수 있다.

역사란 과거의 사실(인간의 흔적)을 조사하여 기록하는 것이다. 역사는 두 가지 성격을 가지고 있다. 첫째는 변하지 않는 과거사실이고, 둘째는 변할 수 있는 기록이다. 즉 역사는 존재적 성격과 인식론적 성격을 모두 가진다. 그런데 우리는 기록을 통해서만 과거를 알 수 있다. 그럼에도 불구하고 우리는 '역사는 변하지 않는 또는 변할 수 없는 과거사실'이라는 점만 생각한다. 이 때문에 우리는 역사가 현재의 삶과 동떨어져 있다고 생각하고, 역사지식을 쌓지 않았다.

우리는 '역사는 변할 수 있는 기록'이라는 성격 속에서 역사 공부(탐구)의 목적을 찾아야 한다. 역사가 존재론적 성격만을 가진다면, 우리는 당연히 모사(模寫)하는 것에 초점을 맞춰 역사공부(탐구)를 해야 한다. 하지만 우리는 과거의 모든 사실을 알 수 없으며, 과거의 모든 사실이 현재의 우리에게 의미 있는 것도 아니다. 우리가 인식하는 역사는 기록이라는 것을 인정하고, 사실(事實)을 사실(史實)로 선별하는 능력을 키워야 한다. 즉 다양한 역사해석 속에서 진실을 찾는 눈을 키워야 한다.

역사의 진실이란 무엇일까? 역사의 진실이란 절대적 객관성이 아니라, 상호주관적인 것이다. 상호주관성(간주관성. Intersubjectivity)이란 복수(複數)의 주관이 공동으로 만든 하나의 상호관계이다. 여러 사람이 하나의 대상을 동시에 보았을 때, 인간이기에 각자 생각하는 것이 다르다. 하지만 인간이기에 분명히 공유하는 의미와 가치가 있다. 예를 들어 내 손가락이 다쳤을 때, 육체적 상태(살이 벗겨지고 피가 흐르는 상태)는 누구의 눈에도 분명한 것이기에 상호주관적인 것이다. 하지만 내 손가락이 아픈 정도는 나만 느낄 수 있는 것이기에 주관적인 것이다. 역사의 진실은 과거사실을 각자의 관점으로만 해석하는 주관적 사실이 아니라, 많은 사람이 공유하는 상호주관적인 사실이다.

역사의 진실을 찾을 수 있는 눈은 어떻게 하면 가질 수 있을까? 우선 각 역사와 문화의 보편성과 특수성을 인정해야 한다. 보편성이란 인간 삶의 원리로서, 어느 시대나 어느 사회에 있는 공통점이다. 예를 들어 '사람은 행복하려고 산다'는 생각은 누구나 가지고 있다. 즉 시간과 공간을 초월한 삶의 원리이자 보편성이다. 반면 특수성이란 보편적인 삶속에서 나타나는 다양한 삶의 방식이다. 각 시대 및 민족의 고유한 언어 · 풍속 · 종교 · 예술 · 사회제도 등이다. 중요한 점은 문화의 특수성은 보편성 속에서 나타나는 '차별'이 아니라 '차이'라는 것을 아는 것이다.

예전에 명창 박동진 선생님께서 출연하신 의약품 TV광고가 생각난다. TV광고에서 박동진 선생님은 제자들에게 "제비 몰러나간다"라는 판소리를 전수하면서 "잘한다. 우리 것은 소중한 것이여"라는 말씀을 하신다. 우리 것은 최고가 아니라, 우리 것은 좋은 것이다. 역사와 문화에서 최고는 없다. 다만 좋고 소중한 것만 있을 뿐이다. 만약 역사와 문화의 특수성을 차별로 잘못 인식한다면, 자민족 · 자문화 중심주의로 빠져 역사의 진실을 왜곡할 수 있다.

2. 역사의 진실이 왜곡된다면

역사를 주관적 사실로만 이해하고 현재의 특수성만을 강조하여, 역사의 진실을 왜곡하는 경우가 종종 있다. 중국정부가 추진하는 동북공정(東北工程)이 대표사례이다.

• 중국 동북지역 지도

동북공정은 '동북변강역사여현상계열연구공정(東北邊疆歷史與現象系列硏究工程)'의 줄임말이다. 동북공정은 중국의 사회과학원 산하 변경사지연구중심(邊疆史地硏究中心)에서 2002년 2월 28일부터 5년간 시행했던 사업이며, 현재는 다른 형태로 진행 중이다. 사업명칭에서 보듯이, 동북공정은 중국 동북3성(헤이룽장성, 지린성, 랴오닝성)에서 일어난 역사와 현상들을 연구하는 사업이다. 동북공정의 연구범위는 현재 및 미래의 역사뿐만 아니라, 과거의 역사까지이다. 동북공정의 연구결과, 중국정부는 동북지역에 존재했던 우리민족의 고대사(고조선, 부여, 고구려, 발해)도 중국민족의 역사라고 주장한다.

동북공정의 주된 주장은 다음과 같다. 첫째 고조선은 기자조선 → 위만조선 → 한사군으로 이어지는 중국사의 일부분이라고 주장한다. 중국정부는 고조선의 역사가 중국사의 일부분이라는 증거로 당시 진시황의 장성(만리장성)이 대동강까지 이르렀다는 것을 제시한다. 그러나 동북공정의 주장은 당시의 문헌적, 상황적, 고고학적 측면에서 맞지 않는다. 우선 당대 역사서인 사마천의 『사기(史記)』에 "진나라 장성의 동쪽 끝이 요동까지 이르렀다"고 기록되어 있다. 즉 진나라 장성은 요동을 넘지 않은 것이다.

동북공정의 주장은 『상서대전(尙書大全)』, 『사기』, 『한서(漢書)』 등에 기록된 "은나라 사람 기자가 조선을 건국하고 훗날 주나라 무왕에 의해 조선후로 봉하여 졌다"는 기사에 근거한다. 하지만 동북공정에서 제시하는 기자 관련 기록은 신뢰성이 떨어진다. 『상서대전(尙書大全)』, 『사기』, 『한서(漢書)』 등은 모두 한나라 이후의 사서이기 때문이다.

『죽서기년(竹書紀年)』, 『상서(尙書)』, 『논어(論語)』 등의 선진시대 사서에서는 기자에 대해 "덕과 학문이 뛰어난 어진 이"라고만 기록되어 있다. 기자가 조선 땅으로 가서 지배자가 되었다는 기록은 보이지 않는다. 또 중국 남북조시대에 만들어진 지리지 『수경주(水經注)』에는 기자의 무덤이 "산동성과 허난성의 경계에 있다"라고 기록되어 있다.

상황적 측면에서도 기자가 조선을 건국하는 것은 불가능하다. 은·주나라

는 황하유역에 있었던 고대국가였다. 황하유역과 고조선 땅 사이에는 많은
종족이 거주하여 쉽게 이동할 수 없었다. 또 당시 조선 땅에는 토착세력이 있
었기 때문에 일개의 이민족이 토착세력을 복속시키기 어려웠다. 모든 상황을
종합하면 기자가 조선을 건국하거나, 주의 무왕이 기자를 조선 후로 봉하는
것은 불가능하다.

　　고고학적 측면에서도 동북공정의 주장은 맞지 않는다. 당시 동북아시아
지역과 황하유역은 신석기시대에서 청동기시대에 이르기까지 문화양상이 달
랐다. 고조선의 영역과 일치하는 북방형 고인돌, 비파형동검, 청동거친무늬
거울 등이 증거이다. 북방형 고인돌 등은 한반도북부와 만주지역에서는 많이
출토되나, 황하유역을 비롯한 중국 땅에서는 거의 출토되지 않는다. 즉 두
지역의 문화가 달랐으며, 교류가 없었던 것이다.

　　위만조선도 일부 지배층만 바뀌었을 뿐, 정체성은 단군왕검의 고조선과 같
았다. 일연이『삼국유사(三國遺事)』에서 고조선과 위만조선을 구분한 이유는 단
지 위만이 정권을 잡은 시기와 이전의 시기를 구분하기 위해서였다. 단군조
선과 위만조선의 정체성을 구분하려는 것은 아니었다. 무엇보다 1392년 이
성계가 새로운 나라의 이름을 조선으로 정한 것은 우리민족이 고조선을 계승
한 증거이다.

　　둘째 부여는 한국 민족과 아무 관계없는 중국 고대 소수민족 중의 하나가
세운 국가라고 주장한다. 하지만 부여는 분명히 우리의 고대민족이었던 예맥
족이 세운 나라이다. 중국의 사서『삼국지(三國志)』에 "부여는 예맥의 땅에 있
었다", "맥인 또는 예맥이라 불린 고구려는 언어와 법칙이 대체로 부여와 같
은 부여별종이다"라는 기사가 있다. 또 427년 백제가 북위에 보낸 외교문서
에는 "백제와 고구려가 모두 부여에서 비롯되었다"고 기록되어 있다. 이렇듯
부여의 역사는 중국민족의 역사가 아니라, 우리민족의 역사이다.

　　셋째 고구려는 중국민족이 세운 지방정권이라고 주장한다. 고구려가 중국
의 왕조로부터 책봉을 받고 조공을 바친 것을 증거로 제시한다. 고구려는 자

주국이다. 고구려의 최전성기를 기록한 광개토대왕비문(廣開土大王碑文)를 보면, 고구려인은 천손사상(天孫思想)을 가지고 있었으며 독자적인 연호를 사용하였다는 것을 알 수 있다. 고대사회에서 지배층은 국가의 효율적인 통치를 위해 천손사상을 선민사상으로 활용하였다. 지배층은 하늘로부터 선택받은 우수한 민족이며, 피지배층은 하늘로부터 선택받지 못한 열등한 민족이었음을 강조한 것이다. 당시 중국의 고대국가도 천손사상을 활용했다. 고구려가 중국왕조의 지방정권이었다면, 대놓고 천손사상을 선포하는 것은 불가능하다.

고대사회에서 독자적인 연호(年號)는 자주국가를 천명하는 방식이었다. 연호는 연대를 부르는 호칭이다. 지금 우리는 예수님의 탄생을 기점으로 만든 서기(西紀)를 연호로 사용한다. 알게 모르게 서양의 인식 속에 살고 있다. 이렇듯 연호는 누구의 시대라는 것을 의미한다. 광개토태왕은 '영락'이라는 독자적 연호를 사용하였다. 당시가 고구려 태왕의 시대였음을 보여주는 것이다.

한편 고구려는 기원전 1세기에 건국하여 668년에 멸망한 국가로서, 약 700년 동안 동북아시아에서 거대한 영토를 차지했던 강대국이다. 반면에 중국은 220년에 한나라가 멸망하고, 581년 수나라가 통일하기 이전까지 여러 왕조가 흥망성쇠를 거듭하는 위진남북조시대였다. 큰 영토를 가졌던 통일왕조 고구려가 위진남북조시대의 한 왕조에게 조공을 바치고 책봉을 받았다는 것은 납득할 수 없다. 더욱이 통일왕조였던 수나라와 당나라는 약 110만 명과 30만 명의 대군을 보내, 고구려를 정복하려고 하였으나 실패하였다. 수나라가 고구려정복을 위해 보낸 113만 8천 명의 병력은 중국대륙을 통일할 때 사용하였던 병력의 3배였다. 모든 상황과 기록을 종합하면, 고구려가 중국왕조의 지방정부일 수는 없다.

넷째 발해는 중국의 지방정부였고, 국호는 말갈국이었다고 주장한다. 이 주장은 『신당서(新唐書)』의 "발해는 본래 속말말갈로 고(구)려에 붙은 자며, 성은 대씨다"라는 기록에 근거한다. 발해왕족인 대씨가 속말말갈 사람이니, 발해는 말갈국이라는 주장이다. 하지만『신당서』의 '속말말갈'이라는 표현은 논쟁의 중심에 서있다. 『구당서(舊唐書)』에는 "발해말갈 대조영은 본래 고(구)려 별종이다"라고 기록되어 있으며, '속말말갈'은 당시 중국민족이 흑룡강성과 백두산 사이에 살던 여러 민족을 통칭하여 부르던 말이라는 학계의 의견이 있기 때문이다. 그리고 한 국가의 역사계승성은 왕족의 혈통으로만 규정지을 수 없다.

한 국가의 역사계승성은 지배층의 성격, 언어와 풍습, 역사계승의식 등이 모두 고려되어야 한다. 대씨를 제외한 발해지배층의 주요성씨는 고구려지배층이었던 고씨, 이씨, 장씨, 양씨 등이었다. 특히 고씨는 전체 지배층의 40%가 넘었다. 결국 고구려지배층이 그대로 발해의 지배층으로 이어진 것이다.

발해의 언어와 풍습도 고구려를 계승했다. 『속일본기(續日本記)』에 "천평 12년(740)에 발해사신이 오자, 천황이 대극전에서 정월 조정 하례식을 하는데 발해사신과 신라 학어(學語)가 나란히 섰다"는 기사가 있다. '학어'는 일본말을 배우기 위해 일본에 머무는 사람이었다. 지금의 어학연수생이다. 어학연수생이 국가의 중대행사에 나란히 외국사신과 설 수는 없다. 신라의 학어는 발해사신과 일본 왕 사이에서 통역을 하였던 것이다. 결국 신라인과 발해인은 말이 통하였음을 의미한다.

또한 발해영역에서 우리민족만 가지는 온돌이 발굴된다. 심지어 러시아 블라디보스토크에서도 온돌유적이 출토된다. 온돌은 부여에서 고구려로, 고구려에서 발해로, 발해에서 한반도로 이어진 우리민족의 고유한 문화이다. 온돌 하나만으로도 발해가 고구려를 계승한 국가임을 증빙할 수 있다.

한 나라가 또 한 나라를 계승했음을 증빙하는 가장 큰 증거는 당시 사람들의 생각이다. 한 민족의 역사계승의식은 무덤과 국서(國書)를 보면 잘 알 수 있다. 무덤양식은 쉽게 변하지 않고, 다른 나라에 보내는 국서는 한 나라의 공식의견을 보여주기 때문이다. 발해 제3대 문왕의 둘째 딸인 정혜공주의 묘는 반 지하구조, 모줄임천장 등 고구려 무덤양식을 그대로 따랐다. 또 발해

제2대 무왕은 일본에 보낸 국서에 "무예(무왕의 이름)는 이웃 여러 나라를 아울러서 고구려의 옛 터전을 수복하고 부여의 풍속을 소유하게 되었다"라고 썼으며, 제6대 강왕은 "지속적인 외교관계를 유지함으로써 고씨(고구려)의 발자취를 따르겠다"고 적었다. 발해의 무덤양식과 국서의 내용은 발해왕실이 고구려를 계승했음을 의미한다.

동북공정의 주장은 여러 모로 근거가 부족하다. 그럼에도 불구하고 중국정부는 동북공정을 왜 추진할까? 한반도가 대한민국을 중심으로 통일되었을 때를 대비하기 위해서이다. 구체적으로 동북지역에 가장 많이 거주하는 조선족이 독립하는 것을 방지하고, 한반도 통일 후 일어날 수 있는 영토분쟁을 사전에 방지하며, 통일 후 북한지역의 역사적 연고권을 주장하기 위해서이다.

동북공정의 첫 번째 목적인 조선족의 독립방지는 중국의 국가유지정책과 긴밀히 연결된다. 중국은 13억 5천만 명이 사는 거대한 국가이다. 중국의 인구비율을 보면 한족(漢族)이 90.2%, 55개의 소수민족이 9.2%를 차지한다. 인구비율에서는 한족이 절대다수를 차지하나, 영토에 미치는 영향력은 소수민족이 더 크다. 한족이 직접적으로 영향을 미치는 영토는 40% 정도이나, 소수민족이 영향력을 미치는 영토는 약 60%에 달한다. 중국정부는 소수민족의 독립을 항상 우려하며, 중화민족이라는 이념 속에 소수민족들을 통합하려고 한다.

중국정부의 우려는 1990년대부터 현실로 드러났다. 서북과 서남지역에서 위구르와 티베트 민족이 독립을 선언한 것이다. 중국정부와 두 민족의 갈등은 지금까지 이어진다. 중국정부는 위구르와 티베트의 독립선언 이후, 동북지역의 조선족을 주목하였다. 조선족은 '조국은 중국이라고 생각하나, 모국은 조선'이라는 이중적 정체성을 가지고 있기 때문이다. 더군다나 1991년 한중수교가 맺어진 이후 조선족의 한국 진출이 활발해지면서 조선족을 우려하는 시선은 더 커졌다. 결국 동북공정은 단순한 역사왜곡사업이 아니라, 중국정부의 국가유지정책의 일환이다.

중국정부는 한반도 통일 이후 제기될 수 있는 간도(間島) 지역의 영토분쟁을 우려한다. 우리나라의 많은 사람이 간도를 잘 모른다. 하지만 간도는 1909년 일본과 청나라 간 맺은 간도협약에 의해 석연치 않게 뺏긴 땅이다. 간도협약은 일제가 청나라로부터 남만주철도 부설권을 보장받은 대가로 청나라와 맺은 협약으로서, 백두산정계비에 있는 청나라 측의 해석을 그대로 인정한다는 내용을 담고 있다.

• 간도의 위치

간도는 백두산 북쪽의 만주일대로서, 서간도(압록강, 송화강의 상류지방인 백두산 일대)와 동간도(북간도-훈춘, 왕청, 연길, 황룡현 등)로 구분된다. 간도는 원래 읍루와 옥저의 땅이었다가, 고구려가 이 지방으로 뻗어나면서 고구려의 영토가 되었고, 고구려가 망한 뒤에는 발해의 영토가 되었다. 그 뒤 고려시대로부터 조선 전기에 걸쳐 여진족이 각지에 흩어져 살았다. 그러나 여진족은 농경보다 유목·수렵에 종사하였기 때문에 비옥한 간도지역이 오랫동안 개척되지 못하였고, 조선 후기 한국인 유민(流民)이 들어가 미개지를 개척하였다.

만주지역에 청나라가 세워진 후, 백두산을 중심으로 조선과 청나라 간에 국경선 문제가 계속되었다. 숙종 38년(1712)에는 우리나라와 청나라를 가르는 백두산정계비가 세워지기도 하였다. 백수산정계비에는 "서쪽으로는 압록강, 동쪽으로는 토문강으로 하여 이 분수령에 비를 세운다(西爲鴨綠 東爲土門 故於分水嶺上 勒石爲記)"고 새겨져 있다. 여기서 '토문강'이 어디를 지칭하는 지를 두고 훗날 논란거리가 되었다.

청나라는 간도지역을 오랫동안 봉금지역으로 선포하고 입주를 금지하였다. 정계비가 건립된 뒤 간도의 귀속문제는 크게 논란이 되지 않았다. 그러다가 19세기 중엽 청나라의 봉금과 조선의 월경금지가 소홀해진 틈에 함경도민들의 두만강 월경농사가 시작되면서 문제가 야기되었다. 특히 1869년과 1870년 함경도에 큰 흉년이 들면서 많은 사람이 간도로 옮겨갔다. 이에 청나라는 1881년부터 봉금을 해제하고 청나라 사람들의 간도 이주와 개간을 장려하는 정책을 폈으며, 1883년에는 간도에서의 조선인 철수를 요구했다. 결국 청나라와 조선 사이에 외교분쟁이 첨예화되었다.

조선은 백두산정계비에 의거하여 토문강이 송화강 상류에 있는 토문강(해란강)을 가리키므로 간도는 조선의 영토라고 주장했다. 반면에 청나라는 두만강이 토문강이라고 주장했다. 이후 1885~1888년 사이에 조선과 청나라 사이에 교섭이 진행되었으나, 결렬되었다.

대한제국이 성립된 이후에도 우리는 간도의 영유권을 강력하게 주장했다.

그러나 일제가 1909년 9월에 청나라로부터 남만주철도 부설권(선양-다롄)을 보장받은 대가로 백두산정계비에 대한 청나라 측 해석을 그대로 인정하는 간도협약을 체결했다. 간도협약은 제 1조에 "청·일 양국정부는 두만강을 한·청 경계로 상호성명하고 정계비로부터 석을수를 경계선으로 한다"고 규정했다. 이때부터 50년대 말까지 한국과 중국의 국경선은 두만강 상류인 석을수가 되었다.

백두산정계비에 기록된 토문강은 두만강이 아니라 송화강의 상류이다. 1909년은 아직 우리가 일본에게 주권을 뺏기기 전이다. 그리고 중국과 일본이 주장하는 1905년 을사조약에 의한 외교권 이양도 많은 문제가 있다. 을사조약은 강압에 못 이겨 억지로 체결한 불평등조약이기 때문이다. 이렇듯 간도를 둘러싼 논란거리는 많다. 이 때문에 중국정부는 사전에 역사적 연고권을 확보하기 위해 동북공정을 추진하고 있다.

중국정부는 만주를 넘어, 한반도 북부지역까지 넘본다. 한반도가 대한민국 중심으로 통일된 이후 북한지역의 역사적 연고권을 주장하려는 것이다. 고조선, 고구려, 발해의 영토는 만주와 요동만이 아니었다. 고조선과 고구려의 후기 수도는 평양이었으며, 발해의 영토도 한반도 서북부지역까지였다. 만약 고조선, 고구려, 발해의 역사가 중국의 역사로 탈바꿈된다면, 북한정부가 무너졌을 때 불가능한 시나리오도 아니다.

동북공정은 겉으로는 2007년에 끝났다. 하지만 동북공정은 다른 형태로 확대·재생산 중이다. 동북공정의 주장은 근거가 빈약했다. 중국정부는 2007년 이후 자신들의 주장을 증빙할 수 있는 근거들을 확보하기 시작했다. 대표사례가 '만리장성 길이 늘이기 사업'이다.

2009년 중국정부는 만리장성의 길이가 6,351km(하북성 산해관~감숙성 가욕관)에서 8,851km로 늘어났다고 발표했다. 하북성 산해관이 동쪽 끝이 아니라, 단동에 있는 호산산성이 동쪽 끝이라는 것이다. 하지만 호산산성은 만리장성의 연장선이 아니라, 고구려 장성이었다. 기존의 호산산성을 훼손하고,

호산산성 위에 만리장성을 덧씌운 것이다. 여기서 끝나지 않고, 중국정부는 2012년 만리장성이 21,196km(신장 위구르 하미~흑룡강성 목단강변장)로 늘어났다고 발표했다.

중국정부가 만리장성의 길이를 계속 늘이는 이유는 만리장성을 국경의 개념으로 보기 때문이다. 본래 만리장성은 중국민족과 다른 민족을 구분하는 선으로 인식되었다. 만리장성은 기원전 5세기경에 진나라가 북방의 흉노족을 막기 위해 건설하였다가, 14세기경에 명나라가 북방의 몽골족을 막기 위해 대대적으로 증축하였다. 만리장성 안에 있는 사람은 한족, 바깥쪽은 이민족으로 구분했던 것이다. 그런데 1990년대부터 중국정부는 만리장성에 영토의 개념을 넣었다. 만리장성 있는 곳이 모두 중국민족의 영토였다는 논리이다.

2007년 이후 확대된 동북공정의 주장과 이론은 교과서에 실려 중국인들에게 교육되었다. 중국정부는 현재 자신들의 영토라고 하여, 그 영토 속에 있는 다른 민족의 역사까지 자신들의 역사라고 주장한다. 이러한 역사관은

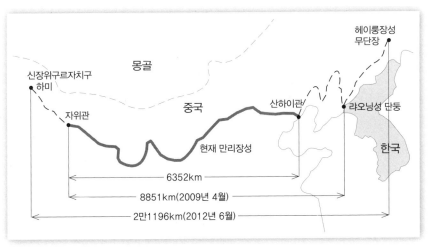

• 중국정부가 주장하는 만리장성 길이

이웃민족과 갈등과 충돌을 일으키며, 동북아의 평화를 위협할 뿐이다. 역사는 과거의 사실을 다루는 영역이다. 하지만 과거의 사실은 현재의 사람들이 이용한다. 그러니 역사를 공유한 민족들은 서로의 역사를 인정하고 존중하여, 현재를 올바르게 성찰하고 창조적인 미래를 설계해야 한다.

3. 왜 문화콘텐츠인가

문화콘텐츠는 인간들이 지적 · 정서적으로 향유할 수 있는 모든 종류의 무형자산이다. 즉 사람이 보고, 듣고, 읽으면서 즐기는 모든 무형자원들이다. 영화 · 음악 · 애니메이션 · 게임 등이 대표적인 문화콘텐츠이다. 인간에게 즐거움을 주는 무형자원들은 예전에도 있었다. 그렇다면 오늘날 왜 문화콘텐츠라는 용어로 부를까?

문화콘텐츠라는 용어는 사람들의 필요에 의해서 만들어졌다. 정보통신기술이 발달하면서, 미디어가 급격히 발달했다. 미디어가 발달하면서, 문화예술의 생산과 소비가 일상생활에서 쉽게 이루어졌다. 1990년대 초반까지도 개봉한 영화를 보려면 도심에 있는 극장에 직접 가야만 했다. 그러나 지금은 TV · 컴퓨터 · 스마트폰 등으로 쉽게 영화를 볼 수 있으며, 리뷰도 올릴 수 있다. 오늘날 문화생산과 소비는 시각과 청각을 자극하는 영상을 매개체로 주로 이루어진다. 이로 인해 영상 중심의 문화자원들을 통합하여 지칭할 필요가 생겼고, 문화콘텐츠라는 용어가 생겼다.

콘텐츠(Contents)는 본래 콘텐트(Content)이다. 콘텐트는 미디어 또는 플랫폼에 담기는 내용물이다. 즉 문자 · 영상 · 소리 등의 정보가 가공되어 소비자에게 전달되는 정보 상품이다. 1990년대 중반에 유럽에서 멀티미디어 콘텐트(Multimedia Content)라는 용어가 처음 생겼고, 멀티미디어 콘텐트가 한국에서는 미디어에 담기는 모든 형태의 내용물을 의미하면서 자연스럽게 복수형이 되었다. 특히 원소스멀티유즈(One Source Multi Use)의 개념이 강조되면서 복수형이 고착되었으며, 1999년 E-비지니스 열기가 고조되면서 3C(Commerce, Community, Content) 범주 속에서 콘텐츠라는 용어가 보통명사화 되었다. 결국 문화콘텐츠라는 용어는 기존에 있었던 대상들을 필요에 의해 통합하여 지칭한 것이다. 이 때문에 아직 용어와 개념이 정립되지 못하였다. 실례로 문화콘텐츠라고 지칭하는 무형자원을 일부에서는 컨텐트, 컨텐츠, 콘텐츠, 콘텐츠, 콘텐츠기술, 문화기술 등으로 다양하게 부르며, 관련 산업들을 영국에서는 창조적 산업(Creative Industry)으로, 미국에서는 미디어 엔터테인먼트 산업(Entertainment Industry)으로 부르고 있다.

디지털인터넷기술이 발달하는 탈근대사회에서는 영상 중심의 문화콘텐츠는 한층 더 우리 삶에 밀착될 것이다. 마이클 하임(Michael Heim)은 "디지털인터넷시대의 문화콘텐츠는 보이는 것에서 보이지 않는 것으로, 손에 잡히는 것에서 잡히지 않는 것으로, 집단적이며 일 방향적인 것에서 개인적이고 쌍방향적인 것으로 변해가고 있다"고 말한다. 실제로 영화산업은 변화의 물결을 맞이하였다. 대중이 온라인에서 직접 영화를 만들어 상영하는 경향이 나타나면서, 영화산업의 방향을 바꾸고 있다. 현대의 대중들은 문화의 소비자로 만족하지 않고, 직접 문화생산에 뛰어든다. 이제 더 이상 문화의 생산과 소비는 소수에 의해 독점되지 않는다. 많은 그룹들이 다양한 문화적 중심을 만들며, 각각의 문화적 중심은 디지털인터넷기술을 통해 서로 연결되고, 서로를 통해 발전한다. 엘빈 토플러(Alvin Toffler)가 말한 프로슈머(Prosumer)의 개념이 실현되는 모습이다.

대중이 문화 생산과 소비의 중심이 되는 디지털인터넷사회는 기술과 지식, 그리고 예술적 감성의 융합을 요구한다. 과거 산업사회는 기계적인 하드웨어(Hardware)의 시대였으나, 오늘날 디지털인터넷시대는 소프트웨어(Software)와 콘텐트웨어(Contentware)의 시대이다. 그리고 다가올 포스트디지털인터넷시대는 모든 웨어(Ware)가 융합된 아트웨어(Artware)의 시대가 될 것이다.

디지털인터넷기술의 발달은 사람들에게 육체의 편안함과 지적 충만함을 주었으나, 현실의 결핍과 새로운 것을 향한 욕구를 주었다. 사람들은 현실의 결핍과 열망을 감성으로 채우기 시작하였다. 결국 포스트디지털인터넷시대는 기술과 지식, 그리고 감성이 공존하는 시대가 될 수밖에 없다. 그로인해 문화콘텐츠를 핵심으로 하는 문화산업이 비약적으로 발전할 것이다.

문화산업이란 문화상품이 생산·유통·소비되는 산업을 말한다. 유네스코는 문화산업을 "형체가 없고 문화적 콘텐츠를 창조·생산·상업화하는 산업"이라고 규정한다. 오늘날 문화산업은 사람들의 감성을 채워줄 뿐만 아니라, 상당한 경제적 부가가치를 창출한다. 2000년대 초반에 제작된 TV사극 〈대장금〉의 경우 총수익이 250억 원(순수익 120억)에 달하였고, 경제적 파급효과는 2,000억 원 이상이었다. 무엇보다 국가 브랜드를 높여 나라의 이미지를 쇄신하는데 큰 도움을 주었다.

각 나라는 문화산업을 차세대 국가발전 산업으로 선정하고 지원하는 중이다. 미국은 문화산업을 군수산업과 함께 2대 주력산업으로 선정하였고, 영국은 별도의 창조산업법을 규정하였으며, 일본은 7대 신 성장 산업으로 지정하였다. 중국은 동만게임산업진흥기구라는 별도의 전담기구를 만들어 지원중이다. 우리나라도 문화산업진흥기본법을 제정하여 지원을 확대하고 있다.

사회적·경제적 부가가치가 높은 문화산업이 융성하려면 '킬러콘텐츠'라고 불리는 질 높은 문화콘텐츠가 필요하다. 킬러콘텐츠는 대중의 열망과 기술이 결합되어야 만들어질 수 있다. 지금까지 우리는 기술의 발전과 대중의 욕망을 별개로 생각했다. 이케다 노부오는 "인터넷은 전기통신세계의 우발적인 사건이 아니다. 그 배경에는 자유로운 표현을 요구하는 개인의 욕구와 그것을 가능하게 하는 지적수준의 향상이 있었다"고 말한다. 자유로운 표현을 갈망하는 대중의 욕구와 지적수준의 향상이 있었기에 인터넷기술이 발전할 수 있었다는 뜻이다.

인간의 열망이 기술을 발달시키고, 킬러콘텐츠를 생산한 예는 많다. 영화 〈배트맨〉을 제작한 팀 버튼(Tim Burton)은 칼아츠 재학시절에 수업은 듣지 않고, 항상 애니메이션을 영화로 표현할 수 방법을 구상했다. 처음에 학교 교수들은 팀 버튼을 탐탁지 않게 여겼지만, 결국 팀 버튼을 인정하고 배려하였다. 그 결과 팀 버튼이 구상한 애니메이션은 새로운 기술과 조응하여 창의적인 영화로 표현되었다. 그 영화가 〈배트맨〉이다. 토이 스토리를 제작한 존 라세터(John Lasseter)도 비슷하다. 존 라세터가 칼아츠에 재학하던 시절에는 3D애니메이션으로 영화를 만들 수 있는 기술이 없었다. 그러나 존 라세터는 항상 3D영화를 만드는 방식을 연구하여 〈토이 스토리〉를 만들었고, 〈토이 스토리〉가 오늘날의 픽사(Pixar)를 만들었다.

대중의 열망이 담긴 소재 및 주제는 인간의 삶이 풍부하게 녹아있는 역사에서 찾는 것이 유리하다. 다시 말해 과거 역사를 주제로 문화콘텐츠를 만들면 킬러콘텐츠가 될 가능성이 높다. 흔히 사람들은 문화콘텐츠는 순수 창작 분야로 생각한다. 그러나 최근의 킬러콘텐츠를 보면 역사의 내용을 정리하여 만들어진 것이 많다. 역대 최다 관객 수를 기록한 〈명량〉, 동남아·중동·남미 등에서 큰 인기를 구가하는 〈대장금〉, 켈트신화를 기반으로 만들어진 〈반지의 제왕〉 등이 대표사례이다. 결국 킬러콘텐츠는 과거사실의 정확한 정리 위에서 상상력이 발휘되어야 만들어질 수 있다.

역사학은 문화콘텐츠와 융합할 수 있는 좋은 조건을 갖추고 있다. 첫째 역사는 킬러콘텐츠를 만들 수 있는 원천자료를 충분히 제공할 수 있다. 역사학은 과거사실을 재해석하는 학문이기 때문에 방대한 사료를 수집·정리·보존한다. 이미 역사학은 킬러콘텐츠를 만들 수 있는 데이터베이스(DB)를 가진 것이다.

둘째 역사학은 검증된 소재와 주제를 제공할 수 있다. 역사기록은 후대 역사가의 주관에 의해 기록된 것이기 때문에, 항상 정확하거나 동일하지 않다. 역사가는 다양한 해석이 담긴 기록을 사료비판하여 검증한다. 역사학자의 사료비판에 의해 검증된 자료로 만들어진 문화콘텐츠는 대중과 공감하는 데 유리하다.

셋째 역사학은 문화저항을 줄일 수 있는 자료를 제공한다. 역사학자는 보편성과 특수성을 바탕으로 역사를 탐구한다. 보편성이란 누구나 가지고 있는 삶의 공통점이며, 특수성이란 보편성 안에서 환경에 따라 다르게 나타날 수 있는 삶의 차이점이다. 역사가는 항상 하나의 역사사실을 또 다른 역사사실과 비교하여 공통점과 차이점을 찾는다. 한번 걸러진 자료로 만들어진 문화콘텐츠는 문화저항을 줄여서, 다양한 사람들이 공감할 수 있는 기반을 제공할 수 있다.

역사학과 문화콘텐츠가 융합하면 상생효과를 누릴 수 있다. 역사학은 대중과의 소통이 편해진다. 역사와 문화콘텐츠가 결합하면 무거운 역사사실이 대중에게 쉽게 전달되어, 역사사실이 가지고 있는 의미와 가치를 폭넓게 전달할 수 있다. 한편 문화콘텐츠는 역사적 교훈이 담긴 질 높은 콘텐츠를 만들 수 있다. 디지털인터넷시대는 역사학과 문화콘텐츠의 융합을 긴밀하게 요청하고 있다.

4. 역사인식방법의 전환 '큰 역사에서 작은 역사로'

인류의 역사를 획기적으로 바꾼 혁명은 세 차례 있었다. 인류가 스스로 식량을 생산한 농업혁명, 인류의 산업발달과 과학발달을 이끈 산업혁명, 인류에게 엄청난 지식과 정보를 제공한 정보통신혁명이다. 정보통신혁명은 여전히 진행 중에 있으며, 우리는 그 속에 살고 있다. 정보는 인간의 지적호기심을 채워줄 수 있는 자원(Data)이며, 통신은 정보자원(Data)을 대중에게 전달하는 수단이다. 요즘에는 정보자원들이 디지털자료로 바뀌어 인터넷을 통해 대중에게 전달되기 때문에 정보통신시대를 디지털인터넷시대라고 부르기도 한다.

정보통신시대에서는 지식이 소수의 사람에 의해 독점되지 않는다. 구텐베르크의 인쇄기술은 지식을 대중화하여, 산업혁명과 과학혁명에 큰 영향을 미쳤다. 하지만 지식의 생산자와 소비자를 명확히 구분하여 소수 지식인이 지식을 독점하는 결과를 초래했다. 소수의 지식인이 생산한 지식을 대중이 일방적으로 소비하는 구텐베르크 은하계를 만든 것이다. 정보통신기술의 발달은 대중을 지식의 생산자이면서 소비자로 만들었다. 지식이 일방적으로 전달되는 것이 아니라, 쌍방향·다방향으로 공유되는 것이다. 구텐베르크 은하계가 깨지고 있다. 이러한 현상은 역사를 바라보는 관점에도 큰 영향을 미쳤다.

지식이 다수의 사람에게 공유되는 정보통신시대는 시뮬라크르 현상과 팩션 현상을 초래했다. 시뮬라크르는 복사본이 원본을 대체하는 현상을 말하며, 팩션 현상이란 사실(Fact)과 허구(Fiction)가 공존하는 현상을 말한다. 시뮬라크르 현상과 팩션 현상이 나타나는 시대에서는 사실과 허구의 경계가 모호해진다. 사실만이 진실의 척도가 아니며, 허구도 진실의 효과를 발휘한다.

근대는 사실 우위의 시대였다. 사람들은 실증주의적·비판적 사고를 가지기를 원했고, 실증주의적 · 비판적 사고는 산업혁명과 과학혁명을 이끌었다. 이때부터 사람들은 '사실은 곧 진실'이라는 인식을 가졌다. 이런 분위기 속에서 역사학에서도 실증주의 역사연구법이 유행하였다. 그러다가 정보통신기술이 발달하면서 사람들은 실증주의적 · 비판적 사고에 회의를 느꼈다. 사람들은 사실만으로 현실의 결핍과 욕구를 채울 수 없는 것을 알고, 허구를 통해 결핍과 열망을 채우기 시작했다. 더욱이 인터넷을 통해 지식의 생산과 소비가 자유롭게 이루어지면서, 허구의 영향력은 더욱 커졌다.

2005년 이명세 감독이 만든 영화 〈형사〉가 개봉하였다. 〈형사〉는 크게 성공한 TV드라마 〈다모〉를 리메이크한 영화로서 제작 전부터 많은 화제를 낳았다. 하지만 막상 개봉한 후에는 관객 동원이 저조하여 몇 주 만에 막을 내렸다. 〈형사〉가 몇 주 만에 막을 내리자, 마니아들은 인터넷을 통해 '형사 재 상영 운동'을 벌였다. 결국 그들은 강남의 대형 영화관을 빌려서 〈형사〉를 재 상영하였다. 〈형사〉를 재 상영하는 영화관에는 추첨을 통해 소수의 회원들만 초대하였다.

〈형사〉는 어떤 영화일까? 일반적인 기준으로 보면 〈형사〉는 내러티브(narrative)가 빈약한 영화이다. 영상은 화려하나, 스토리 전개는 지리멸렬하다. 그렇다면 마니아들은 〈형사〉의 어떤 면에 빠진 것인가? '형사 재 상영 운동'을 벌인 마니아는 대부분 20대의 여성이었다. 영화를 본 젊은 여성들은 영화가 끝날 때 강동원이 연기한 주인공 '슬픈 눈'의 비극적인 사랑에 흐느꼈다. 마니아들은 영화를 보면서 슬픈 눈과 사랑에 빠지는 나름의 내러티브를 구성한 것이다. 〈형사〉의 완벽하지 않은 내러티브가 관객 스스로 내러티브를 만들 수 있는 기회를 제공한 것이다. 감독이 의도한 내러티브를 그대로 수용한 것이 아니라, 관객이 스스로 내러티브를 만든 것이다.

영화 〈형사〉에서 보듯이, 정보통신시대는 대중을 문화의 단순 소비자에서 생산적 소비자로 바꾸었다. 엘빈 토플러가 말한 프로슈머의 시대가 온 것이다. 프로슈머의 시대는 역사를 바라보는 관점을 바꾼다. 오늘날 대중은 역사를 소비할 때도 생산적 소비를 한다. 기존 사실(현실)의 역사에 허구(꿈)의 역사를 더하여 소비한다. 대중의 역사 소비방식이 바뀌면서, 역사를 인식하는 방식도 큰 역사와 작은 역사를 함께 인식하는 방향으로 바뀌고 있다.

작은 역사관이 잘 표현된 영화가 2003년 이준익 감독이 만든 〈황산벌〉이다. 영화 〈황산벌〉은 660년 백제와 나당연합군 간의 황산벌전투를 배경으로 한다. 〈황산벌〉은 황산벌전투를 민족통일전쟁의 일환으로 보지 않는다. 역사의 보편성을 바탕으로 지배층 및 승자의 관점이 아닌 민중 및 패자의 관점으로 본다.

영화 첫 장면은 연개소문, 의자왕, 김춘추, 당 고종이 모여 회담하는 장면이다. 실제로 각 국의 대표가 모여 정상회담을 한 적은 없다. 감독은 전쟁 직전의 역사현실을 보여주기 위해 정상회담을 시뮬라시옹했다. 감독은 회담장면을 통해 관객에게 황산벌전투의 본질을 전달한다.

당 황제 : 현재 동북아의 긴장은 대당제국이 정한 국제질서를 고구려와 백제가 따르지 않기 때문이다. 그대들 모두가 이 황제의 백성일진데, 짐이 부덕한 소치로다.

… (중략) …

연개소문 : 질서 누가 정하는 건데??!

당 황제 : 그 질서는 하늘이 정했고, 짐은 하늘의 아들 천자다!

연개소문 : 니 아바이 당태종이가 형제들 쳐 죽이고 황제된 것도 하늘이 정한 질서냐?!

김춘추 : 니 진짜 무식하데이, 황제께선 정권의 철학적 정통성을 말씀하고 안 있나?

연개소문 : 정통성? 그래, 나는 쿠데타 일으켜 정권 잡았다 와?!
김춘추, 니, 반쪽짜리 왕족 주제에, 김유신이랑 짝짜꿍해서 정권 잡지 안아서?!
의자왕, 니 애비도 서자 아니어서?! 여기 정통성 있는 놈이 어딨서?

떼놈들이 인정해주면 그게 정통성인가?

전쟁은 정통성 없는 놈들이 정통성 세우려고 하는기야.

영화 속 연개소문은 '전쟁은 정통성 없는 놈이 정통성을 확보하기 위해 벌이는 것'이라고 말한다. 삼국 간의 전쟁은 민족통일을 위한 전쟁이 아니라, 지배층이 정통성을 확보하기 위해 벌인 전쟁이라는 것이다. 삼국 간의 전쟁이 지배층을 위한 전쟁이라는 것을 증빙하기 위해 감독은 당시 백제인과 신라인의 동족의식을 회의하도록 만든다.

영화 속 김춘추는 '백제와 신라는 같은 하늘 아래 살 수 없다'고 말한다. 당시 일반병사들도 그렇게 생각했을까? 감독은 신라에 잠입한 백제첩자와 대화를 나누는 신라병사의 말로 일반병사의 마음을 전한다. 신라병사는 '백제가 이기든 신라가 이기든 상관없다. 단지 자기는 공을 빨리 세워 집에 돌아가고 싶은 생각뿐이다'라고 말한다. 김춘추는 대야성전투에서 딸과 사위를 잃었기 때문에 백제를 철천지원수로 여길 수 있으나, 강제 동원된 일반병사들은 전쟁이 빨리 끝나서 집에 돌아가고픈 심정이었을 것이다.

또한 영화 속 '거시기'라는 백제의 사투리도 동족의식을 회의하게 만든다. 출전 전에 계백은 부하 장수들과 전략회의를 하면서, '황산벌전투에서 우리의 전략전술적인 거시기는……. 한마디로 뭐시기 헐때꺼정 갑옷을 거시기하는 것'이라고 말한다. 이 이야기를 엿들은 신라의 첩자는 그대로 김유신과 신라 장수들에게 전한다. 신라진영에서는 계백이 말한 '뭐시기'와 '거시기'의 뜻을 알아내기 위해 암호해독관을 동원하지만 실패한다. 사실 계백의 말은 큰 뜻이 없다. 전쟁에서 이길 때까지 갑옷을 벗지 말자는 이야기일 뿐이다. 이 장면에서 보듯이 거시기는 백제 사람들에게는 일반적인 용어이나, 신라인들에게는 해독할 수 없는 암호이다. 거시기라는 말은 다양한 의미를 담고 있다. 오랫동안 같은 공간에서 교감을 나눈 사람들끼리는 소통할 수 있는 용어이나, 그렇지 않은 사람들에게는 외계어와 마찬가지이다.

일반병사의 마음과 거시기라는 용어는 백제인과 신라인은 하나의 민족성이 없었음을 보여준다. 민족성은 한 순간에 만들어지지 않는다. 민족성은 오랫동안 나와 타인이 같은 공간 속에서 살아가면서, 서로 간에 차이점과 공통점을 찾아내면서 만드는 것이다. 결국 민족성은 후대에 만들어진 형성물이며, 역사는 원본이 없는 시뮬라크르이다. 따라서 우리는 역사를 볼 때 기록된 승자와 지배층의 역사뿐 아니라, 기록되지 못한 패자와 민중의 역사도 보아야 한다. 민중의 역사는 분명히 존재했었던 역사이기 때문이다. 영화 〈황산벌〉은 기록되지 않은 민중의 역사를 말하기 위해 거시기, 관창, 계백의 아내를 내세운다.

백제병사 '거시기'는 이름(기록)없이 사라져간 민중을 복원한 인물이다. 거시기는 목숨이 걸려있는 전쟁터에서도 어머니와 농사일을 걱정한다. 전투 도중 계백은 무더운 날씨에 괴로워하며 "거 날씨 한번 겁나게 덥네"라며 불평을 한다. 그러자 거시기는 "어따, 날이 더워야 나락이 여물지라잉"이라고 말한다. 계백은 거시기에게 "니 이름이 뭐시여?"라고 묻는다. 이에 거시기는 "농사짓다 왔지라, 지금쯤 나락이 거진 다 여물었것는디……. 울엄니 혼자서 존나게 고상허게 생겼네"라며 걱정하며 대답한다. 그러자 계백은 "죽을 때 죽더라도 뭔가 하난 냄겨야 되지 않겠능가이? 난 거시기 자네를 남기고 싶구만…… . 가게. 가서 나락이나 잘 비게"라는 말을 하며 거시기를 목책의 개구멍으로 내보낸다. 살아 돌아온 거시기는 벼가 무성히 자라고 있는 논 한가운데서 열심히 일하고 있는 어머니와 재회한다. 이것이 영화의 마지막장면이다. 계백이 거시기를 내보내는 장면과 거시기가 어머니와 재회하는 장면은 역사는 소수의 영웅이 아닌, 이름 없이 사라져간 민중이 삶을 이어가면서 만든 것임을 보여준다.

영화에서 관창은 기존의 영웅중심의 역사를 해체한다. 지금까지 관창은 황산벌전투에서 나라를 구한 소년영웅이었다. 하지만 영화 속 관창은 소년영웅이 아니라, 정치적으로 희생된 소년일 뿐이다. 당시 김유신의 부대는 수적 우위에도 불구하고, 계백의 부대에게 4전 4패 하였다. 가장 큰 원인은 계백 군대의 결사항전이었다. 계백은 처자를 죽이면서까지 죽을 각오로 전쟁터에 나왔다. 계백의 결연한 의지가 병사들에게 전해진 것이다. 김유신은 백제군의 의지를 무너뜨릴 계기가 필요했다. 김유신은 전세를 역전시킬 계기를 마련하기 위해 어린 화랑들을 이용한다. 김유신은 신라계 화랑과 가야계 화랑을 경쟁시킨다. 가야계 반굴과 신라계 관창이다. 두 화랑은 신라계 귀족과 가야계 귀족의 권력투쟁 속에서 죽음의 경쟁을 벌인다. 먼저 희생한 화랑은 반굴이었다. 그러나 우리는 반굴보다 관창을 더 많이 기억한다. 통일 이후 신라의 귀족이 정권을 차지했기 때문이 아닐까!

계백의 아내는 남성중심의 역사를 해체한다. 지금까지 우리역사에서 여성은 철저히 배제 당하였다. 계백의 아내도 마찬가지였다. 기존 역사 속 계백의 아내는 남편의 뜻에 따라 순순히 자결한 여인이었다. 그러나 기존 역사 속 계백 아내의 모습은 여성, 아내, 어머니의 입장에서 생각한다면 쉽게 납득할 수 없는 모습이다. 정말 우리가 알고 있는 것처럼 계백 아내는 순순히 자신과 자식들의 목숨을 남편에게 내어 놓았을까? 영화 속 계백의 아내는 남편에게 울부짖는다.

시방, 내 생떼거튼 새끼들한테 자진해서 디지라고라. 씨만 뿌려놓고 전쟁터만 싸돌아 댕긴 인간이 이제 와서 뭐시라고라! …… 아가리는 비뚤어졌어도 말은 바로 하라고 혔어. 호랭이는 가죽 땜세 디지고 사람은 이름 땜시 디지는거여, 이 인간아!

영화〈황산벌〉은 우리에게 민중, 패자, 여성 등의 작은 역사는 '역사를 위한 삶이 아니라, 인간 삶을 위한 역사가 되어야한다'는 점을 확인시킨다. 그리고 작은 역사는 인간의 역사를 복원할 수 있는 방법이라는 메시지도 전한다. 20세기 초 역사학자이며 철학자였던 발터 벤야민(Walter Benjamin)은 작은 역사의 중요성을 다음과 같이 말했다.

> 지나간 과거를 역사적으로 되살린다는 것은 그것이 본래 어떠했는지를 아는 것을 뜻하지 않는다. 그것은 위험의 순간에 섬광처럼 떠오르는 기억을 잡아내 자기 것으로 만드는 것을 의미한다. …… 과거에서 희망의 횃불을 높이 쳐들 수 있는 재능을 가진 사람은 만약 적이 승리한다면 죽은 사람들까지도 적으로부터 안전하지 못하리라는 것을 투철하게 인식하고 있는 오직 그런 역사가다
>
> 발터 벤야민, 『역사의 개념에 관하여』 중에서

5. 팩션(Faction) 열풍과 꿈의 역사

  승자, 지배층, 남성 등의 큰 역사는 몇몇 사람의 역사이다. 몇몇 사람의 큰 역사만으로는 인간의 역사를 복원할 수 없으며, 인간탐구도 완성할 수 없다. 따라서 큰 역사만으로는 많은 사람의 공감을 이끌어낼 수 없고, 사람들에게 올바른 삶의 오리엔테이션을 줄 수도 없다. 이 때문에 큰 역사와 함께 작은 역사도 알아야 한다. 하지만 작은 역사는 기록의 한계를 가지기 때문에 복원하려면 허구(픽션)가 더해질 수밖에 없다. 역사가 선험적인 형성물이기는 하지만, 창조는 아니다. 이 때문에 작은 역사를 복원할 때 허구의 허용범위는 큰 고민거리이다.

  정보통신기술의 발달로 정보와 지식이 쌍방향으로 공유되면서, 사실과 허구가 결합된 팩션 현상이 나타났다. 팩션시대에서 사람들은 현실공간과 가상현실공간을 오간다. 가상현실공간에서 사람들은 현실의 결핍과 열망을 허구를 이용하여 해결한다. 이런 상황에서 선 경험적 특징을 가지는 역사는 대중의 열망을 충족시키는 유용한 수단이다. 즉 역사사실에 허구가 결합된 사극이 대중의 결핍을 채워준다. 이 때문에 우리사회에 사극 열풍이 불고 있다.

  사극은 과거사실을 기록한 역사(史, History)와 허구인 극(劇, Drama)이 결합한 문화콘텐츠로서, 대중에게 지식과 재미를 준다. 오늘날 우리는 사극을 통해 결핍을 채우고, 교훈을 얻는다. 그런데 사극이 역사를 대체할 수 있는가? 사극은 실재(實在)의 역사가 될 수 없다. 하지만 인간탐구를 통한 삶의 오리엔테이션에는 도움이 된다.

  역사와 사극은 둘 다 과거의 흔적을 바탕으로 이야기를 구성한다. 역사는 사실만을 기록한다고 생각하지만, 역사도 역사가의 해석이 반영된다. 에드워드 핼릿 카(Edward Hallett Carr)는 역사가의 해석을 "단단한 속 알맹이를 둘러싼 과육"으로 비유했다. 역사나 사극이나 과거에 살을 붙이는 것은 같다. 그러나 역사와 사극은 해석의 정도와 범위가 다르다. 사극은 사실의 역사가 멈춘 지점에서 꿈의 역사를 펼친다. 중요한 점은 사극이 어디까지 역사적 해석에 허구를 덧붙일 수 있는가이다.

역사의 궁극적 목적은 인간탐구를 완성하여 인간에게 삶의 오리엔테이션을 주는 것이다. 인간탐구의 완성은 과학적·실증적 사실만을 가지고 이루어질 수 없다. 인간은 꿈과 현실을 동시에 사는 존재이기 때문이다. 진실한 인간탐구를 마무리 지으려면 인간의 표면적 흔적과 내면적 인식세계를 함께 고찰해야 한다. 즉 사라진 역사 및 일어날 수 있었던 역사사실을 발굴하여 닫혀 있는 텍스트를 무한한 해석이 가능한 열린 텍스트로 만들어야 한다. 사극은 역사를 대체할 수 없으나, 역사적 해석에 허구를 덧붙여 새로운 역사사실을 발굴할 수 있다. 그리고 새로운 역사사실을 발굴하여 인간탐구의 완성을 도울 수 있다.

2005년 이준익 감독이 만든 〈왕의 남자〉는 기존의 역사해석에 허구를 덧붙여 새로운 역사사실을 확장하였다. 〈왕의 남자〉는 연산군 대에 살았던 광대들의 삶과 슬픈 운명을 주요 내용으로 한다. 이 영화는 1,230만 관객을 동원하여 당시 한국영화 흥행순위 1위에 올랐다. 〈왕의 남자〉에 등장하는 광대 공길은 실존인물이었다. 공길은 조선왕조실록 기사에 딱 한번 나온다.

배우 공길(孔吉)이 늙은 선비 장난을 하며, 아뢰기를, "전하는 요(堯)·순(舜) 같은 임금이요, 나는 고요(皐陶) 같은 신하입니다. 요·순은 어느 때나 있는 것이 아니나 고요는 항상 있는 것입니다." 하고, 또 『논어(論語)』를 외어 말하기를, "임금은 임금다워야 하고 신하는 신하다워야 하고, 아비는 아비다워야 하고 아들은 아들다워야 한다. 임금이 임금답지 않고 신하가 신하답지 않으면 아무리 곡식이 있더라도 내가 먹을 수 있으랴." 하니, 왕은 그 말이 불경한 데 가깝다 하여 곤장을 쳐서 먼 곳으로 유배(流配)하였다.

이준익 감독은 짧은 실재(實在)의 역사가 멈춘 지점에서부터 꿈의 역사를 펼쳤다. 공길은 실재의 역사에서는 연산군 역사의 엑스트라였으나, 영화 속 꿈의 역사에서는 주인공이다. 〈왕의 남자〉는 닫혀져 있는 텍스트를 무한한 해석이 가능한 열린 텍스트로 만들어 사라진 역사 또는 일어날 수 있었던 역사를 새로운 역사의 무대 위에 올려놓았다.

근대 역사학은 사실의 역사와 꿈의 역사를 이분법적으로 구분하였다. 즉 사실을 진실로, 허구를 거짓으로 설정하였다. 정말 그럴까? 사실인데도 거짓을 말할 수 있고, 허구인데도 진실을 말할 수 있다. 하나의 예를 들어보자. 우리는 지금까지 백제 무왕과 선화공주의 이야기를 진실로 받아들였다. 백제 무왕과 선화공주의 이야기는 『삼국유사(三國遺事)』에 나온다.

무왕이 어릴 때 진평왕의 셋째 딸인 선화공주가 예쁘다는 소문을 듣고, 사모하던 끝에 머리를 깎고 중처럼 차려 신라 경주에 왔다. 마[薯]를 가지고 성 안의 아이들에게 선심을 쓰며 노래를 지어 아이들에게 부르게 하였다. 노래의 내용은 선화공주가 밤마다 몰래 서동의 방을 찾아간다는 것이었다. 이 노래가 대궐 안까지 퍼지자, 왕은 마침내 공주를 귀양 보낸다. 서동이 길목에 나와 기다리다가 선화공주를 납치하여, 함께 백제로 돌아와서 서동은 임금이 되고 선화는 왕비가 되었다. 하루는 무왕이 왕비 선화와 함께 사자사로 거동하는 길에 용화산 아래의 큰 못가에 이르자, 미륵 3존이 못 속에서 나타났다. 그들은 수레를 멈추고 경계를 올렸다. 왕비는 왕에게 말하였다. '그곳에다 큰 가람을 세우는 것이 진실로 소원입니다.' 왕은 왕비의 소원을 들어주었다. 지명법사에게로 가서 그 못을 메울 일을 여쭈었다. 신통력을 써서 하룻밤 사이에 산을 무너뜨려 못을 메워선 평지로 만들어 놓았다. 그곳에다 미륵상 셋과 그리고 그것에 부수되는 회전·탑·낭무들을 각각 세 곳으로 세우고 이름하여 미륵사라 했다.

『삼국유사』 권2, 기이편 무왕조

『삼국유사』에 따라 우리는 백제 무왕의 왕비와 익산 미륵사를 창건한 사람은 선화공주라고 믿었다. 하지만 익산 미륵사를 세운 주인공이 선화공주가 아닐 수도 있다는 사료가 발굴되었다. 2009년 1월 19일 문화재청 국립문화재연구소가 익산 미륵사지 복원현장에서 공개한 '미륵사석탑 금제사리장엄구 봉안기'에 무왕 40년(639)에 미륵사를 창건한 사람이 "무왕의 왕후 좌평인 사택적덕의 딸"이라고 나온다. 이렇게 되면 선화공주의 역사적 자리에 사택 왕후가 들어앉게 되면서, 『삼국유사』가 전해주는 무왕과 선화공주의 로맨틱한 사연은 역사적 위치를 크게 위협받는다.

『삼국사기(三國史記)』를 보면 무왕은 재위 42년간 쉴 새 없이 신라와 치열한 전쟁을 벌였다. 당시 백제와 신라는 앙숙지간이었다. 또 선화공주란 이름은 『삼국유사』에만 나오고, 『삼국사기』에 나오지 않는다. 최근 빛을 본 『화랑세기(花郞世紀)』에도 나오지 않는다. 선화공주와 무왕의 결혼이 사실이라면, 백제의 기록이 많은 『일본서기(日本書紀)』에도 나올 법 한데 단 한 줄도 없다. 백제와 신라가 철천지원수가 되어 싸우는 상황에서 신라가 "산 같은 황금과 장인(匠人)을 보내 미륵사 건축을 도와주었다"는 기록도 믿기 힘들다. 미륵사는 무왕과 사택 왕후가 창건한 백제왕실의 원찰(願刹)이라고 보는 것이 옳다.

우리는 지금까지 허구를 진실이라고 믿었던 것이다. 그렇다면 실재(實在)로서 사실이 밝혀졌으니, 역사를 싹 바꿔야 하는 것일까? 사리봉안기 발굴 이후 역사가들은 무왕과 선화공주의 이야기를 두고 치열한 논쟁을 벌이는 중이다. 2009년 3월 14일 한국사상사학회에서는 '익산 미륵사지와 백제 불교'를 주제로 월례발표회를 열었다. 이 학술회의에서 한 원로 역사가는 "미륵사지의 발굴성과를 토대로 해서 역사를 봐야한다"고 주장하였다. 원로 역사가의 주장에 당혹감을 느낀 한 젊은 역사가는 "그럼에도 선화공주는 버리기엔 너무 아깝다"고 말했다. 그렇다. 사실과 허구의 이분법적 인식에서 벗어나, 사람들이 허구적 설화를 믿었던 이유를 살펴봐야 한다.

당시 전쟁이 끊이지 않던 현실에서 백성들은 평화를 소망했을 것이다. 백성들의 소망이 무왕과 선화공주의 허구적 설화를 믿게 하였을 것이다. 무왕과 선화공주의 이야기는 사실의 역사를 왜곡하기 위해 만들어진 것이 아니다. 현실을 초월할 만큼 삶의 기적을 바라는 민중의 열망이 만들어 낸 역사이다. 즉 무왕과 선화공주 이야기는 현실(사실) 역사의 대안으로 꿈(허구)의 역사를 추구한 것이다.

사실과 허구의 경계가 모호해진 팩션시대에서는 사실의 역사와 꿈의 역사의 결합이 필요하다. 꿈의 역사를 허락할 때가 온 것이다. 사실 우리는 옛날부터 사실의 역사와 꿈의 역사를 결합하여 역사탐구를 했다. 한국사학사에서 사실과 꿈의 결합관계로 나타난 사서(史書)들이 『삼국사기』와 『삼국유사』이다. 『삼국사기』는 고려 인종 23년(1145)에 국왕의 명령으로 김부식이 주도하여 편찬한 관찬사서로서, 고구려 · 백제 · 신라의 역사를 유교의 합리주의적 관점으로 서술하였다. 『삼국유사』는 충렬왕 7년(1281)에 승려 일연이 삼국의 유사(遺事)를 모은 사찬사서로서, 『삼국사기』에서는 볼 수 없는 설화 · 향찰 등이 다수 수록되어 있다.

『삼국유사』는 『삼국사기』에 누락되어 있는 역사를 보완하기 위해 집필한 사서이다. 『삼국사기』가 줄기라면 『삼국유사』는 가지와 같다. 실제로 『삼국사기』는 유교적 인식 속에서 가장 합리적인 사실만을 선택해서 기술하였으나, 『삼국유사』는 『삼국사기』가 배제한 신이(神異 : 신기하고 이상한 일)까지 기록했다. 일연은 기이편(紀異篇) 서문에 다음과 같이 적었다.

대체로 옛날의 성인은 예와 악으로써 나라를 일으키고 인과 의로써 가르침을 베풀어 괴력난신(怪力亂神 : 괴이함 · 완력 · 난동 · 귀신)에 대해서는 말

하지 않았다. 그러나 제왕이 장차 일어날 때에는 하늘의 명령을 받고 신
표를 받아 반드시 보통 사람과 다른 점이 있었다. 그런 후에라야 큰 변
화를 타고 국가의 권력을 잡아 천자의 대업을 이룩할 수 있는 것이었다.

『삼국유사』, 기이편

옛날의 성인이란 공자를 지칭한다. 따라서 괴력난신을 배제한 유교의 합리
적인 사고방식만으로는 초월적인 역사적 사건과 현상을 설명할 수 없다고 일
연은 생각했다. 인간은 합리적으로만 행동하지 않으며, 인간들에게 나타나
는 집단 무의식은 결코 이성적이지 않기 때문이다. 일연은 『삼국사기』에 빠져
있는 현실(사실)의 역사를 보완하기 위해 신이를 기록했다. 신이는 사실로 인
정할 수 없는 허구이다. 하지만 사실이 무조건 진실은 아니다. 신이란 사실
은 아니지만, 진실을 말할 수 있는 허구일 수 있다. 오늘날의 역사가는 사실
과 허구 사이의 틈새를 파악하여, 일연이 신이의 기록을 통해서 전하고자 했
던 역사의 진실을 보아야 한다.

하지만 과도하게 꿈의 역사만을 쫓는다면 큰 부작용을 일으킬 수 있다. 꿈
의 역사의 장단점을 파악하여 올바르게 쫓아야 한다. 꿈의 역사는 역사적 상
상력을 무한대로 확장하여 사람들이 느끼는 현실의 결핍을 충족시킬 수 있으
며 역사교육의 범위도 확장시킬 수 있다. 현실의 역사를 넘어서 미래의 새 역
사를 창조할 수 있는 에너지를 만드는 것이다. 그러나 사람은 꿈과 현실의 세
계에 살지만, 두 세계를 분간하지 못하면 정상적인 삶을 살 수가 없다. 현실
의 결핍을 채우려고만 하는 자위적인 역사향유는 새 역사를 창조하는데 이바
지하지 못한다. 또한 역사감정만 자극하고, 역사의식이 마비되는 결과를 초
래한다.

최근 크라우드 펀딩(crowd funding)으로 만들어지는 영화들이 많다. 크라우
드 펀딩이란 대중이 자발적으로 자금을 조달하는 방식을 말한다. 크라우드
펀딩으로 만들어지는 영화는 주로 정치색이 짙거나 사회를 고발하는 영화이

다. 영화 〈26년〉은 대통령 암살이란 소재 때문에 외압 논란에 시달리며 투자를 받을 수 없었다. 하지만 대중이 7억 원을 모아 준 덕분에 어렵게 빛을 보았다. 〈26년〉에 출연했던 배우 이경영은 "후원자가 2만 명. 그것은 많은 분들이 이 영화가 제작되기를 염원하는 상징성을 내포하고 있다"고 말하였다. 〈26년〉 외에도 연예계 성상납 문제를 다룬 〈노리개〉, 백혈병에 걸린 공장 근로자의 이야기를 그린 〈또 하나의 가족〉, 2002년 제2차 연평해전을 배경으로 만든 〈연평해전〉 등 크라우드 펀딩으로 만들어진 영화가 계속 제작되는 중이다. 이런 모습은 대중 스스로가 꿈의 역사를 현실 속에서 만드는 모습이며, 미래의 새 역사를 창조하는 모습이다.

현실도피적인 자위적인 역사향유로 역사의식이 마비되는 사례도 많다. 일례로 사회에 떠도는 '김일성 가짜 설'을 들 수 있다. 일제강점기 만주벌판에서 백마를 타고 다니며, 일본군을 무찌르던 김일성이라는 전설적인 명장이 있었다. 그런데 북한의 김일성(김성주)이 전설적인 명장 김일성 장군의 업적과 이름을 가로채 자신이 김일성 장군처럼 행세하였다는 설이다.

남북한 학자들이 동의하는 사실부터 확인하자. 김성주가 일제강점기에 김일성이라는 가명으로 독립운동을 한 것은 사실이다. 김성주뿐 만 아니라 당시 많은 독립운동가들이 김일성이라는 가명으로 독립운동을 했다. 일본군의 철저한 감시 속에서 본명으로 독립운동을 하기가 어려웠고, 전설적인 명장 김일성의 이름을 빌려 일본군의 사기를 꺾기 위해서였다. 김성주도 같은 이유로 김일성 장군의 이름을 사용하였을 것이다.

김성주는 김일성이란 이름으로 1937년 6월 4일 함경남도 갑산군 혜산진 보천보 일대에서 벌어진 '보천보전투'를 주도하였다. 보천보전투 후 일본 관헌(官憲)은 김성주 부대와 연계된 국내세력을 색출하는데 혈안이 되었다. 이때 조선광복회 회원 188명이 기소되는 '혜산사건'이 발생한다. 혜산사건의 수사와 재판과정에서 김성주의 신원이 분명해진다. 『사상휘보(思想彙報)』 제20호에 혜산사건 보고 부문에는 김일성(김성주)의 본명 · 나이 · 출생지 · 항일무장투쟁

투신과정 등이 명확히 기재되어 있다. 이를 통해 김성주가 보천보전투를 주도한 인물임을 알 수 있다.

그렇다면 북한의 김일성(김성주)이 가짜이며, 독립운동을 한 것도 아니라는 주장은 어떻게 유포되었을까? 광복 후 북한의 김일성(김성주)이 전설적인 명장 김일성이 아닐 수도 있다는 의문은 1945년 10월 14일 평양공설운동장에서 열린 '김일성 장군 환영대회'에서 시작되었다. 당시 평양공설운동장에 모인 군중들은 김일성 장군이 백발을 휘날리는 노장군이라고 생각하였는데, 환영대회에 나타난 김일성은 34살의 젊은 청년이었다. 영하 40도를 오르내리는 겨울의 만주에서 백마를 탄 노장군이 항일유격전쟁을 벌일 수 없다. 백발을 휘날리는 노장군 김일성은 사람들의 열망이었을 뿐이다.

'김일성 가짜 설'을 가장 먼저 제기한 사람은 『해방전후의 조선진상』의 저자 김종범과 김동운이다. 김종범은 일제강점기에 사회주의 사상단체인 북풍회의 일원이었으며, 광복 후에는 한민당의 간부였다. 김동운은 만주의 봉천(奉天) 일본영사관 소속 고등계 형사였다. 김종범과 김동운 이후에는 이북, 오영진 등이 김일성 가짜 설을 제기했다. 이북은 일제강점기에 도쿄에서 아세아민족연구소라는 친일단체를 운영했으며, 해방 뒤에는 공산주의타도동지회 회장과 반공교육신문사 사장 등을 역임했다. 오영진은 일제 말기에 『맹진사댁 경사』 등 친일작품을 쓴 사람이다.

북한의 김일성(김성주)이 가짜라는 설을 유포한 사람들은 친일파나 일제의 고등계 형사 출신, 한민당 등의 우익단체 간부들이다. 분단상황에서 북한의 김일성(김성주)이 일제강점기 항일영웅으로 존경을 받으면 곤란한 사람들이었다. 특히 가짜 김일성 설의 고전적 문헌인 이북의 『김일성 위조사』와 오영진의 『하나의 증언』이 한국전쟁 시기에 배포되었다는 점은 중요한 의미를 갖는다.

가짜 김일성 설이 확산된 것은 한국전쟁 때였다. 당시 한국군은 일본군과 만주군 출신의 장교가 주류였다. 이 중에 육군참모총장 백선엽 등은 만주군

지린(吉林) 제2군관구 사령부 아래 건립된 간도특설대 출신이었다. 간도특설대는 조선의 청년들로 구성된 대게릴라전 특수부대였다. 간도특설대는 김일성 등이 이끄는 항일유격대를 토벌하는 것이 주 임무였다. 한국전쟁 당시 백선엽 등은 김일성과 싸우는 상황이 달갑지 않았다. 이런 상황 속에서 한국전쟁 때 김일성 가짜 설이 확산되었던 것이다. 『김일성 위조사』의 저자 이북은 "당시 공보처의 발표, 〈미국의 소리〉 방송, 유엔의 기상(機上) 삐라 등이 김일성 가짜 설을 알리려고 무한 애를 썼다"고 말했다.

가짜 김일성 설은 1960년대에 박정희 전 대통령 측근들에 의해 체계화되었다. 일본 육군사관학교와 관동군 출신이라는 꼬리표를 달았던 박정희 전 대통령은 독립투사라는 명분을 내세우는 김일성에게 이념경쟁에서 많이 밀렸다. 박정희 전 대통령의 개인적 경력과 결부되어 가짜 김일성 설은 남한에서 큰 힘을 얻었다. 특히 5·16 군사정변 뒤에 국가재건최고회의 공보실 기획관을 지냈던 이명영이 가짜 김일성 설을 공고히 했다. 이명영은 "전설적 명장 김일성 장군은 대단히 위대한 인물인 반면에, 그의 이름을 가로챈 이북의 가짜 김일성은 살인과 방화, 약탈을 일삼은 공비"라는 것을 강조했다. 이명영은 북한의 김일성(김성주)을 가짜라고 비난하는 데 그치지 않고, 한 걸음 더 나아가 동북항일연군(東北抗日聯軍)을 "항일과 공산혁명을 부르짖고 있기는 하지만 실질적으로는 직업적인 비적 떼에 불과하며 약탈, 방화, 살인, 납치를 일삼는 공비부대"라고 매도하였다.

미국의 한반도문제 전문가인 조지 매큔은 김일성을 "전 게릴라 지도자로서 민족해방운동의 영웅이라 불리는 인물" 또는 "만주에서 오랜 기간 활동해온 유명한 한국공산주의자이자 혁명가"라고 말했다. 서대숙은 이북의 김일성은 "전설적인 애국자로부터 혹은 김일성이라는 혁명가들로부터 모든 것을 가로챈 엉터리가 아닌 것만은 확실하다"고 주장했다. 스칼라피노와 이정식은 "북한을 지배하고 있는 김일성은 1932~41년 만주에서 소수의 유격대를 이끌었던 바로 그 사람"이라고 결론지었다.

하지만 북한 김일성(김성주)이 민족해방의 영웅이라는 명성은 과장되었다. 서대숙은 "김일성이 전설적 영웅으로부터 모든 것을 가로챈 엉터리는 아닐지라도, 해방 당시의 김일성은 그의 혁명 활동경력이 서울에 모여 있는 많은 저명하고도 탁월한 정치지도자들에 비해 상대적으로 알려지지 않았으며, 전설적 영웅의 이름을 자기 것으로 도용한 사실이 있는 33살의 무명청년이었다"고 주장했다. 스칼라피노와 이정식도 "김일성의 권력 장악과정에서 소련의 지원이 결정적인 요인이었다는 것은 조금도 의심할 바 없는 사실이며, 김일성은 이 무렵의 다른 어떤 정치지도자들보다도 외세에 밀착되어 있는 소련의 괴뢰일 뿐이다"고 말한다.

김일성(김성주)이 만주에서 소규모의 유격대를 이끈 것은 사실이다. 하지만 김일성(김성주)이 해방 뒤 북한에서 권력을 잡을 수 있었던 이유는 항일투쟁의 업적 때문이 아니라, 소련의 지원 때문이었다. 1930년대 김일성의 항일무장투쟁은 독립운동사의 한 영역으로서, 북한의 전사(前史)로서 반드시 연구되어야 한다. 다만 김일성(김성주)이 어떤 조건 속에서 실재(實在)보다 부풀려져 영웅이 되었는지, 김일성(김성주)의 항일투쟁이 우리 독립운동사에서 어떤 위치를 갖는지를 올바르게 파악해야 한다. 가짜 김일성 설은 우리가 만들어낸 현실 도피적이고 자위적인 꿈의 역사이다. 이제는 가짜 김일성 설의 망령을 떨쳐버려야 한다. 현실 도피적인 꿈의 역사는 역사의식을 마비시키며, 창조적인 역사를 추동하지 못하기 때문이다.

우리는 역사현실에서 과거를 바라보았을 때 사실적이면 역사라 하고, 우화적이면 신화라고 말한다. 신화는 사실의 역사는 아니지만, 신화는 현실 속에서 활용되어 사실의 역사가 되는 변증법적 모습을 보인다. 우리의 역사는 사실과 우화가 섞여 이루어진다. 결국 역사의 진실을 찾아서 인간탐구를 완성하기 위해서는 현실(사실)의 역사와 꿈(열망)의 역사를 모두 살려야 한다. 그리고 꿈의 역사를 올바로 활용하기 위해서는 꿈속에서 현실을 사는 것이 아니라, 현실 속에서 꿈꾸며 살아야 한다.

히스텔링
(History+Storytelling)
역사, 문화콘텐츠를 입다

제2장
스토리텔링 어떻게 할까?

1. 스토리텔링이란

　역사는 인간이 현재를 성찰하고 미래를 설계하는 데 도움을 주기 위해 존재한다. 따라서 역사가는 역사의 진실을 기록하고, 역사기록을 올바르게 전달해야 한다. 스토리텔링은 역사의 진실을 기록하고 전달할 때 필요하다.

　스토리텔링은 스토리(Story)와 텔링(Telling)의 합성어이다. 스토리텔링은 이야기를 표현하고 전달하는 방법이다. 스토리텔링은 단순한 이야기창작이 아니라, 이야기를 매체라는 전달(표현) 수단에 담는 것이다. 매체란 어떠한 현상을 일으키거나, 어떠한 작용을 한 쪽에서 다른 쪽으로 전달하여 영향을 미치는 수단을 뜻한다. 그렇다면 하나의 이야기가 매체에 담겨 대중에게 전달될 때, 매체의 종류에 따라 이야기의 의미와 메시지는 달라질 수 있다. 결국 스토리텔링의 순서와 방식에 따라 이야기의 의미와 메시지가 달라지는 것이다.

　조선 22대 임금 정조는 도학군주(道學君主) 또는 개혁군주로 알려져 있다. 정조의 도학군주와 개혁군주의 모습은 『정조실록(正祖實錄)』이라는 매체에 의해 우리에게 전달된 모습이다. 『정조실록』은 국가에서 펴낸 관찬사서로서, 정조의 공식적인 모습을 담는다. 하지만 2009년에 발굴된 「정조어찰첩(正祖御札帖)」에는 또 다른 정조의 모습이 담겨 있다.

　어찰은 임금이 직접 쓴 편지이다. 임금이 직접 쓴 글씨는 어필(御筆)이라 하고, 임금이 직접 지은 글은 어제(御製)라고 한다. 임금이 직접 글을 지어 친필로 썼다면 어제어필(御製御筆)이다. 2009년 발굴된 「정조어찰첩」은 정조가 신하인 심환지에게 보낸 총 297통의 개인편지이다. 정조가 심환지에게 보낸 어찰은 국왕과 신하가 비공식적으로 주고받은 비밀편지였다. 정조는 심환지에게 편지를 본 후 폐기하라고 명령하였으나, 심환지는 소각하지 않고 보관하였다. 비밀편지인 어찰에 담겨진 정조의 모습은 어질고 진취적인 도학군주의 모습이 아니다. 어찰 속의 정조는 비밀편지를 이용하여 막후정치를 하는 현실적이고 냉철한 정치인이며, 신하에게 막말도 서슴지 않는 다혈질적이고 조급한 성격을 가진 인간이다.

특히 신하들에게 거친 말을 내뱉는 정조의 모습은 신선한 충격을 준다. 정조는 어찰에서 측근 대신인 서용보를 "호래자식"으로, 젊은 학자 김매순을 "입에서 젖비린내 나고 미처 사람 꼴을 갖추지 못한 놈"으로, 김이영을 "경박하고 어지러워 동서도 분간 못하는 놈"으로 표현한다. 또 어용겸의 자제들을 "그 집 젊은 것들은 개돼지보다도 못한 물건"이라고 쏘아붙인다. 이외에도 어찰에 적힌 정조의 거친 의사표현은 꽤 많다.

정조는 흥분을 잘하는 자신의 성격을 태양증이라고 말한다. 정조는 태양증으로 인한 자신의 고충을 신하들에게 고백한다. 심환지에게 "나는 태양증이 있어 부딪치면 바로 폭발한다"고 토로했고, 김조순에게는 "남들의 옳지 못한 짓을 보면 바로 화가 치밀어 얼굴과 말에 나타나며, 아무리 억누르려고 애를 써도 태양증 기질을 고치기 어렵다"고 고백했다. 태양증은 지금의 화병인 것 같다. 다혈질이며 조급한 정조의 모습은 공식기록인 『정조실록』에서는 찾기 어려운 모습이다. 신하들과 비밀스럽게 주고받은 어찰에서나 볼 수 있는 모습이다. 다음의 정조 어진을 보자.

정조의 어진은 다혈질이며 조

• 표준영정 제42호 '정조 어진'

급한 군주의 모습보다, 어진 도학군주의 모습을 보여준다. 관찬사서를 바탕으로 그려진 '표준영정 제42호'이기 때문이다. 표준영정이란 국가가 공인한 선현(先賢)의 초상화로서, 현재 97위의 표준영정이 있다. 표준영정제도가 처음 시작된 건 1973년이다. 그해 4월 28일 박정희 전 대통령이 '이 충무공 탄신 기념제전'에 참석한 후 "각지에 있는 이 충무공의 영정을 통일하고 충무공 동상 건립을 규제하는 방안을 전문가와 협의하라. 앞으로 충무공 동상은 통일된 영정에 의해 세우도록 하고 충무공을 빙자한 상행위를 철저히 단속하라"고 윤주영 당시 문공부장관에게 지시한 것이 계기였다.

윤주영 전(前)문공부장관은 "당시 이순신 장군 영정이 전국 곳곳에 있었다. 각 영정의 얼굴이 전부 다르다 보니, 충무공을 기리는 행사를 할 때 과연 어떤 영정을 모셔야 하는지를 결정하는 데 애로가 있었다. 그래서 고증을 받아 표준화하기로 결정한 것"이라고 밝혔다. 1973년 제1호 표준영정으로 아산 현충사에 봉안돼 있던 충무공 영정이 지정됐다. 같은 해 제2호 표준영정으로 운보 김기창이 그린 세종대왕 영정이 지정됐다. 이듬해에는 다산 정약용, 강감찬, 퇴계 이황 등이 표준영정으로 지정됐다.

미술평론가 최열은 "1970년대 정부의 표준영정사업은 6·25 전쟁 후부터 시작된 조국 근대화·산업화 운동의 일환으로 봐야 한다. 국민들의 의식을 하나로 묶어줄 수 있는 상징물을 만들기 위한 애국현창사업으로서 민족의 영웅, 애국자, 위인 등을 기렸다"고 말했다.

표준영정제도는 국가발전의 시대에서 초상 및 사진이 없는 선현의 모습을 국민들에게 보여주고, 국민들의 애국심을 고취하기 위해 만든 제도이다. 하지만 최근에는 실제 인물과의 유사성 논란 등으로 국가가 주도하여 표준영정을 제작하지 않는다. 다만 지방자치단체나 종친회가 비용을 들여 영정을 제작한 후, 표준영정심의를 국가(영정·동상 심의위원회)에 의뢰한다.

우리가 아는 많은 역사사실과 이미지는 스토리텔링된 것이다. 캐나다의 미디어 이론가며 문화비평가인 마샬 맥루한(Herbert Marshall McLuhan)은 『미디어의 이해』라는 책에서 "미디어는 메시지다"라는 견해를 밝혔다. 매체가 메시지를 결정한다는 것이다. 과거는 매체를 통해 기억되고, 역사로 전환된다. 역사는 우리의 과거 · 현재 · 미래를 이어주는 공동의 기억(이야기)이며, 스토리텔링은 기억(이야기)을 매체에 담는 과정이다. 역사는 변할 수 있는 기록이라는 측면에서 하나의 역사적 사실도 스토리텔링에 따라 해석과 의미가 달라질 수 있다. 한 사람이 자신의 기억을 잃었을 때 올바른 삶을 살 수 없듯이, 우리 공동체의 기억이 소실되거나 왜곡된다면 우리 공동체의 현재와 미래는 불투명해진다. 우리 공동의 기억이 왜곡되지 않고 올바르게 전달되도록 역사적 진실에 가까운 스토리텔링이 이루어져야 한다.

2. 이야기 기획하기

창작된 이야기는 스토리텔링을 거쳐 대중에게 전달된다. 디지털인터넷기술이 발달한 오늘날에는 누구나 이야기를 창작할 수 있다. 사람들은 머릿속에 떠오르는 한 순간의 영감에 의해 이야기를 창작하려고 한다. 하지만 이야기 창작을 할 때는 체계적인 과정을 거쳐야 한다. 보통 이야기는 ① 이야기 기획하기 ② 자료수집, 이야기모양 만들기 ③ 캐릭터 설정 ④ 스토리 짜기 ⑤ 이야기 확장하기 등의 과정을 거쳐 세상에 나온다. 먼저 이야기기획부터 알아보자. 이야기기획 단계에서는 아이디어, 테마, 장르 등을 결정한다.

아이디어 찾기

이야기창작을 위해서는 대중이 흥미를 느낄만한 아이디어(소재나 모티프)를 찾아야 한다. 오늘날 사람들은 영상매체의 발달과 인터넷의 보급으로 수많은 이야기를 경험한 상태이다. 어지간한 이야기는 대중의 흥미를 끌 수 없다. 작가들은 항상 참신한 아이디어를 찾아야 한다. 참신한 아이디어를 찾기 위해서는 다음과 같은 노력이 필요하다.

　○ 좋은 작품을 많이 보고 분석해야 한다.
　○ 교양을 넓혀야 한다.
　○ 상상력을 키워야 한다.

ㅇ 새로운 것을 시도하려는 도전정신이 필요하다.

ㅇ 발상의 전환을 해야 한다.

참신한 아이디어는 여러 사람과 의견을 나누면 좀 더 쉽게 얻을 수 있다. 좋은 아이디어를 얻기 위해 주로 사용하는 방법이 브레인스토밍(brain storming)이다. 브레인스토밍이란 알렉스 오스본(Alex Faickney Osborn)이 만든 창조성개발기법이다. 일명 오스본법이라고도 한다. 브레인스토밍은 10여 명의 참가자(Stormer)가 아이디어를 자유롭게 제시하고, 제시한 아이디어들을 취합·수정·보완해 독창적인 아이디어를 얻는 방법이다.

브레인스토밍 시간은 자칫 잘못하면 서로를 비판하거나 잡담을 하는 시간으로 변질될 수 있다. 브레인스토밍을 하기 전에 오스본의 법칙을 떠올린다면 효율적인 브레인스토밍이 될 수 있다.

첫째 타인의 아이디어나 의견을 비판해서는 안 된다. 누군가 아이디어를 내면, '그건 이래서 안 될 텐데……', '그게 되겠어' 등의 비판을 하는 사람이 있다. 한 사람의 의견에 비판을 하면, 원래의 논제에서 벗어나 다른 방향으로 브레인스토밍이 진행될 가능성이 크다. 발언한 의견을 둘러싼 토론으로 변질되기 때문이다. 또 참가자들이 비판을 두려워하여 발언을 하지 않을 수 있다. 브레인스토밍은 다른 사람의 아이디어나 의견을 비판하는 시간이 아니라, 여러 사람에게서 참신한 아이디어를 끌어내는 시간이어야 한다.

둘째 자유분방한 아이디어나 의견을 환영해야 한다. 지위나 직급이 다른 사람들이 브레인스토밍을 할 때, 하급자나 후배는 자유로운 아이디어나 의견을 내는데 어려움을 느낀다. 상급자나 선배는 모든 참가자가 자유롭게 의견을 제시할 수 있도록 분위기를 이끌어야 하며, 하급자나 후배는 지위나 직급에 상관없이 자신의 생각을 자유롭게 제시해야 한다. 그래야 좋은 결과를 이끌어낼 수 있다.

셋째 되도록 많은 아이디어를 내놓는다. 처음부터 완벽한 아이디어는 없다. 참가자 간에 많은 이야기가 오가야, 기발한 아이디어가 떠오를 수 있다. 브레인스토밍 시 최대한 많은 아이디어와 의견을 모아야 한다. 물론 많은 아이디어와 의견을 모으기 위해서는 첫 번째와 두 번째 법칙이 선행되어야 한다.

넷째 타인의 아이디어에 자신의 생각을 덧붙인다. 누군가 아무렇지도 않게 던진 아이디어에 어떤 이는 영감을 떠올릴 수 있다. 타인의 아이디어에 자신의 생각을 덧붙인다면 독창적인 아이디어가 나올 가능성이 커진다. 그러니 모든 참가자가 자유롭게 발언하는 것이 중요하다.

오스본의 4가지 법칙에 따라 모든 참가자가 자유롭게 의견을 주고받고, 타인의 아이디어에 자신의 생각을 덧붙이면, 새롭고 재미있는 아이디어는 분명히 떠오른다. 하지만 브레인스토밍 시 명확한 논제가 없다면, 브레인스토밍은 잡담으로 전락할 수 있다. 브레인스토밍의 논제가 명확하지 않거나 진행 중 논제를 잃어버리면, 브레인스토밍은 실패할 가능성이 크다. 성공적인 브레인스토밍을 위해서는 논제를 명확히 선정해야 한다.

테마 찾기

아이디어가 소재라면, 테마는 주제에 가깝다. 이야기의 테마는 무궁무진하다. 그 중 역사와 전통문화 속에서 찾아낸 테마는 새로운 반향을 일으킬 수 있다. 다만 역사와 전통문화 속에서 테마를 찾을 때는 현재의 대중을 고려해야 한다. 역사적 고증을 충실히 했어도 현재 대중의 삶과 동떨어진 테마라면 대중들에게 외면당한다. 역사와 전통문화의 단순 차용이 아니라, 지금의 우리에게 감동을 주는 테마를 찾아야 한다.

초보 작가는 테마를 쉽게 찾지 못한다. 욕심이 많기 때문이다. 다양한 테마를 이야기 속에 담고 싶은데, 어떤 것을 써야 할지 결정하지 못한다. 좋은 테마가 많아도, 하나의 이야기에 많은 테마를 담을 수는 없다. 우리가 짜장면과 짬뽕을 한꺼번에 먹을 수 없는 것과 같다. 한 사람이 짜장면과 짬뽕을 한꺼번에 먹는다면, 한가지의 맛도 제대로 음미하지 못할 것이다. 테마도 마찬가지이다. 하나의 이야기에 여러 테마를 담으면 이야기가 선명해지지 않는다.

처음 이야기를 쓸 때는 자신이 잘 아는 테마를 선택하는 것이 좋다. 테마가 훌륭하더라도 테마를 설명할 수 있는 작가의 전문지식이 부족하다면, 이야기를 풀어나갈 수 없다. 너무 거창한 테마는 욕심일 수 있다는 것을 잊지 말아야 한다.

장르 선택하기

이야기를 창작하는 사람은 테마를 선정한 후에 장르를 선택해야 한다. 장르는 본래 문학 · 예술작품을 분류할 때 이용하던 개념이다. 문학 · 예술작품의 장르는 주제 · 전개방식 · 분위기 등을 기준으로 결정한다. 문화콘텐츠의 장르도 비슷한 소재 · 배경 · 전개구조 등을 기준으로 구분한다.

예를 들어 영화의 장르는 액션, 멜로(로맨스), 공포(호러), 미스터리, SF, 다큐멘터리 등이다. 액션영화는 액션이 주를 이루는 영화로서, 물리적 폭력으로 관객들에게 볼거리를 제공한다. 멜로(로맨스) 영화는 남녀 간의 애정을 주로 다루며, 대체로 음악을 이용하여 인물의 처지나 심정을 표현한다. 공포(호러) 영화는 공포와 전율을 체험하려는 관객을 타깃으로 제작한다. 미스터리 영화는 관객의 공포심리를 자극하는 추리 극으로서, 주로 심리적 추리에 초점을 둔다. SF영화는 공상과학영화로서, 미래나 우주 세계를 주로 표현한다. 다큐멘터리영화는 관객들에게 특정한 지식이나 정보를 전달한다. 장르는 이야기의 배경, 전개방식, 분위기 등을 결정하기 때문에 이야기 기획하기 단계에서 반드시 고려해야 한다.

이야기기획 시 유의점

이야기를 기획할 때는 다음과 같은 점들을 유의해야 한다.

○ 이야기의 향유 층이 누구인지 타깃을 분명히 설정한다.
○ 유행 및 시대흐름을 잘 반영한다.
○ 테마 선정 후 이야기를 표현할 매체를 미리 결정한다.
○ 기획 단계부터 원 소스 멀티 유즈(one-source multi-use)를 생각한다.
○ 이야기의 실현가능성을 타진한다.

3. 자료수집과 이야기모양 만들기

　이야기창작을 위해서는 많은 자료가 필요하다. 한 권의 책을 펴내려면 200자 원고지 1,000~1,200매 내외의 분량의 이야깃거리가 필요하다. 그래야만 최소 대여섯 시간을 투자하는 독자에게 지식과 재미를 지속적으로 줄 수 있다. 따라서 자료를 수집할 때는 다양한 방식으로 광범위하게 수집해야 한다. 특히 역사문화콘텐츠는 이야기의 배경이 되는 시대의 언어 · 풍습 · 제도 · 관습 등의 자료를 모두 수집해야 한다. 그래야만 이야기를 향유하는 사람이 전달되는 이야기에 매료될 수 있다. 예를 들어 궁녀의 이야기를 쓰려면, 궁녀의 조건 · 궁녀의 옷 · 궁녀의 일 · 궁궐 밖 생활 등의 사소한 자료도 철저히 조사 · 수집해야 한다.

　자료수집과정은 조사와 수집으로 이루어진다. 먼저 자료를 조사할 때는 이야기의 배경, 인물, 사건 등의 분석이 필요하다. 그래야만 폭넓고 정확한 자료조사가 이루어질 수 있다. 예를 들어 『홍길동전』을 재해석하여 이야기를 만들 경우, 먼저 홍길동이 살았던 16세기 사회를 이해하고 『홍길동전』 속에 등장하는 인물과 사건을 분석해야 한다. 그래야만 당시의 언어 · 의식주 · 신분제도 · 가족제도 · 축첩제도 · 무예 등의 관련 자료를 정확히 조사할 수 있다.

　자료조사가 끝났다면 본격적으로 자료를 수집한다. 자료수집을 할 때는 인터넷 · 문헌 · 인터뷰 · 현장답사 등 모든 방법을 동원한다. 요즘 자료수집 시 인터넷을 많이 이용하는데, 인터넷을 이용한 자료수집은 한계가 있다. 인터넷을 이용하여 얻은 자료는 현황 및 선행콘텐츠를 파악하는 정도로만 이용하고, 심도 있는 지식과 정보는 논문이나 전문서적을 참조한다. 더 나아가 그림 · 사진 등의 시각자료를 확보하고, 현장답사와 전문가 면담을 통해 자료를 수집하면 좋다. 시각자료는 독자에게 이야기의 상황을 머릿속에 그리게 하며, 전문가 면담과 현장답사를 통해 얻은 자료는 독자에게 현장의 분위기를 간접적으로 전달 할 수 있다. 자료수집은 의외로 복잡하고, 시간을 많이 요구한다. 이야기를 창작할 때 가장 힘들고, 시간이 많이 소요되는 과정이 자료수집이다. 사실 자료수집만 끝나면 실제로 글을 쓰는 시간은 오래 걸리지 않는다.

한편 자료수집과 함께 선행콘텐츠도 철저히 조사해야 한다. 자신이 쓰려던 이야기가 이미 시중에 나왔다면 애써 준비한 것들이 헛수고일 수 있다. 또한 까다로운 독자는 조금이라도 기존 작품과 비슷하면 금방 외면한다. 무엇보다 선행콘텐츠를 조사하면, 작가는 폭넓고 다양한 관점과 인식을 가질 수 있다. 또 자신이 창작하려는 이야기의 주제도 선명히 정할 수 있다.

작가는 이야기를 쓰기 전에 대략적인 개요와 이야기모양을 만들어야 한다. 작가는 개요에 주제, 기획의도, 등장인물, 줄거리 등을 기술한다. 주제는 이야기의 주요내용을 한마디로 표현한 것이다. 기획의도는 개요의 가장 중요한 부분이다. 작가는 이야기의 창작 동기·목적·필요성 등을 기술한다. 등장인물은 주인공·조연·적대자·단역 등으로 구분한 뒤에, 각자의 이름·나이·외모·성격·습관·역할 등을 기술한다. 줄거리는 인물들이 펼치는 주요사건들을 처음, 중간, 끝의 순서로 요약하여 기술한다. 단 가급적 대화 없이 현재형 문장으로 쓴다.

이야기모양은 이야기의 주요사건을 도표로 표현한 것이다. 큰 일이 없거나 흥미로운 사건이 없으면 도표에 직선(一)으로 표현하고, 좋은 일이나 흥미로운 사건이 발생하면 도표에 위로 올라가는 선(/)으로 표현한다. 그리고 나쁜 일이나 흥미로운 사건이 사라지면 도표에 아래로 내려가는 선(\)을 그린다. '신데렐라 이야기'를 가지고 이야기모양을 만들어 보자.

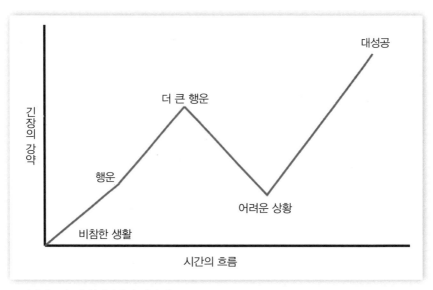

• 이야기모양 예시(신데렐라 이야기)

처음에 신데렐라는 왕자의 무도회에 갈 수 없는 처지였다. 이야기모양에서 '비참한 생활'로 표현한 지점이다. 하지만 요정을 만나면서 상황은 순식간에 달라진다. 요정의 도움을 받아 무도회에 갈 수 있게 된 것이다. 이야기모양에서 '행운'으로 표현된 지점이다. 무도회에 참석한 신데렐라는 왕자의 마음을 사로잡는다. 이야기모양에서 '더 큰 행운'으로 표시된 지점이다. 하지만 신데렐라는 12시 전까지 돌아와야 한다는 요정의 말이 기억나고, 급하게 무도회에서 빠져나온다. 그 후 누더기를 걸친 상태로 돌아간다. 이야기모양에서 '어려운 상황'으로 표현된 지점이다. 하지만 왕자가 신데렐라를 찾아 결혼하면서, 신데렐라는 행복한 결말을 맺는다. 이야기모양에서 '대성공'으로 표현된 지점이다.

이야기를 쓰기 전에 개요와 이야기모양을 만들면, 글의 형식이 흐트러지지 않으며 이야기의 내용도 더욱 깊어진다. 따라서 이야기를 쓰는 작가는 개요와 이야기모양을 작성하는 습관을 길러야 한다.

4. 캐릭터 만들기

캐릭터는 이야기의 등장인물이며, 등장인물이 가진 개성과 이미지이다. 캐릭터는 작가의 대리자이며, 독자 및 관객과 교감하는 소통자이다. 사람들은 이야기 속의 캐릭터와 자신을 동일시하거나 배척하면서 이야기에 공감한다. 캐릭터 설정이 명확한 이야기는 우리 기억 속에 오랫동안 남지만, 캐릭터 설정이 명확하지 않은 이야기는 이내 머릿속에서 사라진다.

인상 깊은 캐릭터는 대중의 흥미를 불러일으킨다. 책을 읽지 않는 아이들도 『해리포터』를 미친 듯 읽었던 이유는 흥미로운 상황에 놓인 매력적인 캐릭터 때문이었다. 베스트셀러에서 인상 깊은 캐릭터는 필수요소이다.

인상 깊은 캐릭터는 이야기의 플롯(Plot)과 배경에도 큰 영향을 미친다. 이야기의 플롯은 주로 캐릭터에 의존한다. 동일한 상황이라도 캐릭터에 따라 이야기의 인과관계가 달라지기 때문이다. 집 나간 아내를 둔 한 남자의 이야기를 예로 들어보자. 남자가 소심하고 내성적인 캐릭터라면, 남자는 집 나간 아내 때문에 큰 고통에 시달릴 것이며 아내가 집을 나간 이유도 자신 때문이라며 자책할 것이다. 하지만 남자가 강한 모험심과 자신감을 가진 캐릭터라면, 아내가 고의로 사라진 게 아니라면서 아내를 찾아 나설 것이다. 또 남자가 적개심과 분노에 불타는 캐릭터라면, 복수하기 위해 아내를 찾아 나설 수도 있다. 이처럼 캐릭터에 따라 이야기의 플롯은 달라질 수 있다.

캐릭터와 이야기의 배경은 서로 영향을 준다. 두 아이가 있다고 가정하자. 같은 나이라도 산속에서 자란 아이와 아파트 숲에서 자란 아이는 서로 다른 인식과 가치를 가지도록 캐릭터를 설정해야 한다. 또 한 곳에 정착하지 않고 모험을 즐기는 모험가의 이야기라면 이야기의 배경을 밀림과 동굴로 설정해야 한다. 이렇듯 캐릭터의 유형에 따라 이야기의 배경이 달라진다.

캐릭터를 설정할 때는 등장인물의 중요도에 따라 주인공, 조연, 적대자, 단역 등으로 구분한다. 주인공은 이야기를 처음부터 끝까지 이끌어가는 인물이다. 주인공의 캐릭터 설정은 이야기의 성패를 결정한다. 주인공은 능동적인 인물로 설정한다. 그래야만 스스로 사건을 만들어서 이야기를 이끌어갈 수 있다. 이야기 속의 주인공은 뚜렷한 목표가 있어야 하며, 그 목표를 이루기 위해 무엇인가를 해야 한다. 다만 주인공은 약간 불완전하게 설정하여 조금씩 발전하는 모습을 보이는 것이 좋다.

하지만 주인공의 목표가 너무 쉽게 성취되면 관객은 빨리 흥미를 잃는다. 할리우드의 시나리오 작가인 월터 번스틴(Walter Bernstein)은 "관객이 주인공에게 감정을 이입할 때는 주인공이 고통을 받거나 짓눌려 있을 때가 아니다. 관객은 주인공이 자신의 처지에 어떻게 대응하는가에 따라 감정이입을 한다"고 말했다. 또 다른 시나리오 작가 프랭크 다니엘(Frank Daniel)은 "누군가 어떤 일을 하려고 노력할 때, 그것이 쉽게 성취되지 않아야 관객은 드라마틱한 상황을 느낀다"고 말했다.

주인공이 목표가 없거나, 목표가 있더라도 목표를 너무 쉽게 성취하면 좋은 이야기가 아니다. 좋은 이야기는 주인공이 뚜렷한 목표를 가지고 있고, 목표의 성취는 어려우나 불가능한 것이 아닐 때 탄생한다.

조연은 주인공이나 적대자를 보조하는 인물이다. 비록 주인공이나 적대자보다 이야기 속의 비중은 적지만, 없어서는 안 될 존재이다. 조연은 주인공과 늘 함께 하는 인물로 그린다. 단 약한 의지력과 현실적인 이유로 주인공이 위급할 때 곤궁에 빠트리도록 설정한다. 조연의 대사는 주인공보다 많아야 하며, 스토리 전개도 조연들의 언행으로 진행하도록 한다.

적대자는 주인공과 적대하는 인물로서, 주인공을 곤궁에 빠트린다. 요즘의 적대자는 무조건 악인으로 그려서는 안 된다. 적대자는 영리한 인물로서 확실한 계획을 갖고 행동하는 인물로 그린다. 이유 있는 악인이 되도록 설정한다. 요즘 적대자는 나름의 세계를 가지고 있는 인간적인 악인이 대세다.

단역은 이야기의 전개 도중에 잠깐씩 등장하는 인물이다. 주요 인물들을 돋보이게 하는 역할을 한다.

개성적인 캐릭터는 전형적이지만 전형적이지 않은 캐릭터이다. 일상 속에서 쉽게 접할 수 있는 인물이지만, 나름대로 독특한 매력을 지니고 행동을 한다. 보는 사람들이 일탈과 대리만족을 느낄 수 있어야 개성적인 캐릭터이다. 개성적인 캐릭터를 설정하기 위해서는 여러 요소가 필요하다. 우선 외적 특성으로 재미있는 행동, 말투 등의 특이한 버릇이나 습관을 가져야 한다. 또한 개성적인 캐릭터를 만들기 위해서는 캐릭터의 내적 갈등에 많은 신경을 써야 한다. 사람들은 의심, 회의, 불신, 도피욕 등의 내적 갈등을 겪는 캐릭터에게 쉽게 감정이입을 한다. 이중적인 성격을 가진 캐릭터를 설정하는 방법도 좋다. 이중적인 성격을 가진 캐릭터는 새로운 이야기를 만들기도 쉽고, 악한 요소나 코믹적인 요소를 부각시키기도 쉽다. 그리고 캐릭터의 가족, 직업, 이름 등도 고려해야 한다. 등장인물의 가족사항까지 세밀하게 설정해야 독자 및 관객의 신뢰를 얻을 수 있다. 결국 개성적인 캐릭터는 과장된 인물이다. 일반적인 캐릭터는 인기를 끌기 어렵다. 약간 특이하고 재미있는 캐릭터가 사람들의 호기심을 자극한다. 심지어 역사 속의 인물도 개성적인 캐릭터를 가져야 대중의 공감을 이끌어낼 수 있다.

캐릭터가 제대로 설정되지 않으면, 이야기 속의 상황에 따라 인물의 성격과 행동이 자주 바뀌는 줏대 없는 이야기가 된다. 이야기를 쓰기 전에 캐릭터의 프로필을 작성하면 좋다. 캐릭터 프로필은 이름, 외모, 성격, 습관, 역할 등의 순서로 작성한다. 그리고 등장인물을 연상할 수 있는 초상화나 비슷한 이미지의 연예인 사진을 넣어주거나, 등장인물 간의 관계도를 제시하면 좋다.

잘 만들어진 이야기는 무엇보다 캐릭터가 잘 설정되어 있다. 특히 등장인물의 성격, 습관, 작품 내의 역할과 내용 등이 간략하지만 비교적 명확하게 설정되어 있다. 2012년에 방영되어 높은 시청률과 큰 화제를 낳은 〈해를 품은 달〉의 캐릭터 프로필과 등장인물 관계도를 살펴보자.

허연우, 월 – 해를 머금은 달 (한가인)

홍문관 대제학 허영재의 딸, 염의 누이동생, 훤의 첫사랑이다. 연우(煙雨)는 아버지가 붙여준 이름으로 안개비 또는 보슬비라는 뜻이다. 하지만 그녀의 성정은 오히려 뜨거운 태양 아래 시원하게 쏟아지는 소나기처럼 청량하고 신선하고 쾌활하다. 홍문관 대제학의 여식(딸)답게 영리하고 똘똘하기까지 하다. 우연히 입궐하여 그 곳에서 훤과 마주친다. 그리고 가슴 속에 품고 있던 설렘은 마침내 첫사랑이 되었다. 이제 훤의 반쪽이 되어 세자빈으로서 행복한 날들이 이어질 줄 알았는데…… 원인을 알 수 없는 병이 들어 국혼을 얼마 안 남겨두고, 사가(私家)로 돌려 보내진다. 그리고 아버지의 품에서 조용히 눈을 감는다.

내 이름은 액받이 무녀, 월(月). 그녀는 8년 전 자신에게 어떤 일이 일어났는지 전혀 모르는데…… 후에 모든 것이 해결되고 중전 윤씨가 자결을 하자, 훤의 정비가 된다.

이훤 – 달을 그리는 해 (김수현)

조선의 왕, 중전 한씨의 소생, 민화공주의 오라버니, 연우의 첫사랑이다. 다소 히스테리컬한 청년국왕이다. 잘생겼다. 영리하다. 근자감(근거 없는 자신감) 죽여준다. 그래서 '존재 자체가 위협'인 양명 앞에서 언제나 티 없이 맑게 웃는다. 염을 통해 학문의 즐거움과 군왕의 도리를 배웠다면, 연우를 통해서는 자신이 다스려야 할 궐 너머의 세상과 첫사랑의 설렘을 배웠다. 연우가 세자빈에 간택되었을 때 첫사랑은 결실을 맺는 듯이 보였다. 그런데 그녀가 갑작스럽게 죽고, 외척가문의 보경이 대신 세자빈의 자리에 올랐다. 이제 훤은 더 이상 철없는 왕세자가 아니다. 과인은 조선의 왕이다. (현재)차갑다. 시니컬하다. 별로 웃지 않는다. 후궁은 커녕 중전도 품지 않는다. 내의원의 권고로 우연히 피병(병을 피하여 거처를 옮김)을 갔다가 음산한 무녀의 집에서 비를 피하게 된다. 그리고 그녀를 만난다.

양명군 – 해에 가려진 슬픈 빛 (정일우)

전왕의 서장자, 희빈 박씨의 소생, 왕위 계승 서열 1순위의 왕자이다. 유유자적한 풍류남아이다. 겉으로는 허허실실하나, 내면은 오리무중의 자유로운 영혼이다. 이 자유를 얻기 위해 그가 얼마나 용을 쓰고 있는지 아무도 모른다. 왕위 계승 서열 1순위. 그 허울 좋은 명분 때문에 양명의 저택에는 늘 권력에 뒷줄을 대려는 도포자락들로 넘쳐난다. 어린 시절 휜의 그늘에 가려 부왕으로 부터 많은 냉대를 받았으나, 홍문관 대제학의 사가에 드나들며 치유 받았다. 그리고 그곳에서 연우를 만나 애타는 그리움과 연모를 배웠지만, 그녀의 세자빈 간택과 연이은 죽음에 그 또한 절망에 빠졌었다. 오랜 세월이 지난 지금, 그러나 운명은 그를 또다시 휜과 맞부딪치게 만드는데…….

윤보경 – 달을 꿈꾸는 거울 (김민서)

휜의 정비(正妃)이며 윤대형의 딸이다. 착하고 따뜻한 성품을 지닌 다소곳하고 얌전한 여인이다. 어질고 온화한 성품으로 궁인들 사이에 떠도는 여론 또한 모두 중전의 편이다. 그러나 그녀는 용종 잉태를 외면하는 휜을 단 한 번도 원망하지 않는다. 괜찮다는 듯 조용히 미소 지을 뿐이다. 여기까지가 대외적인 그녀의 모습이다. 어른들의 사랑, 아랫사람들의 흠앙(공경하여 우러러 사모함), 왕친들의 동정, 조정의 여론형성…… 이 모든 것이 그녀의 전략에 의해 만들어진 작품이다. 어린 시절 평범한 아이였던 보경을 지금의 야심가로 키워낸 건 아버지 윤대형이었다. 세자빈이 되어 휜의 곁에 있고 싶다는 그녀의 바람은, 연우의 부고로 현실이 되었다. 행운의 여신은 보경의 편이었다. 아니 그런 줄로만 알았다. 월이 나타나기 전까지는……. 모든 것이 밝혀지고 아버지 윤대형이 반란을 일으키자 괴로워하던 보경은 조용히 목을 맨다.

허염 – 날개 꺾인 불꽃 (송재희)

민화공주의 남편이 되어 의빈(왕의 사위) 봉작을 받았다. 유록대부 양천

위, 연우의 오라버니, 훤의 스승이며 매제. 초(超)절정 미모의 소유자로 성균관 시절 모든 유생들의 우상이었다. 게다가 수재다. 세기에 한 번 나올까 말까 한 초(超)천재. 물론 단점도 있다. 고지식하고 융통성 없으며 남녀의 감정에 둔한 천하에 없는 유생 그 자체이다. 그 최대 피해자가 바로 민화공주다. 열일곱에 장원급제하고 그 해 세자시강원의 문학에 재수되어 겨우 두 살 아래인 왕세자 훤의 스승이 되었다. 그리고 훤과 사제의 정을, 군신의 정을, 그리고 동년배의 우정을 나누었다. 그러나 연우의 죽음 이후 비극이 시작점이 되어버린 그 시절. 지금도 염은 몇 번이고 몇 번이고 훤과 연우를 연결해준 자신을 책망하고 후회한다.

민화공주 – 불꽃이 되지 못한 꽃 (남보라)
훤과 양명의 동생, 염의 최강동안 어린 신부이다. 귀엽고 천진난만한 한마디로 타고난 공주로, 어렸을 적부터 그녀 주변의 모든 사람은 민화를 중심으로 움직였다. 그런 민화가 처음으로 욕심을 낸 사람이 바로 첫눈에 반한 염이었다. 연우의 죽음 이후 기적처럼 염과의 혼인에 성공하나, 가끔씩 자신이 염의 날개를 꺾어버린 것만 같아 문득 죄책감이 들 때가 있다. 하지만 그녀는 결코 후회하지 않는다.

도무녀 장씨 – 해와 달을 섬기는 무녀 (전미선)
성수청에 속한 국무(國巫), 조선의 최고 무당이다. 세자빈 시해사건에 대한 모든 비밀의 열쇠를 쥐고 있는 인물이다. 으뜸 주술 실력을 가지고 있기에 알 만한 사람들은 그녀와 눈을 마주치는 것조차 두려워한다. 유학자들의 끊임없는 요구로 존폐위기에 놓인 성수청을 구하고자, 대비 윤씨의 사주를 받아들이기로 결심한다.

형선 (정은표)
대전 상선내관. 세자시절부터 훤을 보필해오던 인물이다. 영화 '시네마천국'에 알프레도와 토토처럼 그렇게 우정을 쌓아왔다. 훤의 첫사랑과 성장과정을 누구보다 가까이에서 지켜본 인물로, 연우의 죽음 이후 냉랭하게 변모한 훤의 모습에 안타까워한다.

윤대형 (김응수)

훤의 국구, 보경의 부친, 외척세력의 수장이자 노회한 정치 9단이다. 국모가 된 딸과 대왕대비 윤씨를 뒷배로, 마침내 영의정의 자리에까지 오르지만, 그는 아직도 목이 마르다. 권력을 향한 질주를 멈추지 못하는 냉정하고 탐욕적인 인물이다. 사위인 훤과 끊임없이 대립하며 결국 그는 마지막 카드를 꺼내든다.

대왕대비 윤씨 (김영애)

외척세력의 대지주, 성조대왕의 어머니이자 훤의 할머니. 윤대형과는 정치적 연대관계이다. 3년간 수렴청정을 하였으나, 현재는 영리한 훤에 의해 결국 철정을 선언, 뒷방으로 물러나 있다. 그러나 여전히 친정가문의 권력을 도모하기 위해 정치를 포기하지 않는다. 세자빈 죽음에 중대한 영향을 미친 인물이다.

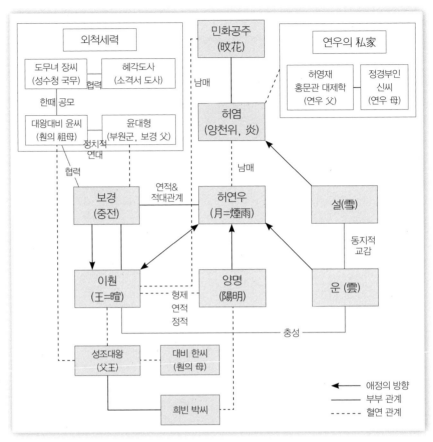

• 〈해를 품은 달〉 인물 관계도

5. 스토리 짜기

스토리 구성하기

　스토리는 이야기 속 인물들이 서로 미워하고, 갈등하고, 화해하는 모습을 순차적으로 그린 것이다. 스토리구성법은 크게 3단계 구성법과 4단계 구성법이 있다. 3단계 구성법은 이야기를 도입부-중간부-결말부로, 4단계 구성법은 기-승-전-결로 짜는 것이다.

　〈3단계 구성법〉
　　ㅇ 도입부 : 사건의 원인이 제시되고, 주요 인물이 소개된다. 그와 함께 시간과 장소도 소개된다.
　　ㅇ 중간부 : 여러 가지 사건들이 맞부딪치면서 스토리가 전개된다.
　　ㅇ 결말부 : 이야기의 대단원을 맺는다.

　〈4단계 구성법〉
　　ㅇ 기 : 상황이 설정되고, 주인공이 문제에 부딪히게 된다.
　　ㅇ 승 : 사건이 복잡하게 얽히고, 주인공의 문제도 심화된다.
　　ㅇ 전 : 위기국면으로 사건의 절정을 이룬다.
　　ㅇ 결 : 종결국면으로 모든 사건이 해결된다.

　스토리를 짤 때 불변의 원칙은 없다. 이야기의 성격에 따라 적합한 구성법을 취하면 된다. 편의상 3단계 구성법을 자세히 알아보겠다. 도입부는 사건의 출발점으로서 언제, 어디서, 누가, 무엇을, 어떻게 했나를 표현한다. 시간, 공간적 배경, 등장인물, 사건, 작품 분위기 등을 보여주는 것이다. 첫 장면은 도입부에서 가장 중요하다. 첫 장면은 이야기 세계에 찾아온 독자와 관객에게 설렘과 기대를 품게 한다. 아무리 좋은 이야기라도 첫 장면이 재미가 없으면 관객 및 독자에게 외면당한다. 첫 장면은 강렬한 상황과 사건으로 시작하는 것이 좋다. 그래야만 도입부에 들어갈 내용을 한꺼번에 소개할 수 있고, 관객 및 독자의 호기심을 자극할 수 있다. 다만 첫 장면부터 모든 것을 알려주면 안 되고, 사건이 발생한 원인만 알려주면 된다.

중간부는 사건이 본격적으로 진행되는 단계이다. 주인공이 추구하는 바를 가로막는 장애물이 나타나고, 사건은 더욱 복잡하게 얽힌다. 따라서 중간부에 이야기의 핵심장면을 넣어준다. 핵심장면은 시작장면에서 마지막장면에 도달하기까지의 과정이며, 알리바이다. 작가가 이야기의 핵심장면을 구체화하지 못했다면, 이야기를 쓸 준비가 안 된 것이다. 핵심장면의 중요성을 잘 보여주는 작품이 소설 『데미안』과 영화 『쇼생크 탈출』이다.

헤르만 헤세(Hermann Hesse)의 소설 『데미안』의 핵심장면 중 하나는 주인공 에밀 싱클레어가 쉬는 시간에 쪽지를 발견하는 대목이다. 싱클레어는 쪽지를 보았지만, 장난으로 여기고 읽지 않는다. 싱크레어에게는 쪽지를 줄만한 친구가 없었기 때문이다. 그러다가 싱클레어는 우연히 쪽지를 수업시간에 읽는다. 쪽지를 읽은 싱클레어는 자신의 정신적 지주였던 데미안이 쪽지를 보냈다고 확신하며, 자신의 문제는 스스로 해결해야 한다는 것을 깨닫는다. 『데미안』은 전체 7장으로 이루어져 있는데, 싱클레어가 쪽지를 받는 장면은 제5장 속에 있다. 이 장면이 핵심장면인 이유는 방황하던 싱클레어가 정신적으로 한 단계 도약하는 계기를 보여주기 때문이다.

영화 〈쇼생크 탈출〉의 핵심장면은 앤디 듀프레인(팀 로빈스)의 누명을 벗겨줄 신참 죄수 토미(길 벨로우스)가 살해당하는 장면이다. 유능한 은행 간부인 앤디 듀프레인은 아내를 살해한 죄로 쇼생크 감옥에 수감된다. 듀프레인은 자신의 결백을 밝히기 위해 온갖 노력을 다하지만, 모두 실패한다. 낙담한 듀프레인은 감옥 안에서 죄수들을 도우며 시간을 보낸다. 한편 듀프레인은 뛰어난 회계 능력을 발휘해 교도소장 워든 노튼(밥 건튼)이 빼돌린 검은 돈을 관리한다. 어느 날 죄수 토미가 쇼생크 감옥에 들어온다. 토미는 듀프레인에게 아내를 살해한 진범을 안다고 말한다. 듀프레인은 교도소장에게 도움을 청하고, 교도소장은 토미에게 듀프레인의 결백을 증명할 수 있는지 확인한다. 토미가 법정에서 듀프레인의 결백을 증명하겠다고 말하자, 교도소장은 토미를 무참하게 죽인다. 교도소장이 토미를 죽이면서, 듀프레인은 탈옥을 감행한다. 토미가 죽는 장면은 두 번의 종신형을 선고받아 투옥되는 시작장면과 탈옥을 감행하여 행복을 되찾는 마지막장면을 잇는 핵심장면이다.

우리가 다른 사람에게 이야기의 줄거리를 얘기할 때 첫 장면, 핵심장면, 마지막장면 중 어느 하나라도 빠뜨린다면, 상대방은 이야기의 내용과 의미를 이해할 수 없다. 핵심장면도 시작장면과 마지막장면만큼 중요하다.

중간부에서는 관객 및 독자가 이야기에 몰입할 수 있도록 모든 기술을 동원해야 한다. 가령 5분에 한번쯤 관객 및 독자가 기분을 전환하도록 아름다운 풍경을 보여준다던가, 손에 땀을 쥐게 하는 격렬한 싸움을 보여주던가, 숨을 죽이게 하는 러브신을 적절히 넣어 주는 것이다.

결말부는 모든 갈등이 해소되고 대단원을 맺는 단계이다. 결말부에선 그야말로 모든 것이 해결되어야 한다. 사건이 종결되고, 인물들 간의 갈등도 해결되며, 주제도 선명히 드러나야 한다. 결말부의 마지막장면도 도입부의 첫장면 이상으로 중요하다. '끝이 좋으면 모든 것이 좋다'라는 말이 있듯이, 마지막장면도 독자들에게 강한 인상을 주어야 한다. 이야기가 도입부의 첫 장면에서 이야기 향유자를 붙잡지 못하면 외면당하듯이, 결말부의 마지막장면에서 감동을 주지 못하면 애써 끌고 왔던 이야기의 모든 것이 시시해진다.

이야기를 쓰는 순간부터 작가의 최대 목표는 이야기를 끝내는 것이다. 끝나지 않은 이야기는 세상에 존재하지 않는 이야기이다. 관객 및 독자가 이야기의 세계로 진입하는 입구가 도입부의 첫 장면이라면, 관객 및 독자가 이야기에서 빠져나오는 출구는 결말부의 마지막장면이다.

독자나 관객에게 미치는 이야기의 영향력은 원고지 분량이나 상영시간에 비례하지 않는다. 대하드라마보다 짧은 영화 한편이 한 사람의 인생에 훨씬 큰 영향을 미치기도 한다. 특히 결말부의 마지막장면은 독자와 관객에게 깊은 인상을 남긴다. 영화 〈허공에의 질주〉의 마지막장면은 관객의 마음에 깊은 여운을 남긴다. 아버지 아서(쥬드 허쉬 분)는 수배자의 대오에서 아들을 빼내 세상으로 돌려보내면서 다음과 같은 말을 한다.

> 너는 남는다.
> 우리 가족은 모두 너를 사랑한다.
> 네 엄마와 나는 열심히 살았다. 너도 세상을 위해 좋은 일을 해라.

　아버지는 결국 고집을 꺾고, 아들을 떠나보낸다. 하지만 자신의 신념과 자부심은 끝내 포기하지 않는다. 아버지의 고집은 무너졌지만 사랑은 무너지지 않는다. 아버지와 아들의 강인하면서도 따뜻한 이별은 관객의 마음속에 깊이 자리 잡는다.
　이야기 결말부의 마지막장면은 독자 및 관객들에게 감동과 여운을 주는 핵심 요소이다. 따라서 완성도과 떨어지는 결말은 독자와 관객을 실망시키는 치명적인 요인이다. 단순히 재미있는 이야기와 여운을 남기는 이야기는 다르다.
　이슬람의 현자 나스레딘이 제자들과 함께 시장을 걷고 있었다. 제자들은 스승의 동작을 하나라도 놓칠세라 따라 하기 바빴다. 나스레딘은 몇 걸음 걷다가 허공에 대고 악수를 하거나, 갑자가 멈춰 제자리 뛰기를 하였다. 제자들은 모두 따라했다. 이런 모습을 본 상인 한명이 나스레딘에게 물었다. 그 상인은 나스레딘의 오랜 친구였다.

> 상인 : 나스레딘, 이 사람들이 지금 뭘 하고 있는 건가?
> 나스레딘 : 아, 보면 모르겠는가. 다들 깨달음을 얻으려 열심히 공부
> 　　　　하는 중이지.

상인 : 모두 똑같이 하는데, 제자들 중에 누가 깨달음을 얻었는지 자네는 아는가?

나스레딘 : 그야 아주 간단하지. 난 매일 아침 내 제자들의 수를 헤아린다네.

그래서 달아난 제자가 있는지 확인하지.

이 이야기를 읽거나 들은 사람들은 다양한 반응을 보일 것이다. 하지만 자신이 나스레딘의 제자라면, 떠날 것인지 남을 것인지는 생각할 것이다. 바로 이야기가 남기는 여운의 힘이다. 이야기의 감동과 여운은 이야기 속에 없다. 독자와 관객의 의식에 남겨진다. 그렇기에 이야기의 마지막장면은 더욱 중요하다.

마지막장면은 대개 두 가지의 형태이다. 하나는 감동의 형태로 마무리하는 것이고, 다른 하나는 여운의 형태로 마무리하는 것이다. 감동의 형태는 대개 주인공이 특별한 성취를 이루면서 이야기를 끝내거나, 반전으로 이야기를 끝낸다. 영화 〈천국의 아이들〉은 결말에서 극중 아이들이 특별한 성취를 이룬다. 극중 인물의 성취는 관객에게 큰 감동을 준다. 영화 〈공동경비구역 JSA〉는 결말부에 분단 상황은 여전하다는 메시지를 전달하기 위해 영화 첫 장면의 배경인 판문점을 다시 보여준다. 이러한 반전은 관객에게 큰 감동으로 다가온다.

여운의 형태는 대개 질문을 던지거나, 관객과 독자의 성찰을 이끌면서 이야기를 끝낸다. 영화 〈밀양〉은 신애(전도연 분)가 자신의 머리카락을 자르면서 끝난다. 신애는 아들이 유괴범에게 살해를 당한 뒤, 방황을 하다가 자살을 시도한다. 다행히 목숨은 건진다. 신애는 병원에서 퇴원을 하고 미용실에 찾아간다. 신애는 미용실에서 유괴범의 딸인 정아(송미림 분)를 만난다. 자신의 머리를 자르는 정아의 손을 뿌리치고, 신애는 자신의 집으로 돌아와 스스로 머리를 자른다. 이 장면이 영화의 마지막이다. 영화는 마지막 장면에서 관객에게 질문을 던져, 관객이 스스로 결론을 내리도록 유도한다. 〈밀양〉을 본 사람이라면 한동안 영화의 결론은 무엇일까를 생각하면서 여운을 느낄 것이다.

영화 〈흐르는 강물처럼〉의 결말은 폴(브래드 피트 분)의 죽음이다. 형인 노먼(크레이그 셰퍼 분)과 동생인 폴은 어려서부터 아버지의 엄격한 교육 속에서 자란다. 노먼은 아버지의 기대대로 교수가 되어 바른 삶을 산다. 반면 폴은 비뚤어진 삶을 산다. 폴은 도박과 술에 빠져 싸움을 일삼는다. 결국 폴은 위험한 도박에 휘말려 감당할 수 없는 빚을 지면서, 죽음을 맞이한다. 하지만 폴의 가족은 '너는 도대체 누구를 닮아서 그 모양이니?'라고 말하지 않는다. 아버지와 노먼은 폴의 있는 그대로를 사랑하면서 폴을 이해한다. 마치 흐르는 강물처럼 말이다. 이러한 〈흐르는 강물처럼〉의 마지막 장면은 관객에게 성찰의 기회를 제공하면서, 여운을 남긴다.

장면 전개하기

스토리 짜기 단계는 전체적인 뼈대와 더불어 장면전개, 장면묘사, 대사 사용 등 세부적인 부분까지 잘 짜야 한다. 또한 곳곳에 명장면과 명대사도 있어야 한다. 우선 스토리의 장면전개는 꼬리에 꼬리를 물고 이어지게 한다. 다만 뻔하고 순차적인 장면은 건너뛰고, 스토리의 전개상 꼭 필요한 장면만 집어 넣는다. 모든 것을 다 설명하고 순차적으로 진행되는 스토리는 지루하고 재미없기 때문이다. 그리고 장면은 빠르게 전개하는 것이 좋다. 요즘의 스토리는 꼬리에 꼬리를 물고 이어지는 수많은 장면들을 토대로, 잠시도 눈을 뗄 수 없을 만큼 빠르게 진행되는 것이 특징이다. 하지만 거침없이 질주만 하면 관객 및 독자는 빨리 지친다. 극적 사건이 전개된 후에는 풍경, 해프닝, 로맨스 등의 숨을 돌릴 수 있는 장면을 넣어 독자들의 마음을 쉬게 해주어야 한다. 이야기의 긴장과 이완을 조절하는 것이다. 그리고 장면묘사는 가급적 정확히 해야 한다. 이야기 속 등장인물의 행동, 성격, 장소, 기타 소품 등의 장면 묘사를 분명하게 표현해야 전체 이야기가 무너지지 않는다.

소품 선택하기

특별한 소품은 이야기를 풀어나가는 데 결정적인 도움을 준다. 소설『모비딕』에서 고래잡이용 작살은 특별한 소품이다.『모비딕』에서 고래잡이용 작살이 없다면, 이야기는 절정에서 힘을 잃을 것이다. 이야기의 절정에서 에이해브는 작살을 던지며 말한다. "이리하여 나는 나의 작살과 영영 작별하련다."

신데렐라 이야기에서 유리구두는 절대적인 소품이다. 신데렐라 이야기에서 유리구두가 없다면, 이야기가 전개될 수 없다. 신데렐라가 유리구두를 신으면서 이야기가 시작되고, 유리구두 한 짝을 잃으면서 이야기가 절정으로 치달으며, 유리구두의 주인을 찾으면서 이야기가 마무리된다. 신데렐라 이야기에서 유리구두는 이야기의 흥미를 고조시키는 가장 중요한 소품이다.

소품 없는 이야기는 추상적일 수밖에 없다. 소품을 이야기 속으로 끊임없이 가져와야만 구체적인 이야기가 된다. 이야기에 필요한 소품을 찾는 것은 쉽지 않다. 우선 자신과 친근한 소품이 무엇인지 생각한다. 우리의 일상은 의류 · 장신구 · 필기구 · 그릇 · 구두 · 차량 · 책 · 컴퓨터 · 스마트폰 등의 소품으로 가득 차 있다. 일단은 자신과 친근한 소품들을 마구 펼쳐 놓은 후, 이야기의 전개과정 속에 소품들을 가지런히 배치해 본다.

중요하다고 생각하는 소품은 이야기 초반에 배치하며, 필요한 것보다 더 많은 소품을 이야기 속에 배치해야 한다. 이야기가 끝날 때까지 핵심 소품이 무엇인지 모르기 때문이다. 또 등장인물의 캐릭터와 플롯은 소품과 결부시켜 설정하는 것이 좋다. 소품에 따라 등장인물의 성격과 습관이 바뀔 수 있으며, 이야기의 플롯도 달라질 수 있기 때문이다. 소품은 때때로 등장인물과 플롯을 결정하는 중요 요소로 활용할 수 있다.

유용한 이야기 전개법

복선, 수수께끼, 전개법, 귀납법, 대조법 등은 사람들을 설득할 수 있는 유용한 이야기 전개법이다. 이야기 속에서 하나의 사건이 발생했을 시, 우연성을 남발하면 설득력이 떨어져 허술한 이야기가 된다. 우연성 남발을 막을 수 있는 좋은 방법이 복선, 수수께끼, 전개법, 귀납법, 대조법 등의 사용이다. 복선이란 어떤 상황이 있기 전에 미리 어느 정도의 정보를 주는 것이다. 수수께끼는 향유자의 호기심을 자극하여 이야기 속으로 빠져들게 한다. 전개법은 하나의 사건을 순차적으로 발전시켜 나가는 방법이며, 귀납법은 어떤 사건의 결과부터 거꾸로 그 원인을 더듬어 올라가는 방식이다. 그리고 대조법은 대조적인 상황을 설정하여 독자들의 흥미를 이끌어 내는 방식이다.

아울러 대사는 간결하면서도 생동감 있게 사용해야 한다. 좋은 대사는 처음 들어도 명확히 이해할 수 있고, 일상적으로 사용하는 대화처럼 자연스러운 느낌이 든다. 따라서 이야기창작자는 평소에 사람들의 말하기 유형, 특이한 말버릇, 단어의 반복이나 망설임, 잘못된 사용 등을 잘 조사해야 한다. 다만 대사를 사용할 때 설명하는 대사나 문어체 대사는 쓰지 않도록 한다. 아울러 이야기에 사람들의 인기를 끌만한 명대사도 들어 있으면 좋다. 명대사는 억지로 만들어지지 않는다. 평범한 단어들이 이야기 속에서 계속 사용되다가 특정한 순간에 사람들의 심금을 울렸을 때 탄생한다.

주제와 제목 정하기

스토리구성과 장면전개를 마쳤으면, 주제와 제목을 달아야 한다. 주제는 이야기의 주요내용을 한마디로 정리한 것이다. 이야기의 진정한 갈등은 무엇이고, 그것이 의미하는 바는 무엇인지 짧게 표현한 것이다. 주제를 짧고 명확하게 잘 설정한 영화가 〈태극기 휘날리며〉이다. 실제로 누군가 '태극기 휘날리며의 주제는 뭐야?'라고 묻는다면, '한국전쟁을 배경으로 형제애를 그린

드라마'라고 한마디로 답할 수 있다.

제목은 이야기의 지도(地圖)이다. 이야기의 정보를 집약적으로 담고 있기 때문이다. 좋은 제목은 사람들이 제목만 보더라도 이야기의 방향을 읽을 수 있고, 기대감을 가질 수 있는 제목이다. 일반적으로 제목은 한두 개의 어휘나 짧은 문장으로 정한다. 제목의 형태는 이야기의 내용을 명시적으로 드러내는 제목, 문제를 제기하면서 작가의 주장을 강조하는 제목, 주제를 암시적으로 제시하는 제목 등 다양하다.

수정하기

수정작업은 스토리 짜기의 마지막 단계이다. 수정작업에서 할 일은 매우 많다. 먼저 인물의 성격과 행동, 대사의 적절성, 스토리 전개의 일관성, 장면 전개의 입체성 등 먼저 이야기의 큰 틀을 검토한 뒤에, 세부적인 내용을 수정한다. 그 다음 시제, 인칭, 맞춤법 등을 검토하여 문장을 세밀히 다듬는다. 결국 좋은 이야기는 치밀한 계획, 근면한 노력, 끝없는 재수정의 산물이다.

6. 이야기 확장하기

스토리텔링은 이야기를 만들어 대중에게 전달하는 수단이다. 이야기기획, 자료수집, 캐릭터설정, 스토리 짜기 등은 이야기를 만드는 과정이다. 만든 이야기를 대중에게 전달하기 위해서는 적합한 수단과 전략이 필요하다. 이야기 확장하기 단계가 만든 이야기를 대중에게 전달하는 전략을 세우는 과정이다. 즉 만든 이야기를 문화콘텐츠로 제작·활용하는 계획을 세우는 단계이다.

이야기를 하나의 문화콘텐츠로 제작하는 방식은 다양하다. 기존에는 소설·동화·만화 등의 출판물이 주를 이루었지만, 요즘은 영화·드라마·애니메이션·게임 등의 영상물로 많이 만들어진다. 출판물이 영상물보다 제작비용이 적고 표현의 제약도 적어서 1차 콘텐츠로 많이 제작되지만, 이야기가 재미있다면 곧바로 영상물로 제작할 수도 있다.

자신이 만든 이야기를 문화콘텐츠로 제작할 수 있는 방법은 ① 자비제작, ② 인터넷 사이트에 게재하는 방법, ③ 제작기획안을 작성하여 제작을 의뢰하는 방법 등이 있다. 이 중 이야기창작자가 자신의 이야기를 문화콘텐츠로 제작·활용할 수 있는 일반적인 방법은 세 번째 방법이다. 이야기가 완성되면 문화콘텐츠 제작기획안을 작성하여, 출판·방송·영화·게임·공연·광고 등 여러 회사를 찾아가 제작을 의뢰하는 것이다. 따라서 창작자는 문화콘텐츠 제작기획안의 작성법을 알아야 한다.

문화콘텐츠 제작기획안의 형식은 일정하지 않다. 다만 중요내용을 간단명료하게 써야 한다. 문화콘텐츠 제작기획안은 일반적으로 개요 형식으로 쓴다. ① 제목, ② 기획의도, ③ 매체선정과 제작방향, ④ 등장인물(캐릭터), ⑤ 줄거리, ⑥ 멀티유즈화, ⑦ 기대효과 및 개발 의의, ⑧ 부록 등의 순서로 작성한다.

① 제목 : 제목을 맨 앞에 크게 제시한다. 보통 제목은 이야기의 내용을 한 마디로 표현한 주제를 가져다 쓰기도 한다.

② 기획의도 : 이야기 창작의 동기, 목적, 필요성 등을 제시한다. 만약 원전이나 선행콘텐츠가 있다면 원문과 연구 성과, 선행콘텐츠와 문제제기, 새로운 콘텐츠 개발의 필요성 등을 더해주면 좋다.

③ 매체선정과 제작방향 : 이야기에 적합한 매체와 제작방향을 제시한다.

④ 등장인물(캐릭터) : 주인공 · 조연 · 적대자 · 단역 등의 순서로 등장인물을 제시하고, 각 인물의 나이 · 외모 · 성격 · 습관 · 역할 등을 소개한다. 캐릭터를 상상할 수 있는 초상화 및 배우 사진과 등장인물을 첨부하면 좋다.

⑤ 줄거리 : 등장인물이 펼치는 주요사건을 처음, 중간, 끝의 순서로 요약하여 기술한다. 줄거리는 가급적 대화 없이 현재형 문장으로 쓴다.

⑥ 멀티유즈화 : 요즘은 하나의 문화콘텐츠에 다양한 장르를 접목하여 부가적 수익을 창출하는 멀티유즈화 시대이다. 따라서 기획 단계부터 멀티유즈화 방안을 설정해야 한다. 예를 들어 1차 콘텐츠가 출판물이면 2차 콘텐츠는 드라마 · 영화 · 게임 · 애니메이션 등 영상물로 기획하고, 3차 콘텐츠는 각종 캐릭터 상품과 OST · DVD · 여행상품 등을 설정한다.

⑦ 기대효과 및 개발 의의 : 자신이 만든 이야기를 바탕으로 한 문화콘텐츠가 일으킬 수 있는 문화적 · 경제적 기대효과와 개발 의의를 체계적으로 제시한다.

⑧ 부록 : 트리트먼트, 참고자료 등을 첨부한다. 트리트먼트는 주요장면들을 순서대로 소설 형식으로 풀어놓은 스토리집이다. 트리트먼트는 현재형 문장으로 쓴다. 어쩔 수 없이 약간의 대사가 포함될 때는 간접화법을 사용한다. 소설, 시나리오, 희곡, 대본 등의 완전한 이야기 작품이 있으면 더욱 좋다. 참고자료는 자신이 이야기를 만들 때 참고하였던 도서, 논문, 신문, 잡지, 인터넷 기사, 시각자료 등을 제시한다.

제3장
역사 + 스토리텔링

1. 영상 포지셔닝 : 공감대 형성 전략

팩션시대를 살아가는 우리는 많은 시간을 가상현실공간에서 보낸다. 현실의 삶에서 발생하는 결핍과 열망을 가상현실공간에서 채우는 것이다. 가상현실공간과 현실공간을 연결해주는 매개체가 영상이다. 선험적 특징을 가진 역사를 향유할 때 영상은 더욱 큰 힘을 발휘한다. 영상은 대중이 경험하지 못한 역사사실을 가시화하여, 대중이 역사사실을 공감하도록 한다. 이 때문에 최근 역사영상물이 많이 제작된다. 하지만 모든 역사영상물이 대중들에게 큰 공감을 얻는 것은 아니다. 대중에게 큰 공감을 얻어 성공한 역사영상물은 일정한 영상 포지셔닝이 있다.

성공한 역사영상물은 대개 일정한 과정을 거친다. 먼저 가공되지 않은 역사자료(날 콘텐츠)는 공감대 형성전략에 의해 하나의 역사문화콘텐츠(2차 문화콘텐츠)가 된다. 그 다음 대중이 가공된 역사문화콘텐츠(2차 문화콘텐츠)를 향유하는 과정에서 담론이 형성된다. 대중 간에 풍부한 담론이 형성되면, 대중들은 자연스럽게 역사문화콘텐츠가 담고 있는 역사적 가치를 공유한다.

무거운 역사적 주제 및 메시지가 대중에게 받아들여져 담론이 풍부하게 형성되려면, 역사자료(날 콘텐츠)를 역사문화콘텐츠(2차 문화콘텐츠)로 가공할 때 공감대 형성전략을 잘 세워야 한다. 대중은 공감대 형성전략에 따라 역사문화콘텐츠가 전달하려는 메시지에 공감할 수도 있고, 못 할 수도 있다. 오늘날 대부분의 역사문화콘텐츠는 영상역사물로 만들어진다. 결국 대중에게 받아들여지는 역사문화콘텐츠의 공감대 형성전략은 역사자료(날 콘텐츠)를 적절하게 영상으로 표현하는 것이다.

역사자료를 영상으로 표현하는 방식이 영상 포지셔닝이다. 좋은 역사영상물은 영상 포지셔닝이 잘되어 있다. 공감대 형성을 위한 영상 포지셔닝 방법은 크게 ① 체험적 공간으로의 초대, ② 역사와 문화트렌드의 접목, ③ 역사적 경험의 보편화 등이 있다. 체험적 공간으로의 초대는 관객이 직·간접적으로 경험했던 역사적 사실 및 메시지를 영상으로 표현하여, 관객의 관심을 불러일으키는 방식이다. 역사와 문화트렌드의 접목은 당대에 유행하는 문화트렌드를 영상으로 표현하여, 전달하려는 역사적 메시지에 관객이 흥미를 느끼도록 하는 방식이다. 역사적 경험의 보편화는 인간의 보편적 정서를 영상으로 표현하여, 관객의 공감대를 형성하는 방식이다.

역사를 대중의 체험적 공간으로 가장 잘 끌어온 영화가 2000년 박찬욱 감독이 만든 〈공동경비구역 JSA〉이다. 분단이라는 우리의 특수한 역사적 상황 속에서 판문점을 지키는 남북한 병사의 사귐과 그 사귐으로 인한 비극을 다룬 영화이다. 개봉 당시 엄청난 흥행과 비평가들로부터 좋은 평가를 들었다. 두 마리 토끼를 다 잡은 셈이다.

〈공동경비구역 JSA〉는 박상연의 소설『DMZ』를 각색하였다. 박찬욱은 영화 속의 내용을 관객들의 경험과 일치시키기 위해, 소설의 아이디어만 차용했을 뿐 거의 모든 것을 바꾸었다. 새롭게 영상 포지셔닝을 한 것이다.

영화는 소설의 객관적인 이해구도와 거시적 관점을 주관적 체험과 미시적 관점으로 바꾸었다. 원작 소설의 주인공은 한국인 아버지와 스위스인 어머니를 둔 스위스 남자장교 베르사미이다. 소설에서는 베르사미의 일인칭 시점으로 이야기가 펼쳐진다. 소설에서 스위스 장교 베르사미를 주인공으로 삼은 이유는 중립적 입장 혹은 제3자의 입장에서 남북한 분단의 문제를 다루기 위해서였다. 제3자인 베르사미에게는 남북한 병사의 우정과 비극은 분단의 문제를 제기하는 하나의 에피소드에 불과하다. 남북한 병사의 우정과 비극보다 더 큰 이야기는 거제도 포로수용소에 갇혀 있다가 제3국으로 망명한 베르사미의 아버지를 둘러싼 분단의 비극이다. 베르사미는 판문점에서 벌어진 살인사건을 통해 아버지의 비극을 이해하고, 아버지의 조국인 한반도의 역사적 비극을 통찰한다. 결국 DMZ에서 벌어진 살인사건은 베르사미가 아버지의 비극과 한반도의 역사적 비극을 거시적으로 통찰하는 계기일 뿐이다. DMZ 살인사건은 이야기의 핵심 줄거리가 아니다.

박찬욱 감독은 소설을 영화로 각색하면서, 주인공을 스위스 장교 베르사미에서 남북한 병사로 대체하였다. 스위스 남자장교 베르사미는 여자장교 소피아로 바꾸고, 소피아는 객관적 환경을 제시하는 역할로 국한시켰다. 남북한 병사들이 주인공으로 바뀌면서 판문점 살인사건은 이야기의 핵심적인 줄기가 된다. 이야기를 이끌어나가는 주체와 사건을 바라보는 시선이 객관적이고 중립적인 것에서 주관적이고 참여적인 것으로 바뀐 것이다. 베르사미에서 남북한 병사들로 주체와 시선이 바뀌면서, 영화의 내용은 한국인이면 누구나 직·간접적으로 경험한 군대생활과 연결된다. 그로인해 영화의 내용은 강력하게 현실문제로 변화한다.

〈공동경비 JSA〉는 군대생활을 상기시키는 다양한 영상과 소품을 활용하여 현재성을 강화한다. 영화 속의 '다·나·까' 등의 군대식 말투와 경계근무를 설 때 영어공부를 하면서 사전을 뜯어 먹는 장면 등은 우리나라 남자들의 군 생활 추억을 끄집어낸다.

또한 영화에서 들려주고 보여주는 김광석의 노래 〈이등병의 편지〉와 90년대 청춘스타였던 고소영의 사진 등은 1990년대 군 생활을 했던 젊은이들의 생각을 보여주는 소품들이다. 이 소품들은 당대의 체험을 강화하는 장치로 작동한다.

박찬욱 감독은 다양한 영상장치를 이용하여 영화 속의 내용을 관객들의 군대경험과 일치시킨 후에, 엔딩에서 상징적인 장면을 사용하여 영화의 핵심적인 메시지를 관객들에게 강력하게 전달한다. 이수혁(이병헌 분)이 자살을 하는 파국의 순간에 영화는 초기의 한 장면으로 돌아간다. 남북한 병사가 서로 몰랐던 상태에서 판문점의 경계근무를 서던 장면이다. 영화의 마지막장면을 네 명의 병사가 판문점에서 경계근무를 서는 장면으로 설정한 이유는 판문점이 갖는 의미를 전달하기 위해서이다. 남북한 병사의 비극에도 불구하고 우리는 여전히 분단의 상황에 놓여 있으며, 분단이 지속되는 한 누구에게도 판문점 살인사건과 같은 비극이 일어날 수 있다는 가능성을 말하는 것이다.

박찬욱 감독은 적절한 영상 포지셔닝을 이용하여, 영화의 내용과 관객의 경험을 일치시켜 현재성을 강화하였다. 그런 후 관객이 분단현실을 공감하게 유도하였고, 분단의 상황에서는 누구에게나 영화 속의 비극이 일어날 수 있다는 메시지를 강력하게 전달하였다.

2003년 봉준호 감독이 만든 〈살인의 추억〉은 문화트렌드와 역사적 내용을 잘 접목시킨 영화이다. 〈살인의 추억〉은 '화성연쇄살인사건'을 배경으로 이야기를 전개한다. 화성연쇄살인사건은 1986년부터 1991년까지 경기도 화성시 일대에서 10명의 여성이 살해되었으나, 범인을 잡지 못한 미해결 살인사건이다.

〈살인의 추억〉의 원작은 김광림의 희곡 〈날 보러 와요〉이다. 〈살인은 추억〉은 〈날 보러 와요〉와는 다른 메시지를 전한다. 희곡은 살인사건이 미해결되는 과정 속에서 '진실은 존재하지 않는다'는 추상적인 메시지를 전달한다. 하지만 영화는 1980년대 '강력한 공권력이 암묵적인 범인'이라는 구체적인 메시지를 던진다. 강력한 공권력이 만든 무겁고 어두운 사회가 살인사건을 저지를 수 있는 기회를 제공했다는 것이다.

화성연쇄살인사건은 대중의 공감대를 확보하기 어려운 소재이다. 실제로 살인을 경험하거나 목격한 사람은 거의 없기 때문이다. 따라서 〈공동경비구역 JSA〉가 채택한 영화 속 내용과 대중의 경험을 일치시키는 전략은 사용할 수 없다. 〈살인의 추억〉은 2000년 초반의 문화트렌드였던 회고의 정서를 이용하여 관객의 공감을 이끌어냈다. 관객이 어린 시절을 추억할 수 있는

1980년대의 장면을 보여주면서 관객의 관심을 유도한 것이다. 관객이 영화 속 장면에 빠졌을 때, 감독은 자신의 메시지를 강력히 전달한다. 봉준호 감독의 전략은 대성공이었다.

2000년대 초반에 사회를 주도했던 세대는 일명 386세대였다. 386세대는 자신들의 어린 시절인 1980년대를 그리워했다. 386세대의 회고의 정서는 추억산업을 활성화시켰다. 대형마트에는 추억의 뽑기 세트가 진열되었고, 80년대의 인기게임이었던 블루마블이 재탄생하였다. 80년대의 만화들도 복간되어 재평가되었다.

386세대는 왜 어린 시절을 그리워하고, 가치 있게 받아들였을까? 386세대 이전의 세대는 자신의 과거를 고통으로 기억했다. 전쟁과 가난으로 점철된 어린 시절이기 때문이다. 전쟁 직후의 세대들은 '똥구멍이 찢어지도록 가난했다'라는 말을 종종 한다. 한국현대사를 생각하면, 그냥 웃어넘길 말이 아니다. 한국전쟁은 온 국토를 폐허로 만들었고, 경제적 기반을 무너뜨렸다. 1949년과 대비하면 제조업 60%, 광업 20%, 농업 80%가 파괴되었다.

한국전쟁 직후 세대의 고통은 이루 말할 수 없었다. 3~6월 사이의 보릿고개는 당시 사람들에게 큰 고비였다. 먹을거리가 없다보니, 산에 가서 칡이나 열매를 따먹었다. 그것조차 없으면 나무껍질을 벗긴 후에 우려먹었다. 우려먹은 나무껍질이 똥구멍을 찢어지게 했다. 나무껍질에는 다량의 섬유질이 함유되어 있다. 나무껍질을 벗겨내어 우려낸 물을 지속적으로 섭취하다 보니, 다량의 섬유질이 뱃속에서 그대로 굳었던 것이다. 그리고 굳은 섬유질을 억지로 배변하니, 항문이 찢어졌던 것이다. 참으로 슬프고 웃긴 이야기다.

한국전쟁 직후의 세대는 자신들의 고통과 아픔을 자식들에게 물려주지 않기 위해 많은 땀과 눈물을 흘렸다. 전후세대의 희생으로 386세대는 어느 정도 풍족한 어린 시절을 보낼 수 있었고, 어린 시절을 좋은 추억으로 간직할 수 있었다.

영화를 보면, 80년대를 추억할 수 있는 소품과 에피소드가 많이 등장한다. 그 중에 나이스 신발과 썬데이 서울이 큰 상징성을 갖는다. 영화 속에서 박두만(송강호 분)은 자신이 용의자로 지목한 후 고문을 했던, 백광호(박노식 분)에게 사과하면서 나이키 신발의 가품(假品)인 나이스 신발을 선물한다. 나이스 신발을 선물하는 장면은 나이키 신발을 신고 싶었으나, 신지 못했던 관객들에게 아련한 추억과 공감을 선사한다. 1980년대 나이키 신발은 모든 아이들이 갖고 싶어 했던 신발이었다. 하지만 너무 비싸서 대부분 진품을 신지 못하고 가품을 신었다. 이런 추억이 80년대 어린 시절을 보냈던 관객의 공감을 샀다.

박두만이 백광호에게 나이스 신발을 선물하는 장면은 관객의 추억을 되살리기 위해 넣은 것이 아니다. 겉은 발전한 사회처럼 보이지만, 속은 낙후된 당시의 모습을 상징화한 것이다. 88서울올림픽을 대비해서 시행한 거리정화사업이 대표사례이다. 거리정화사업은 올림픽 기간에 한국을 방문한 외국인들에게 깨끗한 서울의 모습을 보여주기 위해, 빈민가와 오래된 건물을 강제로 철거한 사업이다. 변변한 보상 없이 강제로 터전을 빼앗긴 시민들은 달동네로 옮겨갔다. 거리정화사업에서 보듯이 당시는 겉만 선진사회였지, 속은 후진사회였다. 영화는 포장과 내용물이 조화롭지 못했던 80년대의 사회모습이 연쇄살인의 물적 토대였다는 것을 상징한다.

썬데이 서울이라는 잡지도 겉과 속이 달랐던 당시의 사회모습을 상징한다. 영화 속 서태윤 형사(김상경 분)는 등화관제 속에서 사건자료를 읽는다. 갑자기 인신매매를 다룬 '걸렸다 하면 만신창이'라는 제목의 썬데이 서울 기사가 비춰진다. 썬데이 서울은 80년대 억압적인 사회 분위기 속에서 사람들의 성적 호기심을 합법적으로 충족시키던 잡지였다. 썬데이 서울은 80년대에 사춘기 시절을 보냈던 관객에게 아련한 추억을 선사한다. 성적 호기심이 왕성했던 사춘기시절에 부모님이나 선생님 몰래 썬데이 서울을 보지 않았던 남성 관객은 거의 없을 것이다. 영화는 썬데이 서울을 이용하여 관객의 향수를 불러일으킨 후에, 모순된 당시의 시대상을 전달한다. 등화관제 속에서 인신매매 기사가 비춰지는 장면은 강력한 공권력이 있던 시대인데도 불구하고, 인신매매가 성행하였던 모순된 사회를 상징한다.

등화관제 훈련은 1980년대의 강력한 공권력을 상징한다. 80년대에는 북한의 폭격에 대비하여, 모든 불을 끄고 대피하는 등화관제 훈련이 있었다. 등화관제 훈련 시에는 온 국민이 불을 끄고 건물에서 나올 수 없었다. 영화 속에서 연쇄살인사건의 모든 피해자는 등화관제 속에서 죽는다. 영화 속의 살인범은 등화관제 속의 어두움을 틈타, 자신의 목적을 손쉽게 달성한다. 국민을 공산주의로부터 보호하기 위한 강력한 공권력이 오히려 살인을 돕고 있는 것이다.

영화는 나이스 신발, 썬데이 서울, 등화관제 등의 장면을 이용하여 관객의 관심을 유도한 뒤에 관객이 연쇄살인사건을 새롭게 성찰하도록 한다. 영화는 화성연쇄살인사건의 범인이 누구인지 모르지만, 80년대의 모순된 시대상이 살인사건의 배경과 기반이었다는 메시지를 관객에게 전달한다.

2003년 강제규 감독이 만든 〈태극기 휘날리며〉는 사람들의 보편적 정서를 이용하여 공감대를 이끌어냈다. 〈태극기 휘날리며〉는 한국전쟁 속에서 피어난 형 진태(장동건 분)와 동생 진석(원빈 분)의 형제애를 그린 영화로서, 반공 이데올로기에서 벗어난 최초의 한국전쟁영화이다. 개봉 당시에 1,000만 관객을 동원하였으며, 비평가들에게 호평을 들었다.

대부분의 관객이 전후(戰後)세대인 상황에서 한국전쟁을 배경으로 한 〈태극기 휘날리며〉는 어떻게 관객들의 공감을 이끌어냈을까? 〈태극기 휘날리며〉는 누구나 가지고 있는 '가족애(형제애)'와 '세대갈등'이라는 정서를 이용한다. 영화는 두 형제가 전쟁과 이념으로부터 가족을 지키기 위해 고군분투하는 모습과 그 속에서 나타나는 가족애(형제애)를 주로 다룬다. 가족을 위해 고군분투하는 두 형제의 모습을 보고, 관객은 같은 가족의 입장이 된다. 가족을 파괴하려는 거대한 힘과 가족을 지키려는 약자가 충돌할 때 관객은 약자의 입장에 선다.

관객은 영화 속 두형제가 국가공권력에 저항하고 국가를 배신하여도 가족의 입장에서 받아들인다. 진석이 학도병으로 강제 징집될 때, 진태는 동생의 징집을 온 몸으로 저항한다. 또 진태는 징집된 후에 동생을 빨리 제대시키기 위해, 물불을 가리지 않고 공을 세운다. 그러던 중 동생이 죽었다는 잘못된 소식을 듣고, 북한군으로 전향한다. 일반적으로 국가가 위기에 처했을 때 국가의 요구를 거절하고, 국가를 배신하는 모습은 관객이 쉽게 받아들일 수 없는 모습이다.

하지만 강제로 징집하는 헌병에게 "우리 엄니는 어쩌고, 댁이 모실거유"라며 저항하는 진태의 모습과 북한군이 된 후 미친 사람처럼 싸우는 진태에게 "엄마한테 가야될 것 아냐, 영신이 누나 산소에도 가야될 것 아니냐"며 울부짖는 진석의 모습에 관객은 가족의 입장에서 공감한다. 그리고 관객은 진태의 저항과 배신을 용납한다. 관객이 한국전쟁을 둘러싼 이데올로기에서 벗어나는 순간이다.

진태와 진석이 전쟁을 헤쳐 나가는 방식은 사뭇 다르다. 진태는 동생과 가족을 위해서는 무엇이든 하면서, 강한 가족 중심적 사고를 보인다. 반면에 진석은 가족뿐만 아니라, 보편적인 가치와 도덕성도 중요시 여긴다. 강한 가족 중심의 사고를 가진 진태와 도덕성도 중요시 여기는 진석은 갈등을 빚을 수밖에 없다. 마치 진태는 집안을 이끄는 아버지와 같고, 진석은 진태의 보호를 받는 아들과 같다. 두 사람의 갈등은 흔히 볼 수 있는 부모와 자식 간의 갈등을 대변한다. 소설가 김영하는 〈태극기 휘날리며〉에서 보이는 두 형제의 갈등을 다음과 같이 해석한다.

'태극기'는 신구 양 세대를 아우르는 이야기 전략을 채택하고 있다. 유사 아버지(형)인 이진태. 그는 유사 아들(동생) 진석을 '사랑'한다. 문제는 그 사랑의 방식을 진석이 받아들일 수 없다는 것이다. 진석이 볼 때 형 진태의 사랑은 자기만족과 기만에 불과하다. 구두닦이이던 진태는 전쟁을 통해 인정도 받고 태극무공훈장도 타내며 신나게 싸운다. 그러면서도 자꾸 그건 '너를 사랑해'서란다. 미칠 노릇이다. 형은 윤리도 이데올로기도 없다. 악행이란 악행은 다 저지른다. 동생이 '왜 그러느냐'고 물으면 또, '다 너를 사랑해서'라고 한다. 동생(신세대)은 형(구세대)의 비윤리, 몰염치, 부도덕이 싫다. 게다가 그걸 사랑의 이름으로 행하는 게 더 싫다. 반면 어느새 괴물이 되어버린 형은, 자기 덕분에 깨끗할 수 있었던 동생이 제 은공을 몰라주는 게 못내 서운하다. …… 정리하자면 '태극기'는 현재, 21세기 한국에서 그대로 재현되고 있는 세대적 갈등에 대한 영화적 표현이다. 구세대는 손에 피도 묻혔고 자식 교육과 생존을 위해 모든 걸 바쳤다. 때로는 나쁜 짓도 했다. 그들은 항변한다. 그럴 수밖에 없었다고. 왜? '사랑'하니까. 그런데 자식들은 그걸 인정할 생각이 전혀 없다. '누가 그렇게 해 달래?' 영화 속 진석은 이 땅의 자식들을 대신해 묻는다. '날 위해 그랬다고는 제발 말하지 마.' 서로 환장할 노릇이다. '내가 누구 때문에 이 고생인데?' 세대와 세대 사이의 이 유구한 오해, 이것이야말로 전쟁물이라는 외피에 가려진 신파적 동력이었다.

〈한겨레신문〉 2004. 2. 26.

〈태극기 휘날리며〉는 1,000만 명의 관객을 동원하였다. 전체 인구 약 4,500만 명인 나라에서 영화의 예술성과 재미만으로 1,000만 명의 관객을 동원하는 것은 불가능하다. 영화 속 내용과 관객의 삶이 동일시되어야 가능한 일이다. 〈태극기 휘날리며〉는 대부분의 관객이 경험하지 못한 한국전쟁을 다루고 있으나, 관객이 영화 속에서 자신의 삶을 투영하도록 만들었다. '가족애'와 '세대갈등'이라는 보편적 정서를 이용하여 관객의 공감을 샀던 것이다.

〈공동경비구역 JSA〉, 〈살인의 추억〉, 〈태극기 휘날리며〉는 각자 역사적 모티프에 맞는 영상 표현방식(영상 포지셔닝)을 이용하여 관객의 공감을 이끌어 냈다. 〈공동경비구역 JSA〉는 관객의 군대경험을 상기시키는 영상과 소품을 활용하여 관객이 영화 속 내용에 몰입하게 했고, 〈살인의 추억〉은 관객이 과거를 추억할 수 있는 상징물을 이용하여 관객의 관심을 이끈 뒤 사회적 메시지를 전달하였다. 〈태극기 휘날리며〉는 가족애와 세대갈등이라는 보편적 정서를 보여주는 전략을 이용하여, 관객이 한국전쟁의 비극에 자신들의 삶을 투영하게 만들었다.

각 영화의 영상 표현방식(영상 포지셔닝)은 달랐다. 하지만 세 종류의 영상 표현방식에서 일정한 원칙을 찾을 수 있다. 역사적 모티프가 현재에 가까울수록 관객의 경험적 특수성을 강조하며, 현재와 멀어질수록 인간의 보편적 정서를 강조한다는 것이다. 당대성이 강할수록 시대의 특수성을 강조하는 것이며, 당대성이 약할수록 보편적 정서를 강조한다. 결국 다루려는 역사적 모티프와 성격에 따라 적절한 영상 표현방식(영상 포지셔닝)을 정해야 관객의 공감을 이끌어낼 수 있다.

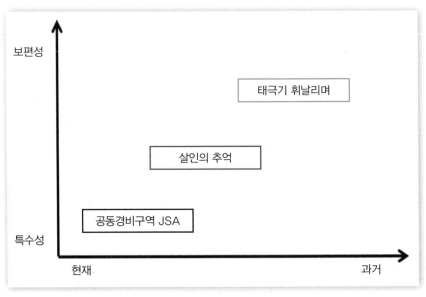

• 영상 포지셔닝 원칙

2. 가능성의 역사 형상화하기 : 리얼리티 확보 방법

디지털인터넷기술이 발달하면서 탈근대화가 진행되고 있다. 역사학도 작은 역사(아래로부터의 역사)를 살펴보려는 포스트모더니즘 역사학이 대두하고 있다. 포스트모더니즘 역사학은 한 인간을 통해 전체의 역사를 조망하여 역사적 리얼리티(현실성)를 구현하려는 역사학이다.

최근 사극에도 포스트모더니즘 역사학의 영향이 미쳐, 일반 사람의 모습을 그리는 사극이 많이 제작된다. 〈장옥정, 사랑에 살다〉, 〈뿌리 깊은 나무〉, 〈정도전〉, 〈명량〉, 〈사도〉 등이 대표사례이다. 일반사람 또는 개인의 역사는 있을 법한 가능성의 역사이다. 가능성의 역사는 기록이 부족하기 때문에, 보편사적 관점 속에서 다양한 방증자료를 잘 이용하여 형상화해야 한다. 그래야만 리얼리티(현실성)를 구현하여 사람들의 공감을 이끌 수 있다. 〈대장금〉과 〈다모〉는 가능성의 역사를 잘 형상화한 선구자적 사극이다.

〈대장금〉은 2003.9.15~2004.3.30까지 54부작으로 MBC에서 방영되었다. 조선 제11대 임금 중종의 신임을 받았던 의녀 장금의 삶을 재구성한 팩션사극이다. 〈대장금〉은 새로운 역사인식이 사극 속에 어떻게 형상화되었는지 잘 보여준다. 〈대장금〉은 최고 시청률 55.5%, 평균 시청률 41.%에 이를 정도로 엄청난 인기를 끌었으며, 중국·홍콩·대만·일본·중동·남미 등 전 세계에 판권이 팔려 엄청난 수익도 올렸다. 실제 총수익이 250억 원(순수익 120억 원)에 달했고, 부수적인 경제효과는 최소 2,000억 원 이상이었다. 무엇보다 국가브랜드를 높인 점이 대중에게 높은 평가를 받는다.

〈다모〉는 2003.7.28~9.9까지 14부작으로 MBC에서 방영되었다. 조선시대 다모 채옥을 통해 조선시대 여형사의 이야기를 그려낸 픽션사극이다. 〈다모〉는 다모 폐인(斃人·廢人)이라는 신조어를 만들어 낼 만큼, 당시 큰 화제를 모았다. 본래 다모 폐인(嬖人)이라는 용어는 팬클럽이 만들어준 애칭이었다. 폐인(嬖人)이란 극중 줄거리와 연계시켜 '귀한 사람에게 사랑받는 사람'이라는 뜻이다. 그런데 드라마에 빠져서 종일 인터넷 〈다모〉 게시판에서 시간을 보내는 사람들이 많아지자, '어떤 것에 중독되어 일생생활까지 심각한 지장을 받는 사람'의 뜻을 가진 폐인(廢人)으로 변하였다. 〈다모〉는 종영 1년 후에 전회가 재방송(2004.9.25~10.2)되는 극히 드문 사례를 남겼다. 하지만 시청률은 약 20% 미만으로 그다지 높지 않았다. 소수의 마니아도 문화트렌드를 이끌 수 있다는 시대상을 보여준 것이다.

두 사극은 있을 법한 가능성의 역사를 잘 형상화하여 리얼리티를 확보했다. 먼저 사소한 역사적 사실에서 실마리를 찾아 리얼리티를 부여하였다. 〈대장금〉은 『중종실록(中宗實錄)』에 기록된 "내 병은 여의(女醫)가 안다"는 중종의 말에서 실마리를 찾아 이야기를 확장했다. 실제로 마지막 회(54부)에서 중종이 『중종실록』의 기사를 그대로 말한다. 극중 이야기가 완전히 허구가 아니라, 가능한 역사를 다루고 있음을 보여준다.

상에게 병환이 있었다. 정원이 문안하고 이어 아뢰기를,
"어제 왕자ㆍ부마ㆍ내종친 외에는 문안하지 말라고 명하셨으나, 신들은 근밀(近密)한 자리에 있는 까닭에 감히 문안드립니다." 하니, 전교하기를, "알았다. 내 증세는 대체로 보아 조금 뜸한 듯 하나 대변은 아직도 통하지 못하기 때문에 지금 약을 의논하고 있다." 하였다. 내의원 제조가 문안하니【홍언필이 사사로 내관(內官) 박한종(朴漢宗)에게 묻기를 '상의 옥체가 밤사이 어떠하셨는가?' 하니 한종이 '내관도 직접 모시지 않았기 때문에 자세히 알 수는 없습니다. 대체로 어제와 비슷한 듯합니다. 다만 상께서 새벽에 잠이 드셨다고 하니, 이로써 보면 약간 덜하신 듯합니다.' 하였다.】전교하기를, "내 증세는 여의가 안다."【여의 장금의 말이 '지난밤에 오령산을 달여 들였더니 두 번 복용하시고 삼경에 잠이 드셨습니다. 또 소변은 잠깐 통했으나 대변은 전과 같이 통하지 않아 오늘

아침 처음으로 밀정(蜜釘)을 썼습니다.' 하였다.】 하였다. 정부가 문안하고 이어 아뢰기를, "어제 문안하지 말라고 명하셨기 때문에 물러갔습니다마는, 마음에 미안하여 감히 문안드립니다." 하니, 답은 정원에 한 것과 같았다.

『중종실록』35년, 10월 26일(신묘)

중종 : (없는 힘을 내어) 내 병은 여의가 안다! 의녀 대장금이 내 몸이 다 되었다하면 다 된 것이고, 살 수 있다하면 살 수 있는 게요!

〈대장금〉 대본 중에서

조선시대의 의관들은 주로 내의원·전의감 등에 속해져 있었으며, 품계는 정3품~종9품까지 다양했다. 궁궐 안에서 임금과 왕족의 병을 치료하던 정3품 이상의 의관을 어의(御醫)라고 했고, 정3품 이하의 의관들은 내의(內醫)라고 했다.『중종실록』에 등장하는 여의는 장금을 말한다. 그렇다면 장금은 정3품 어의였음을 알 수 있다. 〈대장금〉의 작가 김영현은 '여의'라는 대목에 착안하여, 극중에서 장금을 임금의 주치의로 격상하여 리얼리티를 확보했다.

이 밖에도『중종실록』에 장금이 종종 언급된다. 그 중 장금이 중종에게 보양식을 권하는 기사가 있다. 작가는 장금이 임금에게 보양식을 권하는 기사를 보고, 장금이 음식에 해박했다고 추론하였다. 그리고 장금이 의녀가 되기 전의 수라간 궁녀의 삶을 만들었다.

〈대장금〉은 공식역사의 한 줄에서 실마리를 찾아 '여의'의 존재 가능성에 리얼리티를 부여하였다. 사람들은 작가가 부여한 역사적 리얼리티를 바탕으로 여의의 존재 가능성에 주목하였다. 결국 역사 속의 사소한 개인이었던 장금은 드라마 속에서 생명력을 얻어, 역사의 무대에 주인공으로 등장하였다.

〈다모〉의 작가 정형수는『숙종실록(肅宗實錄)』의 한 대목에서 이야기의 실마리를 찾았다.

윤보명이 조시경을 향하여 말하기를, 네가 어찌 포도청 앞길에서 나를 부르지 아니하였던가? 네가 입자(笠子)를 생포로 싼다는 말을 나에게 물은 다음 나를 이끌고 포도청의 다모간(茶母間)으로 가서 오 판서가 장 대장(張大將)의 안부와 희빈이 상복을 입을지의 여부를 알고자 한다.

『숙종실록』27권, 35년, 10월 20일

조선시대의 다모(茶母)는 관아에서 차를 끓이는 여자 관비(官婢)였다. 조선 중·후기의 다모는 각 관아의 성격에 따라 다양한 일을 한 것으로 보인다. 성종 때 혜민서의 의녀들은 시험에 3번 낙방하면 다모가 되었으며, 숙종 때는 포도청 소속의 다모들이 여성범죄를 담당하였다. 작가는 숙종 때 포도청의 다모가 여성범죄를 담당한 것에 착안하여, 극중에서 포도청 다모 채옥을 조선시대 여형사로 만들었다. 〈다모〉가 성공하면서 많은 사람이 조선시대 여인 상에 관심을 가졌다. 역사의 무대에서 조명 받지 못하였던 일반여성이 역사의 무대 위로 올라온 것이다.

〈대장금〉과 〈다모〉는 큰(공식) 역사와 작은(개인) 역사를 결합하여 역사적 리얼리티를 확보했다. 〈대장금〉은 극의 초반부에서 기존의 큰(공식) 역사인 갑자사화와 대장금 집안의 작은(개인) 역사를 연결시켰다. 제1회는 훗날 장금의 아버지가 되는 천수가 내금위군관으로서 폐비 윤씨(廢妃 尹氏)의 사사(賜死)를 집행하는 이야기다. 이는 앞으로 닥칠 천수의 불행을 암시한다.

제2회는 갑자사화 속에서 나타나는 어린 장금이의 이야기다. 갑자사화는 연산군의 친모 폐비 윤씨의 죽음에서 촉발한 사건이다. 갑자사화의 화는 폐비 윤씨의 사사를 집행한 내금위군관 천수에게까지 미친다. 극중 어린 장금은 천수를 잡으러 온 관원에게 아버지가 내금위군관이었다는 사실을 말한다. 그로인해 천수네 가족은 헤어질 위기에 처한다.

제3회는 중종반정 직전의 이야기다. 훗날 중종이 되는 진성군은 한 여자아이로부터 역모 실행의 신호를 받는다. 그 아이가 장금이다. 장금은 진성군에게 신호를 준 인연으로 훗날 궁궐에 들어간다. 극 초반부의 이야기는 거대한 정치사 속에서 희생된 한 개인과 가족의 모습을 형상화하였다. 또 큰(공식) 역사와 작은(개인) 역사를 결합시켜, 있을 법한 가능성의 역사에 리얼리티를 확보하였다.

〈다모〉는 17세기 후반의 경신환국과 상품화폐경제의 발달이라는 큰 역사와 채옥의 작은 역사를 결합시켰다. 경신환국은 숙종 6년(1680)에 서인이 남인을 몰아내고 정권을 차지한 사건이다. 경신환국 때 남인이었던 채옥의 집안이 몰락하면서, 채옥과 오빠 장성백은 이별한다. 훗날 채옥은 다모가 되고, 성백은 사주전 패거리의 두목이 된다. 〈다모〉의 큰 줄거리는 포도청의 다모인 채옥이 위조화폐를 만드는 사주전(私鑄錢) 패거리를 소탕하는 이야기이다. 작가는 경신환국과 채옥 집안을 연결시켜 정치적인 큰 역사에 개인이 희생당하는 것을 형상화하여 리얼리티를 확보했다.

한편 17세기 후반부터 조선은 상품화폐경제가 발달한다. 조선 초부터 조정에서는 저화·조선통보 등의 화폐를 유통시키려고 했으나 실패했다. 현물교환이 일반화된 사회에서 화폐의 신뢰도가 없었기 때문이다. 인조 11년(1633)에 상평통보가 유통되고, 17세기 후반 대동법 시행으로 일부의 공과(公課)가 전납화(錢納化)되면서 화폐의 사용이 확대되었다.

화폐의 사용이 확대되면서 물류의 유통이 활발해졌다. 그로인해 많은 화폐가 필요해졌다. 결국 중앙관청인 상평청(常平廳)에서 모든 화폐를 주조·유통하는 일이 벅차게 되었고, 어쩔 수 없이 조정은 지방의 감영에 주전(鑄錢)할 수 있는 권리를 주었다.

그러나 감영 등 관아에서 만들어진 관주전은 조악(粗惡)하였다. 정밀하지 못한 감영의 화폐는 사주전이 생겨나는 계기가 되었다. 사주전은 물가폭등을 초래하여 백성들의 삶에 큰 어려움을 주었다. 이 때문에 조정은 사주전 패거리를 엄중 단속하였다. 〈다모〉는 17~18세기 상품화폐경제의 발달 속에서 일어났던 위조화폐사건을 이야기의 큰 줄기로 사용하여 리얼리티를 확보한 것이다.

두 사극은 출연하는 모든 인물을 스스로 행동하는 존재로 표현하였다. 큰 역사에서 사소하게 취급되었던 개개인을 모두 이유 있는 삶을 살아가는 존재로 형상화했다. 〈대장금〉에는 많은 조연이 출연한다. 한상궁·장덕·신익필·정운백 등 장금의 스승들과, 덕구·덕구처·연생·신비·상선 영감 등 장금의 조력자들이다. 이들은 무조건 주인공 장금의 성장을 위해 복무하지 않는다. 그들은 자신들의 삶 속에서 장금을 도와준다. 자신들의 삶 속에 장금이 있는 것이지, 장금의 삶 속에 자신들이 있는 것이 아니다. 또 장금의 적인 최상궁·금영·오겸호·열이 등도 절대적인 악인이 아니다. 그들도 나름대로의 이유로 장금과 적대관계를 유지한다. 즉 본성이 악한 인물로 표현되지 않는다. 〈대장금〉은 모든 등장인물을 스스로 행동하고, 이유 있는 삶을 사는 존재로 그렸다. 자신의 삶 속에서 이유 있게 살아간 개개인을 역사의 무대 위로 부른 것이다.

〈다모〉에서도 절대적인 선인과 악인이 없다. 일반적으로 드라마 속 주인공은 절대적인 선인이고, 대립자는 절대적인 악인이다. 하지만 〈다모〉에서는 모든 등장인물이 주인공이다. 등장인물들은 자신이 처한 상황 때문에 다른 인물들과 대립할 뿐이다. 극중 가장 큰 대립관계에 있는 황보윤과 장성백은 각자 처한 상황에 따라 선인도 되었다가 악인도 된다. 또 채옥과 황보윤의 대립자였던 조세욱의 아들 조치오도 무조건적인 악인이 아니다. 조치오는 우포청종사관으로서 채옥을 종년이라고 업신여기며, 수많은 부하를 죽음으로 내몬 인물이다. 그러나 조치오도 평범한 아들일 뿐이다. 조치오는 자신을 구박만 하던 아버지의 목숨을 구하기 위해 기꺼이 사주전 무리를 소탕하러 간다. 조치오는 떠나기 전에 감옥에 갇혀있던 아버지에게 "돌아오면 저희 세 식구 아버님과 함께 살았으면 좋겠습니다"라고 말한다. 결국 조치오도 가족과 함께 사는 것을 꿈꾸는 아들일 뿐이다. 〈다모〉의 절대적인 악인과 선인이 없는 캐릭터설정은 시청자에게 '모든 사람의 삶은 이유가 있다'는 메시지를 준다.

두 사극의 등장인물들은 주인공과 큰(공식)역사에 복무하는 사람들이 아니다. 각자 자기의 인생을 사는 주체들이다. TV예능프로그램 〈라디오 스타〉에 드라마 〈빛과 그림자〉의 조연들만 나온 적이 있다. 진행자가 조연만 하는 것에 불만이 없느냐는 질문을 하자, 한 출연자가 "조연 역할은 상관이 없다. 다만 자신만의 스토리가 없는 것은 싫다"는 답을 했다. 우리는 모두 자신의 삶에서 주인공이다. 역사 속의 모든 사람도 마찬가지이다.

두 사극은 모든 등장인물을 스스로 행동하는 주체적 인물로 형상화하여, 역사 속에서 사라져간 개인의 이름을 찾아주었다. 또 시청자가 각자의 시각으로 역사를 바라보게 하였다.

문화트렌드를 가능성의 역사와 결합시키는 방식도 강력한 리얼리티를 부여한다. 〈대장금〉은 우리나라 사람이 좋아하는 평범한 이야기전개구조를 가진다. 평범한 여성이 적대자들과의 경쟁과 갈등 속에서 어려움을 이겨내고 성공하는 이야기이다. 〈대장금〉의 이야기전개구조는 시청자의 공감을 사기에 충분했다. 또 영상 속에서 보여 진 화려한 궁중음식은 2000년대 초반의 웰빙 열풍과 연결되어 시청자의 이목을 끌었다. 〈대장금〉은 당시 대중이 좋아하는 요소들을 역사적 가능성과 연결시켜 리얼리티를 확보하고, 대중의 공감을 샀다.

〈다모〉는 새로운 촬영기법, 세련된 대사 등을 사용하여 젊은 세대의 관심을 불러일으켰다. 〈다모〉는 전통사극의 표현방식에서 과감히 탈피하였으며, 드라마 사상 최초로 HD카메라를 사용하였다. HD카메라로 촬영한 영상은 해상도가 매우 높기 때문에, 시청자는 인간의 시야에 가장 근접한 16 : 9 화면으로 정밀하고 역동적인 영상을 즐길 수 있다. 다만 표현되는 장면이 영상의 질을 따라가지 못하면, 시청자는 쉽게 지루해진다. 이 때문에 제작자는 등장인물의 움직임을 빠르게 하고, 배경화면도 화려하고 다양하게 배치해야 한다. 〈다모〉는 HD카메라 촬영의 특징을 최대한 살려 역동적인 액션과 감각적인 영상을 시청자에게 제공했다. 가로지르듯 말 달리는 장면, 화면전체를 조망해 주는 전경, 대나무숲과 눈밭에서 결투장면 등이 대표 장면이다.

〈다모〉의 인물들은 세련된 교차언어와 중의적 언어를 사용한다. 교차언어와 중의적 언어는 인물 간 갈등을 섬세하고 세련되게 드러낸다. 채옥과 장성백이 대나무숲에서 결투를 벌이면서 나누는 대화는 교차언어의 절정이다. 이들은 교차언어를 절묘하게 구사하여 미묘한 심리상태와 극적 긴장감을 유발한다.

> 채옥 : (이글거리는 눈빛) 나를 죽이고자 했소?
> 성백 : (젖어드는 눈가와는 달리 입가에 평안한 웃음이 맺힌다) 나는 이미… 너를 베었다!

정상적인 대화라면, "나를 죽이고자 했소?"라는 채옥의 질문에 장성백은 '그래, 나는 너를 죽이고자 했다' 또는 '아니, 나는 너를 죽이려고 하지 않았다' 등으로 답해야 한다. 만약 극중에서 정상적인 대화를 나누었다면, 인물 간의 미묘한 감정이 표현되지 못했을 것이다. "나는 이미… 너를 베었다"라는 장성백의 말에는 여러 의미를 함축하며, 궁극적으로 성백이 채옥을 죽이려고 하지 않았다는 사실을 내포한다.

중의적 언어도 극중에서 자주 등장한다. 중의적 언어를 사용하여 인물들의 감정을 간접적으로 시청자에게 전달한다. 극중 황보윤은 다친 채옥을 치료하면서, 다음과 같은 말을 한다.

> 윤 : 아프냐.
> 채옥 : (고개를 끄덕이며) 예.
> 윤 : 나도 아프다.
> 채옥 : (윤을 본다)
> 윤 : (상처에 약초가루를 뿌려주며) 너는 내 수하이기 전에 누이 동생이나

다름없다.

(흰 광목을 팔에 감아주고 일어서서는) 날 아프게 하지마라.

  채옥은 몸이 아프나, 황보윤은 마음이 아프다. 황보윤의 중의적 대사는 채옥을 향한 황보윤의 애틋한 심정을 미묘하게 표현한다. 〈다모〉는 교차언어·중의적 언어 등의 간접화법을 사용하여 등장인물의 성격을 압축적으로 보여주며, 인물 간 미묘한 갈등을 섬세하게 표현한다. 〈다모〉의 세련된 대사들은 드라마의 품격을 높였으며, 시청자에게 신선함을 주었다. 〈다모〉의 세련된 영상과 대사는 시청자들에게 옛 사람들도 그러했을 것이라는 리얼리티를 제공했다.

  두 사극은 ① 사소한 역사적 사실에서 실마리를 찾아 이야기를 풀어나갔고, ② 큰(공식) 역사와 작은(개인) 역사를 결합하여 작은 역사를 있을 법하게 만들었으며, ③ 등장하는 모든 인물을 행동하는 주체로 표현하여 시청자의 삶을 극중 인물의 삶에 투영하게끔 했다. 또 ④ 현재 대중의 관심사와 문화트렌드를 가능성의 역사와 접목하여 시청자의 흥미를 유도하였다. 두 사극은 큰(공식) 역사에서 간단히 언급되는 가능성의 역사에 리얼리티를 다양한 방식으로 부여하였다. 가능성의 역사를 형상화하여 리얼리티를 부여하는 작업은 구체적으로 기록되어 있지 않지만, 분명히 존재하는 잠재적인 역사를 환기하여 준다.

3. 정통사극과 픽션사극의 역할 정하기
: 정체성 정립의 필요성

　오늘날 사극의 형태는 다양하다. 대중의 요구가 다양해지면서, 대중의 욕구를 충족시키기 위한 새로운 형태의 사극이 계속 만들어졌기 때문이다. 새로운 형태의 사극은 팩션사극 · 픽션사극 · 퓨전사극 · 팩션드라마 · 픽션드라마 등으로 불린다. 호칭이 다양한 이유는 언론매체 등에서 새로운 사극의 성격과 개념을 규정하지 않은 채, 자의적으로 이름을 붙였기 때문이다. 사극의 형태가 다양한데도 불구하고, 각 사극의 성격과 역할이 명확하지 않다. 이 때문에 많은 논란이 일어난다.

　사극은 역사적 내용을 드라마의 형식으로 각색하여 사람들에게 재미와 지식을 주는 장르이다. 사극은 정통사극에서 시작하여, 팩션사극이라는 경유지를 지나, 픽션사극에 이르렀다. 정통사극은 역사적 내용을 드라마의 형식을 빌려서 재현한 장르이다. 역사의 재현이 주목적이고, 드라마는 역사의 재현을 위한 수단일 뿐이다. 따라서 정통사극은 '역사드라마'이다. 반면 팩션사극과 픽션사극은 드라마를 역사적으로 구성한 장르이다. 대중에게 재미를 주기 위한 드라마 구성이 주목적이고, 역사사실은 수단이다. 따라서 팩션사극과 픽션사극은 '드라마역사'이다. 결국 팩션사극 · 픽션사극 · 퓨전사극 · 팩션드라마 · 픽션드라마 등으로 불리는 새로운 형태의 사극은 모두 '드라마역사'이다.

　역사드라마와 드라마역사의 공통점은 둘 다 역사에서 모티브를 차용하며, 대중이 현재의 삶을 성찰하는데 도움을 준다는 것이다. 하지만 역사드라마는 역사의 재현이 주목적이기 때문에 허구 허용의 폭이 좁고, 드라마역사는 재미와 새로운 가치를 대중에게 전달하는 것이 주목적이기 때문에 허구 허용의 폭이 넓다. 2014년에 방영되었던 〈정도전〉과 〈기황후〉는 역사드라마와 드라마역사의 성격과 역할을 잘 보여준다.

〈정도전〉은 KBS에서 2014년 1월 4일부터 6월 9일까지 50부작으로 방영된 정통사극이다. 조선건국의 역사를 정도전을 중심으로 그린 사극이다. 역사적 사실과 시대적 요구가 잘 어우러진 수작이라는 평가를 받는다. 방영채널이 KBS 1채널이었음에도 불구하고, 평균시청률이 약 20%에 달했다. 〈기황후〉는 MBC에서 2013년 10월 28일부터 2014년 4월 29일까지 51부작으로 방영된 팩션사극이다. 실존 인물이었던 기황후를 모티프로 하여 기황후의 성장기를 현재의 트렌드에 적용하여 현대인들의 감성에 맞춘 사극이다. 〈기황후〉도 평균시청률이 약 20%에 달할 정도로 대중의 사랑을 받았다. 〈정도전〉은 조선건국의 역사를 새로운 관점에서 해석했다는 찬사를 받은 반면에, 〈기황후〉는 역사를 왜곡했다는 비판을 호되게 받았다. 〈기황후〉가 역사왜곡의 비판을 받은 이유는 실재(實在) 역사와 다른 점이 많았기 때문이다.

역사왜곡의 잣대를 드라마역사에게만 적용하는 것은 정당하지 못하다. 역사드라마와 드라마역사는 모두 역사사실에서 모티프를 차용하였기 때문이다. 자칫 잘못하면 둘 다 대중에게 잘못된 역사상을 심어줄 수 있다. 더군다나 드라마역사는 드라마를 구성하기 위해 역사사실을 수단으로 활용하는 장르이다. 역사왜곡의 책임을 드라마역사에게만 묻는 것은 가혹하다.

지금까지 우리는 역사드라마와 드라마역사를 사극이라는 하나의 장르로 묶어서 생각했다. 하지만 두 사극은 역사를 모티프로 했으나, 성격은 완전히 다르다. 이제는 역사드라마와 드라마역사의 위상과 역할을 구분할 때이다. 그래야만 대중이 사극을 통해 잘못된 역사상을 그리는 것을 막을 수 있다. 역사드라마는 역사를 드라마로 재현하는 장르이므로 대중이 역사 사실에서 삶의 교훈을 얻도록 도움을 주어야 한다. 즉 전통사극 등의 역사드라마는 정통적인 역사교육수단으로 활용가능하다.

드라마역사는 현재를 분석하는 도구로 활용할 수 있다. 드라마역사는 사실과 허구의 경계가 무너진 탈근대의 산물이다. 오늘날 우리는 과거를 돌아보지 않고, 현재에 적응하고 미래 변화에 대비하려고만 한다. 과거는 잊은 채 미래의 볼모가 되었다. 이러한 삶이 과연 행복할까? 미래는 경험할 수도, 볼 수도 없기 때문에 늘 불안하다. 알 수 없는 미래만 보고 사는 현실의 삶은 늘 결핍될 수밖에 없다. 사람들은 현실의 삶에서 발생한 결핍을 허구(꿈)의 역사로 채우려고 한다. 이렇게 만들어진 사극이 드라마역사이다. 따라서 드라마역사 속의 이야기와 등장인물은 이 시대 사람들의 집단무의식을 반영한다. 드라마역사는 실재(實在)의 역사는 아니지만, 현재의 우리 삶과 사회를 반영한다. 이 때문에 드라마역사는 현재를 분석하는 수단으로 이용할 수 있다.

〈해를 품은 달〉은 픽션사극의 끝판 왕이다. 〈해를 품은 달〉은 MBC에서 2012년 1월 4일부터 3월 15일까지 20부작으로 방영된 사극이다. 조선시대 가상의 왕 이훤과 무녀 월(연우)의 애절한 사랑을 정치사 속에서 녹여냈다. 당시 시대적 요구와 결합하여 수많은 화제를 뿌렸다. 전국시청률이 42.2%에 달했을 정도이다. 〈해를 품은 달〉은 배경만 조선시대를 차용했을 뿐, 모든 사건과 인물이 허구이다. 〈해를 품은 달〉은 당시 사람들의 집단무의식과 시대적 요구를 정확히 반영하여 큰 공감을 불러일으켰다.

〈해를 품은 달〉에서 볼 수 있는 당시 사람들의 집단무의식과 시대적 요구는 무엇일까? 첫째 이훤이라는 가상의 왕이다. 2012년은 총선과 대선을 앞둔 시점이었다. 당시 사람들은 올바른 정치적 리더를 그리기 시작하였다. 사람들은 가장 순수한 사랑을 할 수 있는 인간적인 사람이면서, 시대적 문제를 해결할 수 있는 합리적인 사람을 원했다. 인간적이면서 합리적인 완벽한 지도자는 현실 속에서 찾기 힘들다. 과거의 일방적인 지식전달의 세계에서는 역사로부터 영웅의 상이 제시되면, 대중은 자신들의 열망을 제시된 영웅의 상에 꿰맞추었다. 하지만 지식이 쌍방향으로 공유되는 이 시대에서는 대중이 스스로 역사 속의 여러 영웅들을 조합하여 자신의 열망을 채운다.

이훤은 대중이 자신들의 열망을 채우기 위해 세종·중종·숙종을 융합한 인물이다. 세종은 우리에게 가장 이상적인 리더십을 갖춘 인물로 평가받는 인물이고, 중종은 조강지처였던 단경왕후와의 아름다운 사랑이야기가 남아 있는 인물이며, 숙종은 정치와 사랑을 교묘히 이용하였던 인물이다. 2012년 총선과 대선을 앞둔 우리는 세종처럼 합리적이고, 중종처럼 아름다운 사랑을 하며, 숙종처럼 냉철한 지도자를 원했던 것이다. 그 결과물이 〈해를 품은 달〉 속의 이훤이다.

〈해를 품은 달〉에 반영된 또 다른 시대적 요구는 올바른 정치이다. 제작자는 공식 홈페이지에 "정치(政治)는 정치(正治)"라고 밝혔다. 일반적인 정치(政治)의 개념은 '국가의 주권자가 국가의 권력을 행사하여, 그 영토와 국민을 다스리는 것'이다. 〈해를 품은 달〉은 '정치란 모든 것이 올바른 자리에 있는 것'이라고 말한다. 해와 달이 제자리에 있지 않으면 위험해지는 것처럼, 정(正)이 궤도를 벗어나면 세상은 위험해진다. 나라의 근본인 백성이 가장 높은 자리에, 백성의 근심을 해결할 수 있는 자가 왕의 자리에, 군주와 백성을 사랑하는 자가 왕후의 자리에, 학문과 인격을 갖춘 자가 관리의 자리에, 사랑하는 사람이 사랑하는 이의 옆 자리에, 있어야 할 사람이 있어야 할 자리에, 만물이 있어야 할 자리에 있게끔 만들어 주는 것. 그것이 정치(正治)라고 말한다. 2012년 우리는 누군가가 우리를 다스리는 것이 아니라, 각자가 자신의 자리에서 자신의 일을 할 수 있도록 해주는 정치를 원했다.

인간의 열망이 사라지지 않는 한 드라마역사는 계속 제작되어 현실의 목마름을 해소시켜 줄 것이다. 이제는 드라마역사의 장단점을 분석하여 효율적으로 이용할 때이다. 드라마역사를 인정하고 효율적으로 이용하기 위해서는 역사드라마(정통사극)와 드라마역사(팩션·픽션사극)의 위상, 역할, 활용 방법 등을 정해야 한다.

4. 역사사실의 재구성, 역사다큐멘터리
: 진정성 전달 방법

  정보통신기술이 발달하면서 대부분의 역사문화콘텐츠는 디지털화되어 영상으로 만들어진다. 영상으로 만들어진 역사문화콘텐츠는 일반적으로 영상역사물이라고 부른다. 영상역사물은 역사 연구와 교육에 상당한 영향을 미친다. 이 때문에 영상역사학이 대두하였다. 영상역사학이란 영상으로 구현되는 모든 역사문화콘텐츠를 분석하고 활용하는 학문이다.

  영상역사학의 대상은 영상기록과 영상역사물이다. 영상기록은 역사의 사실 및 사건을 있는 그대로 찍은 사진이나 동영상을 말한다. 인위적 가공이 최소화된 기록물이다. 영상역사물은 다큐멘터리 · 사극 · 영화 · 애니메이션 등이다. 인위적으로 가공하여 창출한 콘텐츠이다. 향후 영상기술이 더 발달하고 영상이 대중에게 더 확산되면, 영상역사학의 범주는 더욱 확대될 것이다. 역사와 결합하는 모든 영상이 영상역사학의 대상이 되는 것이다.

  영상역사학 관점에서 역사다큐멘터리는 영상역사물이다. 역사다큐멘터리는 영화나 드라마보다 허구가 적게 들어갔으나, 분명히 인위적으로 가공된 영상역사물이다. 다큐멘터리란 실제의 사건을 극적 허구성 없이, 사실을 재구성하여 극적 감동을 대중에게 전달하는 장르이다. 다큐멘터리는 스크린 · 라디오 · TV · 책 등 모든 매체를 통해 구현될 수 있다. 다큐멘터리를 결정하는 결정적 요소는 매체가 아니라, 극적 허구성 없이 사실을 재구성하는 성격이다. 세일라 커런 버나드(Sheila Curran Bernard)는 그의 저서 『다큐멘터리 스토리텔링』에서 다큐멘터리의 개념과 성격을 다음과 같이 말한다.

  다큐멘터리는 실제의 사람, 장소, 사건에 대한 사실적 정보와 이미지를 대중에게 전달하여 그들이 새로운 경험을 갖도록 해준다. 따라서 다큐멘터리는 사실성이 전제되어야 한다. 그러나 그것이 전부는 아니다. 다큐멘터리는 사실을 엮어내어 전체적으로 하나의 통일된 이야기를 만들어 극적 감동을 주어야 하기 때문이다. 즉 전체적인 구성을 통해 만들어 낸 극적 감동은 사실의 합보다 더 큰 의미를 갖는다.

셰일라 커런 버나드, 『다큐멘터리 스토리텔링』 중에서

단순한 사실만을 전달하는 다큐멘터리는 큰 의미가 없다. 사실을 재구성하여 대중에게 극적 감동을 주어야 큰 의미가 있다.

한편 하나의 다큐멘터리가 제작되려면 복잡한 과정을 거쳐야 한다. 대부분의 다큐멘터리는 '기획 → 구성안 작성 → 촬영 → 편집 → 내레이션 작성 → 최종 완성' 순으로 만들어진다.

기획

기획은 다큐멘터리를 제작할 때 가장 먼저 하는 작업이다. 가장 중요한 기초 작업으로서 다큐멘터리의 방향을 결정한다. 기획단계에서는 누구를 대상으로 하는지, 어떤 주제로 이야기를 풀어나갈지를 구체적으로 정한다. 또 프로그램의 제목, 형식, 방송사, 방송 예정일, 제작자, 제작자 등 다큐멘터리 제작에 관련된 모든 사항을 결정한다.

구성안 작성

구성안 작성은 수집한 자료들을 배열하는 작업이다. 구성안을 작성할 때 가장 중요한 점은 주제에서 벗어나지 않는 것이다. 구성안의 내용은 크게 '프롤로그-타이틀-내용전개-클라이맥스(climax)-내용정리-에필로그-후 타이틀'로 나누는데, 각각의 내용에 소타이틀, 영상, 오디오, 내레이션 등을 정리해서 넣는다. 또 구성안을 작성할 때 이야기와 영상의 흐름이 깨지지 않도록 각 장면이 부드럽게 넘어가는 방법도 고민해야 한다.

촬영

촬영은 구성안의 내용을 사실적으로 구현하고, 그림으로 만드는 단계이다. 촬영감독과 스태프는 구성안의 의도와 주제를 파악하여 촬영 구도나 앵글을 구상해야 한다. 그래야만 현장에서 발생할 수 있는 돌발 상황에서도 최대한 좋은 영상을 촬영할 수 있으며, 사실을 영상으로 기록할 수 있다.

편집

편집은 촬영한 영상 중 사용할 영상만을 골라내서 연결하는 과정이다. 이야기의 흐름에 맞지 않는 영상은 아무리 마음에 들어도 과감하게 삭제한다. 또 영상의 흐름에 따라 적절히 현장 음을 활용하며, 보는 사람이 쉴 수 있는 공간을 주어야 한다. 좋은 편집은 보는 사람의 입장을 고려한 편집이다. 다큐멘터리는 사실을 재편집하여 감동을 주는 장르라는 것을 잊지 말아야 한다.

내레이션 작성

내레이션 작성은 영상편집이 끝난 후, 영상에 적합한 말과 글로써 정보를 보완하는 작업이다. 다큐멘터리의 내레이션은 사실을 기반으로 작성해야 한다. 따라서 불확실한 표현은 쓰지 않는다. 내레이션의 자막은 영상보다 앞서지 않게 한다. 내레이션을 작성한 후에는 영상에 맞춰 소리 내어 읽어보면서, 내레이션의 길이가 적당한지 점검한다.

최종 완성

최종 완성은 다큐멘터리 제작의 마지막 작업으로서, 편집된 영상에 음악과 내레이션을 삽입하는 단계이다. 대개 이 작업은 더빙 실에서 동시에 진행한다. 무엇보다 음악과 내레이션이 영상과 조화를 이루어야 하므로, 제작자는 장면마다 적합한 음악을 담당자에게 정확하게 설명해야 한다. 또 내레이션을 할 성우는 다큐멘터리의 색깔을 제대로 전달해 줄 수 있는 성우로 결정한다.

다큐멘터리의 개념과 성격을 바탕으로 역사다큐멘터리를 정의하면, '어떤 역사적 사실을 재구성하여, 그 역사적 사실이 가지는 가치와 의미를 대중에게 전달하여 감동을 주는 장르'이다.

지금까지의 역사다큐멘터리 제작 동향을 주제별로 살펴보면, 사건중심의 프로그램이 가장 많고, 그 다음이 위대한 역사인물을 다룬 프로그램이며, 민중의 삶을 다룬 프로그램이 가장 적다. 사건중심의 역사다큐멘터리가 가장 많은 이유는 사실을 재구성하는 다큐멘터리의 성격 때문이다. 역사다큐멘터리는 사실을 재구성할 때 남아있는 기록(사료·유물·유적 등)을 이용할 수밖에 없다. 가장 많이 남아있는 역사기록은 사건이나 영웅들의 기록이고, 민중의 기록은 거의 없다. 이 때문에 보통사람의 역사를 다큐멘터리로 재구성하는 데 어려움이 많다. 사실을 증명할 수 있는 자료의 양 때문에 사건중심의 역사다큐멘터리는 가장 많은 반면, 민중을 다룬 역사다큐멘터리는 적은 것이다.

시대별 제작 동향은 사실을 재구성한다는 다큐멘터리의 성격과는 크게 상관없어 보인다. 대표적인 역사다큐멘터리인 KBS〈역사스페셜〉을 살펴보자. 〈역사스페셜〉은 1998년부터 2013년까지 KBS에서 제작·방영되었는데, 크게 3기로 구분된다. 제1기는 1998.10.17부터 2003.6.21까지 배우 유인촌이 진행한 214편이고, 제2기는 2005.5.6부터 2006.9.29까지 배우 고두심이 진행한 64편이며, 제3기는 아나운서 한상권·엄지인·김진희 등이 진행한 126편이다. 이 중에 유인촌이 진행하였던 214편을 살펴보면, 고대사를 다룬 프로그램이 가장 많고 근현대사를 다룬 프로그램이 가장 적다.

고대	중세(고려)	근세(조선)	근현대
79회(52%)	18회(12%)	44회(29%)	10회(7%)

위와 같은 제작 동향은 사실을 재구성하는 다큐멘터리의 성격에 반하는 것
이다. 근현대사의 기록이 가장 많이 남아있는 반면에, 고대사의 기록은 거의
없기 때문이다. 〈역사스페셜〉 제작진은 기록이 부족해 사실을 재구성하기 어
려운데도 불구하고, 왜 고대사를 많이 다루었을까? 그 이유는 제작진의 제작
의도에서 찾을 수 있다. 고대의 역사는 제작의도에 부합하나, 근현대의 역사
는 제작의도에 부합하지 않았기 때문이다. 다음은 당시 KBS 〈역사스페셜〉
제작진이 밝힌 제작의도이다.

우리역사를 긍정적으로 볼 수 있는 사건 · 사실에 숨은 의문을 추리기
법 등을 사용해 밝힘으로써 시청자의 안목을 넓히고 우리역사에 자부심
을 갖게 한다.

〈역사스페셜〉의 제작의도는 모순을 가진다. 우리의 역사를 긍정적으로 볼
수 있는 사건만으로는 그 사건에 숨겨진 숨은 의문을 올바로 밝힐 수 없다.
또 자부심 있는 역사만으로는 시청자의 안목을 넓힐 수 없다. 결국 제작진은
우리의 역사는 긍정적이고 자랑스러운 것만 있다고 단정 지은 후에, 긍정적
이고 자랑스러운 역사만을 골라서 다큐멘터리로 재구성한 것이다. 그러니 아
픔과 고통으로 점철된 우리 근현대사는 다큐멘터리로 재구성하는데 적합하
지 않았다.

역사는 과거를 통해 현재를 성찰하고 미래를 설계하기 위해 필요하다. 우
리는 긍정적인 역사만을 찾을 것이 아니라, 부정적인 역사에서도 긍정적인
측면을 찾아내어 교훈으로 삼아야 한다. 또 단정적인 결론이 아니라, 다양한

관점과 생각 속에서 역사를 바라보아야 한다. 그래야만 역사의 진실에 가까워질 수 있고, 역사의 진실에 가까워져야만 역사가 인간의 삶에 도움을 줄 수 있다. 따라서 역사다큐멘터리 제작진은 균형 있는 생각과 다양한 관점으로 역사사실을 재구성해 역사다큐멘터리를 만들어야 한다.

먼저 제작진의 인식변화가 필요하다. 역사다큐멘터리는 역사의 진실을 밝히거나 기존의 사실을 재조명하여, 새로운 가치를 대중에게 전달하는 장르이다. 따라서 역사다큐멘터리는 제작진에 의해 영상으로 다시 쓰이는 역사일 수 있다. 따라서 제작진은 스스로 균형 잡힌 관점과 건강한 사관(史觀)을 가져야 한다.

역사가는 방관자의 위치에서 벗어나, 적극적으로 역사다큐멘터리 제작에 참여해야 한다. 역사가는 역사다큐멘터리의 기획·제작과정·배포 등 전 과정에 걸쳐 자문과 비평을 해야 한다. 그래야만 균형 있는 사관과 다양한 관점이 담긴 역사다큐멘터리를 만들 수 있다.

미국의 다큐멘터리 이론가인 에릭 바누(Erik Barnouw)는 저서『다큐멘터리』에서 "다큐멘터리 제작자는 극영화 제작자와는 달리 허구를 만들려고 하지 않으며, 이미 존재하고 있는 사실을 적절히 선택하고 배열해서 하고 싶은 말을 하는 것이다"라고 말한다. 에릭 바누의 말을 역사다큐멘터리에 적용하면, '역사왜곡을 최소화하여 진정성 있는 메시지를 전달하라'는 의미로 받아들일 수 있다.

역사의 왜곡을 최소화하려면 구성안을 작성할 때부터 자료를 광범위하게 수집하고, 여러 전문가와 풍부한 인터뷰를 해야 한다. 구성안을 작성할 때는 역사사실을 백과사전식으로 단순하게 나열해서는 안 된다. 해당자료·증언·전문가 인터뷰 등의 내용을 철저히 검증한 뒤에 새로운 해석을 덧붙여야 한다. 또 내레이션을 할 때는 자의적 해석과 감성적 표현을 최대한 배제하며, 재연기법을 사용할 때는 핵심적인 요소만을 부각시킨다. 그래야만 객관성과 사실성 유지할 수 있으며, 메시지를 효율적으로 전달할 수 있다.

역사다큐멘터리는 인위적인 가공에 의해 만들어지는 역사영상물이지만, 사실성과 객관성을 담보로 한다. 이 때문에 대중은 영화와 드라마보다 역사다큐멘터리에 더 큰 신뢰를 보낸다. 따라서 역사다큐멘터리 제작자는 다양한 관점과 건전한 사관을 가져야 하며, 역사적 사실만을 재구성해야 한다. 그래야만 올바른 역사적 가치와 의미를 대중에게 전달할 수 있으며, 대중은 역사다큐멘터리를 통해 역사를 올바르게 향유할 수 있다.

히스텔링
(History+Storytelling)
역사, 문화콘텐츠를 입다

제4장
역사,
역사문화콘텐츠를 입다

1. 고대 왕권강화의 비밀, 〈이차돈 순교는 정치 쇼였나〉

한국사는 일반적으로 문자기록의 유무를 기준으로 선사시대(先史時代)와 역사시대(歷史時代)로 구분한다. 문자기록이 나타나지 않던 시대를 역사 이전의 시대로, 문자기록이 나타나는 시대를 역사시대로 규정한 것이다. 1983년 프랑스의 역사학자 투르날(Tournal)은 문자기록이 역사를 연구하는 데 큰 비중을 차지한다는 점에 착안하여, 선사시대(Pre-history)라는 용어를 만들었다. 그 이후 전 세계에 선사시대와 역사시대로 구분하는 방법이 퍼졌다. 한국사도 세계사적 보편성에 어긋나지 않는다는 것을 보여주기 위해, 선사시대와 역사시대로 구분하는 법을 따른다. 하지만 한국사의 특수성과 맞지 않는 부분도 있다.

어쨌든 선사시대는 구석기 · 신석기 · 청동기 · 초기철기로 구분하며, 선사시대 속에 우리의 첫 나라 고조선이 있다. 역사시대는 고대 · 중세 · 근세 · 근현대로 구분하며, 고대 안에 고구려 · 백제 · 신라 등의 고대국가가, 중세 안에 고려, 근세 안에 조선, 근현대 안에 대한민국이 존재한다. 고대국가의 탄생이 본격적인 역사시대의 시작이다. 고대국가의 큰 특징은 강력한 왕권을 바탕으로 한 중앙집권국가였다는 점이다. 고대사회에서 강력한 왕권이 갖추어지려면 왕위세습, 관직 및 신분 제정, 율령반포, 불교수용 등이 필요했다.

고대국가 이전의 국가형태는 연맹왕국이었다. 연맹왕국은 여러 성읍(군장)국가가 하나의 맹주국(盟主國)을 중심으로 연합한 국가형태이다. 연맹왕국에 소속된 각 성읍국가는 별도의 관직체계와 군사력을 가졌다. 맹주국은 연맹을 대표하지만, 소속된 성읍국가에 행정적인 간섭을 할 수 없었다. 따라서 연맹왕국의 왕은 연맹의 대표자일 뿐, 실질적인 지배자는 아니었다.

연맹왕국의 왕(대표자)이 강력한 왕권을 가지려면 각 성읍국가의 독립성을 제거해야 했다. 먼저 왕위를 세습하였고, 다음으로 각 성읍국가의 귀족들을 자신 밑으로 흡수한 후 관직과 신분을 주었다. 그리고 왕위세습제도와 관직제도를 율령(법)으로 보장하였다. 왕권을 강화하기 위해서는 제도적 정비뿐만 아니라, 귀족들의 자발적인 복종이 필요했다. 귀족들의 자발적인 복종을 이끌어내기 위해 이용한 방법이 불교의 수용이다.

고대국가의 왕들이 받아들인 불교의 교리는 왕즉불(王則佛)사상과 윤회(輪回)사상이다. 당시 왕즉불 사상과 윤회 사상은 '왕을 부처처럼 따르며, 다음 세상에 귀한 신분의 사람으로 태어나기 위해서는 부처와 같은 왕의 말을 잘 따르라'는 의미로 해석되었다. 불교의 두 교리는 고구려, 백제, 신라가 왕권을 확립하고 중앙집권국가로 발돋움하는데 결정적인 역할을 하였다.

고구려, 백제, 신라의 발전과정은 왕권을 강화하는 과정과 일맥상통한다. 실제로 삼국은 왕권을 확립한 뒤, 강력한 왕권을 바탕으로 중앙집권체제를 구축하였고, 중앙으로 모인 힘을 바탕으로 정복전쟁을 벌였다. 삼국의 왕권 강화과정을 보면, 삼국의 발전모습을 일목요연하게 살필 수 있다. 6세기 신라 법흥왕 때 발생하였던 이차돈의 순교는 고대국가의 왕권강화모습을 구체적으로 살펴볼 수 있는 사건이다.

이차돈의 순교는 '불교신자 이차돈이 신라의 불교공인을 위해 희생한 종교적 사건'으로 알려져 있다. 이는 고려 중기(1145)에 편찬한 『삼국사기』의 기록을 따른 것이다.

왕(法興王)도 또한 불교(佛敎)를 일으키려 하나, 군신(群臣)은 믿지 아니하고 입으로 떠들기만 하므로 왕은 주저하였다. 근신(近臣) 이차돈(異次頓)이 말하기를, "청컨대 신(臣)의 목을 베어 중의(衆議)를 정하소서" 하니, 왕은 말하기를 "본시 도(道)를 일으키자는 것이 근본인데 무고한 사람을 죽일 수는 없다" 하였다. 이차돈이 대답하기를, "만일 도를 행할 수 있다면 신은 죽어도 유감이 없습니다" 하였다. 왕은 이에 군신을 불러 물으니 모두 말하기를, "지금 보건대 중들은 머리를 깎고 이상한 옷을 입었으며 언론(言論)이 기괴(奇怪)하고 거짓스러워 보통의 도가 아니오니, 지금 만일 이것을 그대로 내버려 둔다면 혹 후회가 있을지 모릅니다. 신들은 비록 중죄(重罪)를 입을지라도 감히 어명(御命)을 받들지 못하겠습니다"고 하였다.

　(그러나) 이차돈만은 홀로 말하기를, "지금 군신의 말은 옳지 못합니다. 대개 비상(非常)한 사람이 있은 연후(然後)에 비상한 일이 있나니, 듣건대 불교는 그 뜻이 깊다 하오니 불가불 믿어야 하겠습니다"고 하였다. 왕이 말하기를, "여러 사람의 말은 깨뜨릴 수 없고 너 혼자 의론(議論)이 다르니 둘 다 좇을 수는 없다" 하고 드디어 그를 형리(刑吏)에게 내리어 장차 목을 베려 할 때 이차돈이 죽음에 임하여 말하기를, "나는 불법(佛法)을 위하여 형(刑)을 받으니 불(佛)이 만일 신령(神靈)이 있다면 내가 죽은 뒤에 반드시 이상한 일이 있으리라" 하였다. 그를 베자, 잘라진 데서 피가 용솟음치는데 핏빛이 젖과 같이 희었다. 여러 사람이 보고 괴이히 여겨 다시는 불사(佛事)를 반대하지 아니하였다.

『삼국사기』 권4, 신라본기, 법흥왕

위 기록만 보면 이차돈이 불교공인을 위해 희생을 자처하였고, 희생 후 신령스러운 일이 벌어져 불교가 신라사회에 공인된 것처럼 생각할 수 있다. 하지만 이차돈의 희생은 간단한 사건이 아니었다. 법흥왕과 이차돈이 왕권강화를 위해 사전에 모의한 사건이었기 때문이다. 『삼국사기』, 『삼국유사』, 『해동고승전(海東高僧傳)』, 『백률사석당기(栢栗寺石幢記)』 등의 사료를 잘 읽어보면 사건의 진실이 보인다. 여러 사료의 내용을 재구성하여, 이차돈 순교의 진실을 전하는 역사다큐멘터리가 있다. KBS 역사스페셜 〈이차돈 순교는 정치 쇼였나〉이다. 이 다큐멘터리의 내용을 자세히 살펴보자.

이차돈 순교는 법흥왕 14년(527)에 발생한다. 당시 법흥왕은 왕위세습의 기반 위에서 왕권을 강화할 수 있는 제도적 장치를 모두 마련하였다. 법흥왕은 왕권을 옹호할 수 있는 율령을 반포하였으며, 신하들의 위계질서를 세우기 위한 골품제도를 정비하였다. 또 6부 귀족들의 군사력을 통제하기 위해 병부도 설치하였다. 그럼에도 불구하고 왕권(王權)은 신권(臣權)을 초월하지 못하였다.

당시 신하들은 양비부, 습비부, 한기부, 본피부, 사량부, 모량부 등 6부의 귀족들로 구성되어 있었다. 6부 귀족들은 하늘의 자손이라는 천신신앙을 믿었다. 이 때문에 6부 귀족들은 왕이 만든 제도보다 천신신앙을 더 신봉하였으며, 절대왕권을 인정하지 않았다. 자신들은 하늘로부터 선택받은 자들이기 때문에 누구도 자신들을 통제할 수 없다는 인식이 있었기 때문이다.

법흥왕은 6부 귀족의 천신신앙을 누를 수 있는 새로운 이데올로기가 필요했다. 이때 법흥왕의 눈에 고구려로부터 유입된 불교가 들어왔다. 고구려는 소수림왕 때 불교를 공인하여 왕권을 강화하고, 동아시아의 강대국으로 발돋움하였다. 신라도 고구려처럼 강력한 왕권을 구축하여, 동아시아의 강대국으로 나아가고 싶었다. 그러나 6부 귀족이 불교를 받아들일 리 없었다. 불교 공인은 왕을 부처님처럼 여기라는 뜻이었기 때문이다. 6부 귀족은 권력을 내려놓고 싶지 않았기에 불교의 공인을 극렬히 반대하였다.

불교를 공인하기 위해 고민하던 법흥왕에게 이차돈은 해결책을 제시한다. 이차돈의 또 다른 이름은 박염촉(朴厭觸)이고, 관직은 내사사인(內史舍人)이다. 그리고 습보갈문왕(習寶葛文王)의 아들로서 모계(母系) 쪽으로 법흥왕의 5촌 조카이다. 『삼국사기』와 『삼국유사』를 보면, 이차돈은 법흥왕에게 '6부 귀족들의 힘을 누르고, 불교를 공인할 수 있는 방법은 자신의 목을 베는 것 뿐'이라고 간언한다. 그리고 자신의 목을 베는 방법을 구체적으로 법흥왕에게 제안한다.

향전(鄕傳)에는 염촉(厭髑)이 왕명(王命)으로 절을 창건(創建)하라는 뜻을 전달(傳達)하니 군신(群臣)이 와서 간(諫)하거늘 왕이 촉(髑)에게 책노(責怒)하여 왕명을 거짓 꾸며 전했다고 형벌(刑罰)한 것이라 한다. 이에 군신이

벌벌 떨고 급히 맹서를 짓고 손으로 동서(東西)를 가리키니 왕이 사인(舍
人)을 불러 문책(問責)하였다. 사인이 실색(失色)하여 아무 말을 못하였다.
대왕(大王)이 분노하여 참(斬)하라고 명하니 유사(有司)가 관아(官衙)로 묶어
왔다. 사인(舍人)이 서문(誓文)을 짓고 옥리(獄吏)가 (그를) 참하니 흰 젖이
한 길이나 솟았다.

『삼국유사』 권3, 흥법 원종흥법 염촉멸신

이차돈은 왕이 시켰다라고 하여 6부 천신신앙의 성지 중 한 곳인 천경림
에 흥륜사를 짓겠다는 소문을 낸다. 천경림에 절을 짓는다는 소식을 들은 6
부 귀족은 법흥왕에게 항의한다. 그러나 법흥왕은 자신은 절을 지으라고 시
킨 적이 없다며 부정한다. 이차돈을 잡아와서 심문하니, 이차돈은 국가와 백
성을 위해 혼자 한 일이라고 말한다. 결국 법흥왕은 율령에 있는 '왕명 사칭
죄'를 물어 이차돈을 참수한다. 이차돈을 참수 한 후, 법흥왕은 자신의 무고
함이 밝혀졌는데 자신의 죄를 계속 묻는 것은 반역이라며 6부 귀족에게 겁을
준다. 6부 귀족은 겁을 먹고, 자신들은 그럴 의사가 없다며 한 발짝 물러선
다. 정국(政局)의 주도권이 6부 귀족에게서 왕에게로 넘어오는 순간이다. 이
차돈의 죽음은 6부 귀족이 헌신짝처럼 여기던 율령의 지엄함을 보여준 것이
다. 일종의 읍참마속(泣斬馬謖)이다.

이것이 끝은 아니었다. 이차돈이 죽은 후 '하늘에서는 꽃비가 내리고, 잘린
목에서는 흰 우유가 솟아나는 신령스러운 일'은 일어나지 않았다. 이 이야기
는 후대인들이 『해동고승전』 등에 나오는 얘기들을 편집하여 미화한 것이다.
불교의 신성함을 강조하여 왕권을 더욱 강화하기 위해서였다.

KBS 역사스페셜 〈이차돈 순교는 정치 쇼였나〉는 여러 사료에 나타난 사
실들을 재구성하여, 이차돈의 순교가 단순한 종교적 희생이 아닌 정치적 희
생이었음을 구명했다.

이차돈은 무엇 때문에 희생을 자처하였을까? 자신의 주인이었던 법흥왕을
위해서였을까? 아니면 국가와 백성을 위해서였을까? 이 궁금증의 답은 이차

돈의 머릿속을 들여다보아야 알 수 있다. 기록이 없기 때문이다. 다만 심성적 도구라는 역사연구방법론을 이용하여 유추할 수는 있다.

각 시대에는 인간의 사고를 규정하는 나름의 고유한 사고방식이 있다. 각 시대의 고유한 사고방식은 프랑스 아날학파의 역사가들에 의해 본격적으로 연구되었다. 아날학파의 창시자인 루시앙 페브르(Lucien Febvre)는 각 시대의 고유한 사고방식으로 이루어진 역사를 망탈리테(mentalite)의 역사라고 명하였다. 망탈리테는 생각하고 느끼는 방식을 무의식적으로 지배하는 집단표상을 의미한다. 루시앙 페브르는 망탈리테를 심성적 도구라고 개념화하였다. 생각을 표현하기 위해서는 언어라는 도구가 필요하듯이, 사유와 지각을 위해서는 심성적 도구가 필요하다는 것이다.

심성적 도구의 개념으로 페브르가 실행한 유명한 연구가 있다. 16세기에 살았던 프랑수아 라블레(Franois Rablais)가 무신론자였는지 유신론자였는지를 밝히는 연구였다. 라블레는 프랑스의 작가이며, 인문주의 학자였다. 16세기 프랑스의 최대 걸작이라고 일컬어지는 『가르강튀아와 팡타그뤼엘 이야기』의 저자이다. 프랑에서는 영국의 셰익스피어와 스페인의 세르반테스에 비견되는 작가이며, 지식인이었다. 페브르는 16세기의 언어·철학·과학의 수준을 검토한 후, 당시의 심정적 도구가 규정하는 사고의 범주에 의해 라블레는 무신론자라는 결론을 도출했다.

페브르는 16세기 유럽의 사람들은 지식인이든 민중이든 관계없이 누구도 무신론자가 될 수 없다고 주장했다. 즉 16세기 유럽에서 살았던 사람들은 '믿기를 원하는 시대'라는 심성적 구조에 갇혀 있었기 때문에, 라블레는 무신론자였을 수 없다는 것이다. 실제로 16세기 모든 유럽인은 기독교인이었다. 유럽인은 실험적 방법과 비판적 사고를 바탕으로 하는 근대과학이라는 심성적 도구를 갖춘 후에야 무신론자가 될 수 있었다.

심성적 도구의 관점에서 6세기를 살았던 이차돈을 생각해보자. 당시 이차돈은 자신의 주인이었던 법흥왕을 먼저 생각할 수밖에 없었다. 『해동고승전』

과 『삼국유사』에 의하면 이차돈의 또 다른 이름은 박염촉이며, 직책은 내사사인이었다. 또 이차돈의 조부가 습보갈문왕이라고 밝힌다. 습보갈문왕은 김씨 왕족이다. 이 기록대로라면 이차돈과 법흥왕은 당숙 관계이다. 그리고 이차돈이 걸해대왕의 후손이라는 기록도 있다. 걸해대왕은 석탈해의 6세손이다. 이차돈은 김씨 왕족의 구성원은 아니지만, 김씨 왕족과 혈연적으로 연결되어 있다. 법흥왕의 가까운 신하이며 친족관계였던 이차돈의 신분을 보았을 때, 이차돈은 백성보다는 법흥왕을 위해 희생하였을 가능성이 크다.

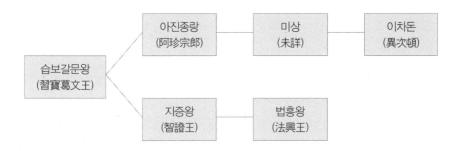

『삼국유사』를 쓴 일연은 신라의 역사를 상고기, 중고기, 통일신라기로 구분하였다. 상고기는 박혁거세~지증왕 때로 국가형성기이고, 중고기는 법흥왕~진덕여왕 때로 통일의 기반을 닦은 시기이며, 통일신라기는 무열왕~경순왕 때로 통일시기이다. 일연은 중고기의 출발을 법흥왕 때로 본다. 그만큼 신라의 역사에서 법흥왕이 차지하는 위치가 크다. 고구려와 백제가 중앙집권체제를 구축하고 세력을 확장하고 있을 때, 신라는 6부 연맹체를 벗어나지 못했다. 삼국 중 가장 후진국이었던 신라를 한 단계 도약시킨 사람이 법흥왕이었고, 법흥왕의 왕권강화 속에 이차돈 순교사건이 있었다. 이차돈 순교사건은 신라가 어떻게 중앙집권체제를 구축했고, 통일의 기반을 마련했는지를 상징적으로 보여준다. 이차돈과 법흥왕이 만든 기반 위에서 신라의 전성기인 진흥왕시대가 열린다.

2. 고구려 멸망의 속사정, 〈평양성〉

　신라는 법흥왕 때 국가의 기반을 다진 후, 진흥왕 때 크게 발전했다. 진흥왕은 한강유역·이북지역·대가야 일대를 점령하는 한편, 화랑도의 정비·국사 편찬·황룡사 건설 등을 통해 왕권을 굳건히 다졌다. 우리는 진흥왕 이후 신라가 계속 발전하여 백제와 고구려를 차례로 멸망시킨 것으로 생각한다. 그러나 신라의 최전성기는 어디까지나 신라의 6세기 이전과 비교한 것이다. 결코 6세기 이후 신라가 고구려와 백제의 국력을 넘었다고 할 수 없다.

　고구려는 한강유역과 이북지역의 일부를 신라에게 빼앗겼지만, 여전히 한반도 서북부지역을 비롯하여 만주와 요동을 가지고 있었다. 백제도 충청도·전라도를 비롯하여 요서지역과 일본에게 큰 영향력을 미치고 있었다. 최약체인 신라가 한반도 내의 요충지인 한강유역을 차지하였기 때문에, 두 강대국은 한강유역을 다시 차지하기 위해 부단히 노력하였다. 더 나아가 신라까지 멸망시키려고 하였다. 실제 백제의 의자왕은 경주의 입구에 위치했던 대야성(지금의 합천지역)을 포함하여 신라의 40여 개 성을 빼앗았다. 신라는 최전성기 이후 절대 절명의 위기에 처한 것이다.

　신라는 국가멸망의 위기를 국제정세를 이용하여 벗어났다. 신라는 먼저 고구려에 도움의 손길을 청하였다. 당시 고구려의 연개소문은 당과의 전쟁 이후 대당강경책을 계속 추진하고 있었다. 국제정세에 밝았던 김춘추는 고구려와 당나라의 적대관계를 이용하여 고구려에게 도움을 받으려고 했었다. 김춘추는 고구려에 직접 건너가 훗날 고구려가 당과 전쟁할 때 지원을 해 줄 것이니, 동맹을 맺자고 제안하였다. 그러나 고구려의 보장왕과 연개소문은 김춘추에게 예전에 앗아간 죽령 이북의 땅을 다시 내놓으면 동맹을 맺겠다고 한다. 결국 협상은 결렬되었다. 고구려와의 협상이 결렬된 후 신라는 왜에게 도움을 청하나, 왜는 본래 백제와 긴밀한 관계를 유지하였기 때문에 신라의 요청을 거절했다.

신라가 마지막으로 도움을 청한 곳이 당나라였다. 당시 당나라는 대규모 고구려 원정에 실패한 후, 고구려와의 전면전을 부담스러워 했다. 『구당서』에 당나라의 당시 사정이 잘 담겨있다. 645년 당 태종은 고구려 1차 침공에 실패하였으나, 고구려 정복의 꿈을 버리지 못했다. 당 태종은 1차 침공 이후 약 3년 동안 소규모 침공만 벌이다가, 648년 6월에 대규모 침공을 선언했다. 하지만 이듬해인 649년 9월에 당 태종은 급작스럽게 사망하였다. 당 태종은 죽기 직전에 "우리는 이미 중원대륙을 통일했으니, 고구려를 침공하지 말라"는 유언을 남겼다. 당 태종의 뒤를 이은 당 고종도 고구려와의 전면전이 상당히 부담스러웠다. 김춘추는 당나라의 당시 사정을 이용하였다. 당나라가 고구려와 전쟁을 할 때 신라가 후방을 지원하겠으니, 지금은 백제로부터 구원해달라는 것이었다. 결국 신라와 당나라의 이해가 맞아 나당동맹이 결성되었다.

나당동맹군이 먼저 공격한 나라는 백제였다. 당나라가 고구려의 서쪽을 공격 할 때, 백제가 고구려를 지원하지 못하도록 막기 위해서였다. 660년에 소정방(蘇定方)이 이끄는 13만 명의 당나라군과 김유신이 이끄는 5만 명의 신라군은 백제의 수도인 사비로 향했다. 사비의 길목인 황산벌에서 계백의 군대가 김유신의 군대에게 패하면서, 백제의 국운은 기울었다. 계백의 군대가 황산벌전투에서 패배하자, 의자왕과 태자 융은 웅진으로 피신했다. 훗날을 도모하기 위해서였다. 하지만 사비에서 의자왕의 둘째 아들 태와 태자 융의 아들 문사가 항복하면서, 의자왕과 융도 항복하였다. 약 700년 동안 동아시아의 강력한 해상왕국이었던 백제가 무너지는 순간이었다. 이때가 660년 7월 18일이다.

백제는 6세기 말부터 신라와 무리하게 전쟁을 하면서, 국력을 과다하게 소비하였다. 신라와의 무리한 전쟁은 왕과 귀족 사이를 갈라놓았다. 실제로 나당동맹군이 침략하였을 때, 많은 백제의 귀족이 의자왕에게 등을 돌렸다. 수도가 함락당할 때 의자왕을 지원하는 세력은 거의 없었다. 그러나 왕조 멸망 후 대규모의 부흥운동이 3년간이나 지속되었다. 이런 모습은 의자왕 때 내분 분열이 얼마나 심했는지 보여준다. 백제 멸망의 가장 큰 원인은 내부분열이었다.

허술한 백제의 군사전략도 백제 멸망의 주요원인이었다. 백제는 험준한 지형이 없어서 외적이 쉽게 도성으로 진격할 수 있었다. 그럼에도 불구하고 백제는 사비성으로 천도한 후, 해안방어에 소홀했다. 더군다나 백제군은 고구려군과는 달리 당나라 군대와 싸워본 적이 없었다. 그러다보니 당나라 군대의 전술에 상당히 당황했다. 결국 과도한 국력소비, 내부분열, 전술부족 등으로 백제는 나당동맹군에 무너졌다.

백제를 멸망시킨 후 나당동맹군은 661년과 662년에 대규모의 군대를 동원하여 고구려를 공격했다. 그러나 모두 실패했다. 그 후 667년 연개소문 세 아들의 권력다툼을 틈타, 3차 공격을 감행해 고구려에 큰 타격을 입혔다. 그리고 이듬해 668년에 고구려를 멸망시켰다. 삼국의 통일과정에서 백제의 멸망과정은 비교적 많이 알려졌으나, 고구려의 멸망과정은 잘 알려지지 않았다. 고구려 멸망의 속사정을 담은 영화가 이준익 감독의 〈평양성〉이다. 〈평양성〉을 통해 고구려 멸망의 속사정과 신라의 삼국통일이 가지는 의미를 생각해보자.

2011년에 상영된 〈평양성〉은 2003년에 만들어진 〈황산벌〉의 속편이다. 두 영화는 7세기 신라의 삼국통일과정을 모티프로 한다. 〈황산벌〉은 백제를 무너뜨리는 이야기이고, 〈평양성〉은 고구려의 멸망을 다룬다. 〈평양성〉은 〈황산벌〉의 재미요소와 이야기를 많이 가져왔다. 〈황산벌〉의 주인공 거시기와 각 지역의 걸쭉한 사투리가 다시 등장한다. 〈평양성〉에서 거시기는 신라병사로 징발되어 고구려 원정길에 오른다. 그러다가 고구려 포로가 되고, 그곳에서 사랑을 찾는다. 〈평양성〉은 거시기를 통해 '어떤 상황에서도 인간은 살아야 하고, 또 살아야 한다'는 〈황산벌〉의 주제의식을 그대로 전한다. 또 잘 알려지지 않았던 고구려의 멸망과정을 코믹하지만 뼈아프게 그려낸다. 하지만 〈황산벌〉에 비해 이야기가 산만하며, 역사왜곡의 소지도 있다.

고구려는 668년에 평양성이 함락되면서 역사의 막을 내렸다. 『삼국사기』는 고구려의 마지막 순간을 다음과 같이 전한다.

> 9월에 이적은 평양성을 함락시켰다 …(중략)… 평양성은 한 달 넘도록 포위되었다. 보장왕은 연남산과 수령 98명에게 백기를 들어 이적을 찾아 항복하게 하니, 이적은 이를 예로써 대접하였다. 그러나 연남건은 오히려 성문을 닫고 항거하며 번번이 군사를 내어 싸웠으나 모두 패하였다. 남건은 군사를 중 신성에게 맡기는 신성은 소장(小將) 오사, 오묘와 더불어 몰래 이적에게 사람을 보내 내응할 것을 정하고 5일 만에 성문을 열어 놓았다. 이에 이적은 군사를 내어 성에 올라 북을 울리고 소리를 지르며 불을 놓아 태웠다. 남건은 손수 자살하려 하였으나 죽지 못하였고 포로가 되었다.
>
> 『삼국사기』 권22, 보장왕 27년 9월

위 기록을 보면, 고구려는 자멸한 것이나 다름없다. 나당동맹군이 고구려를 멸망시키는 데 걸린 시간은 8년이었다. 고구려의 최고 권력자 연개소문 때문이었다. 연개소문의 역사적 평가는 극과 극이다. 한편에서는 영웅이라고 하고, 다른 한편에서는 독재자라고 한다. 하지만 연개소문은 독재자 성격이 짙다. 권력을 가진 영웅과 독재자의 차이는 백지 한 장 차이이다. 백지 한 장의 차이는 권력의 사용방법이다. 영웅과 독재자는 자신의 권력을 서로 다르게 사용한다. 영웅은 국가와 백성을 위해 권력을 사용하지만, 독재자는 자신을 위해서만 권력을 사용한다. 살아있을 때는 둘의 차이가 작지만, 죽은 후 둘의 차이는 크다. 영웅이 죽으면, 영웅이 나누었던 권력은 국가와 백성의 자양분이 된다. 하지만 독재가가 죽으면, 독재자가 독점했던 권력은 분산되어 권력다툼의 빌미가 된다.

고구려 말에 정국을 주도했던 연개소문도 마찬가지였다. 연개소문은 쿠데타를 일으켜 권력을 잡았다. 연개소문은 영류왕을 죽이고 영류왕의 조카인 보장왕을 왕위에 올려, 최고 권력자가 되었다. 연개소문은 강력한 카리스마를 바탕으로 고구려의 귀족과 군대를 통제하였으며, 당나라와 대립하였다. 연개소문이 살아있는 한 고구려는 당나라도 감히 넘볼 수 없었던 나라였다.

하지만 665년에 연개소문이 죽으면서 사정이 달라졌다. 강력한 카리스마와 권력으로 국가를 통제하던 연개소문이 죽자, 고구려에 분열이 생겼다. 연개소문의 세 아들 남생·남건·남산의 불화가 분열의 시작이었다. 연개소문의 대막리지 지위를 이어받은 사람은 큰 아들 연남생이었다. 영화 속의 연개소문은 큰 아들 남생을 싫어하고, 둘째 아들 남건을 총애한다. 하지만 역사 속의 남생은 연개소문에게 총애 받는 후계자였다. 남생은 아홉 살에 음보(蔭補)로 중리소형(中裏小兄)에 올랐고, 성장한 후에는 중리대형(中裏大兄)과 중리위두대형(中裏位頭大兄)이 되어 국정을 맡았다. 그러했기에 남생은 곧바로 연개소문의 자리를 이어받을 수 있었던 것이다.

남생이 아버지의 자리를 물려받자, 남건과 남산의 불만은 커졌다. 이때 남생은 지방귀족의 회유와 민심 수습을 위해 지방순시를 떠났다. 평양성은 남건과 남산이 맡게 되었다. 지방으로 떠난 남생은 평양에 있는 남건과 남산을 못 믿었고, 평양성에 있는 두 아우도 형을 못 믿었다. 이때 형제들을 이간질시켜 힘을 키우려는 세력이 끼어들었다. 권력이 분산되면 분산된 권력 뒤에 붙는 자들이 생기기 마련이다. 이간질 세력에 의해 형제들은 결국 등을 돌리고야 만다.

먼저 의심을 한 쪽은 남건과 남산이었다. 남건과 남산은 남생이 자신들을 제거하기 위해 지방에서 힘을 모은다는 무고(誣告)를 믿고, 보장왕을 시켜 남생을 평양성으로 불렀다. 그러나 남생은 왕의 소환에 불응하였다. 결국 남건과 남산은 건너서는 안 될 강을 건너고야 말았다. 그들은 남생의 아들 헌충을 죽이고, 남생에게 토벌대를 보냈다. 동생들의 반역에 남생은 크게 분노하여 최악의 선택을 한다. 배신감과 권력욕에 사로잡혀 국가와 백성을 배신한 것이다. 666년 6월 남생은 국내성 등 6개 성(城)에 살고 있는 10만 호(戶)의 백성과 말갈·거란의 무리를 이끌고 당나라에 항복하였다. 남생은 당으로부터 평안도행군대총관겸지절안무대사(平壤道行軍大摠管 持節按撫大使)의 관직을 받았다.

『삼국사기』에 "남생은 성품이 순후하고 예의가 있었으며, 윗사람을 대하여 말을 잘하고, 민첩하며 활 쏘는 재주도 뛰어났다"고 기록되어 있다. 그러나 남생은 분노에 눈이 멀어 앞일을 제대로 보지 못했고, 자신의 이익만을 위해 서슴없이 적국에 귀의하였다. 큰 나무 밑에서 나무가 자랄 수 없듯이, 남생은 아버지만큼의 카리스마를 갖추지는 못한 것이다.

권력층이 분열하면서 고구려의 국력은 약해졌다. 이 틈을 타 당나라는 668년에 평양성을 대대적으로 공격하였다. 영화 속의 평양성전투는 다음과 같이 전개된다. 당나라군이 평양성 외곽에 먼저 도착하고, 신라군은 평양 근교에서 고구려군을 격퇴하고 평양성에 다다른다. 나당연합군은 그 후 한 달간 평양성을 포위하고 항복을 요구한다. 남생의 배신으로 위기에 처하자, 남건과 남산의 사이도 벌어진다. 남생을 내쫓고 남건이 대막리지가 되자, 남산은 불만을 품고 보장왕과 손을 잡는다. 결국 남산과 보장왕은 수령 98명을 데리고 당나라에 항복한다. 남산이 항복한 뒤, 남건은 홀로 평양성의 문을 걸어 잠그고 싸운다. 그러나 평양성은 나당연합군에게 포위당한다. 성이 포위되자, 남건은 성 밖에 나가 일대 결전을 치른다. 그러나 나당연합군의 기병(騎兵)이 너무 강해 패배한다. 고구려군의 사기는 급격히 땅에 떨어진다. 엎친 데 덮친 격으로 평양성에서는 또 다른 배신자가 나온다. 남건의 심복인 승려 신성이 평양성의 성문을 열어버린다. 결국 평양성은 함락된다.

영화 속에서 남건은 권력욕은 있으나, 나라는 사랑하는 무장으로 표현된다. 제법 멋있고, 의기롭다. 그러나 역사 속의 남건은 야망은 컸으나, 능력은 없었던 사람이었다. 남건은 부하들이 자신의 학정을 견디지 못해 적에게 항복하는데도 눈치 채지 못할 정도로 둔했다. 또 남건은 의기만을 앞세워 성 밖에서 기병전을 벌이다가 패배하는 무능력한 지휘관이었다. 어찌 보면 남건은 나라를 배신한 남생·남산과 더불어 고구려를 멸망으로 이끈 인물이었다.

연개소문의 세 아들은 아버지 밑에서 욕심만 배웠을 뿐, 카리스마와 지도력은 배우지 못하였다. 세 형제는 각자 자기의 잇속 차리기에 급급해 고구려를 멸망의 길로 이끌었다. 남생과 남산은 당나라로부터 관직을 얻었고, 남건도 유배되었지만 죽지는 않았다. 고구려는 나당연합군에 의해 멸망한 것이 아니라, 자멸한 것이다.

영화 〈평양성〉은 고구려 멸망의 속사정을 코믹하지만 뼈아프게 그려낸다. 하지만 〈평양성〉은 과도하게 현재의 시대상과 의미를 과거의 역사에 대입하였다. 그로인해 과도하게 허구가 영화 속에서 사용되어, 역사왜곡의 우려를 낳는다. 영화 속에서는 김유신과 신라의 군대가 평양성전투에 참전한 것으로 그려진다. 하지만 실제 김유신은 평양성전투가 벌어졌을 때, 74세의 나이로 풍을 맞아 서라벌에서 요양 중이었다. 그리고 신라의 군대도 당나라와 고구려의 전투를 관망하다가, 평양성이 당나라에게 함락당한지 열흘 후에나 도착한다. 영화는 연개소문이 평양성전투 직전에 사망하면서 남건에게 군사권을 이양하는 모습을 보여준다. 하지만 실제 연개소문은 평양성전투가 벌어지기 3년 전에 죽으며, 곧바로 남생이 대막리지 역할을 수행한다. 그리고 영화는 남생의 배신을 국가를 위해 당나라에 망명하는 모습으로, 남건의 아둔하며 무능력한 모습을 의로운 모습으로 그린다.

〈평양성〉에서 보여주는 과도한 허구적 표현은 고구려 멸망의 역사와 신라의 삼국통일의 역사를 바꿀 수 있다. 그로인해 사람들에게 잘못된 역사상을 심어줄 수 있다. 기록에 거의 없는 작은 역사를 재현하려면 어느 정도의 허구가 포함될 수밖에 없다. 하지만 허구는 이미 구명된 역사의 진실을 훼손하지 않는 범위 내에서 허용되어야 한다.

고구려의 멸망 후 당나라는 신라까지 차지하려는 욕심을 보였다. 당나라는 안동도호부와 웅진도호부를 두고 옛 고구려와 백제 땅을 직접 관할하였으며, 신라의 왕을 계림도독으로 임명하여 신라를 통제하려고 하였다. 당나라와 전쟁을 벌이기 힘들었던 신라는 고육지책(苦肉之策)으로 고구려 부흥운동을 당나라 몰래 원조하였다. 그러나 고구려 부흥운동이 실패로 돌아가고, 신라는 670년부터 675년까지 당나라와 직접 전쟁을 벌였다. 나당전쟁이었다. 다행히 675년 매소성전투와 676년 기벌포전투에서 신라가 승리하면서 당나라를 몰아냈다. 신라가 삼국통일을 완성하는 순간이다.

신라의 삼국통일을 두고, 후대의 평가는 엇갈린다. 어떤 이들은 비자주적인 반쪽짜리 통일이라고 비판한다. 반면에 어떤 이들은 한민족이 될 수 있는 계기를 만든 통일이라고 좋게 평가한다.

부정적 시각을 가진 사람들은 신라의 삼국통일을 고구려와 당나라 사이에 일어난 동아시아 패권전쟁의 부산물로 본다. 부정적 시각의 사람들은 신라는 백제를 통합하는 것이 큰 목적이었기 때문에, 대동강 북쪽은 아예 관심이 없었다고 본다. 그 결과 고구려의 영토를 대부분 상실하였으며, 고구려 영향력 아래 있었던 말갈족과 거란족도 이탈하였다고 주장한다. 부정적 시각의 사람들은 심지어 신라의 통일은 이국통일이며, 진정한 통일은 고려의 후삼국 통일이라고 주장 한다.

긍정적 시각을 가진 사람들은 신라가 통일했기 때문에 200여 년간 지속되던 전쟁이 끝나고 평화가 도래했다고 말한다. 또 통일 이후 주민이 증가하고 영토가 넓어진 만큼 조세경감과 토지분급이 이루어져 백성들의 삶이 편안해졌고, 고구려·백제·신라 사람들의 연대감을 조성하여 민족의식을 싹트게 했다고 평가한다.

그러나 두 의견 모두 현재의 관점에서 바라본 것이다. 역사는 단계적이며 종합적으로 바라보아야 한다. 삼국통일의 의미를 부여할 때는 평가시기를 통일과정에만 국한하지 말아야 하며, 신라가 통일했다는 그 사실에 절대적 의미를 부여하지 말아야 한다. 긍정적 평가와 부정적 평가 모두 일리가 있다.

당시 신라의 판단은 지금의 관점에서 보면 아쉬울 수도 있다. 하지만 당시 국제정세를 보면 신라의 판단은 정당할 수도 있다.

통일 이전의 삼국의 전개과정과 통일 이후 신라의 국가 운영방식을 눈여겨 보자. 삼국은 통일이전에는 서로 경쟁국이었다. 이 때문에 현재와 같은 민족의 정체성이 정립되지 못했다. 그리고 통일이후 신라는 민족 차별정책을 취할 수 있었으나, 민족통합정책을 취했다. 다시 말해 신라가 통일을 해서 우리 민족의 자주성이 훼손된 것이 아니다. 반면 신라가 통일을 해서 민족의 정체성이 정립된 것도 아니다. 역사적 흐름 속에서 사람들이 민족의 정체성을 만들어 간 것이다.

우리는 다양한 역사의 부면을 보고, 삶의 오리엔테이션을 얻어야 한다. 그래야만 현재의 삶을 충만하게 살 수 있으며, 창조적 미래를 형성할 수 있다. 신라의 통일은 한국사에서 긍정적인 의미와 함께 부정적인 의미도 가진다. 당시 삼국 간 벌어진 각축전은 통일전쟁이 아니었다. 삼국은 서로를 멸망시키기 위해 싸웠다. 그렇다면 신라의 통일은 정복전쟁의 부산물로서 미완성의 통일일 수 있다.

하지만 신라의 통일은 우리에게 큰 역사적 의미를 준다. 역사적 의미란 과거의 역사적 교훈이 현재의 삶에 영향을 미치는 것을 의미한다. 신라의 통일이 현재를 살아가는 우리에게 주는 가장 큰 의미는 '한반도 내에서 처음으로 하나의 국가를 이루었다'는 점이다. 사람에게 경험적 지식은 매우 중요하다. 신라가 통일한 이후 다시 한 번 삼국으로 분열되었으나, 금방 우리는 하나가 되었다. 짧은 시간 안에 하나가 될 수 있었던 이유는 통일의 경험적 지식이 있었기 때문이다. 현재 우리는 분단의 상황에 있다. 많은 사람이 남과 북은 60여 년간 다른 체제로 운영되었으며, 복잡한 국제상황 때문에 남북통일을 어렵게 본다. 반면에 더 많은 사람이 남북통일을 희망하며 믿고 있다. 아마도 통일을 했었던 경험이 있기 때문일 것이다.

3. 공민왕이 개혁에 실패한 또 다른 이유, 〈쌍화점〉

　고려왕조는 928년 왕건에 의해 시작되어, 1392년 이성계가 조선을 세우면서 끝났다. 고려의 건국과 후삼국 통일은 폐쇄적인 고대사회가 끝나고, 개방적인 중세사회가 시작되었음을 의미한다. 고려의 역사는 무신집권기(1170~1271)를 기준으로 전기와 후기로 나눌 수 있다. 다시 역사 주도세력을 기준으로 통치체제정비기(초기. 10C), 문벌귀족사회(중기. 11~12C), 무신집권기(1170~1270), 원간섭기(1271~1351), 개혁기(말기. 14C 후반) 등으로 구분한다. 통치체제정비기는 호족이, 문벌귀족사회는 문벌귀족이, 무신집권기는 무신이, 원간섭기는 권문세족이, 개혁기는 신진사대부의 시대였다. 각 시기는 주도세력에 의해 정치적·사회적 성격이 달랐다.

　고려 초 호족이 이끌었던 통치체제정비기는 자주적이며 진취적인 시대였다. 호족은 자신들의 힘으로 1,000년간 유지되었던 폐쇄적인 고대사회를 끝냈다. 호족은 자신감이 있었으며, 진취적이었다. 호족의 자주적이며 진취적인 성향은 국제관계에서 뚜렷이 드러났다. 942년에 거란족이 고려에게 화친을 요구하였을 때 고려는 거절했다. 고려 입장에서 거란은 같은 민족인 발해를 멸망시킨 국가였기 때문이었다.

　당시 거란은 강력한 군사력을 바탕으로 동아시아 강국으로 성장한 상태였다. 고려 입장에서는 거란의 화친요구를 거절하는 일이 쉽지 않았다. 하지만 자주적이며 진취적 성향을 가진 호족의 주도로 거란과의 화친은 성사되지 않았다. 그 이후에도 고려는 거란과 적대적 관계를 유지했다. 결국 고려의 대거란 강경책은 992년, 1010년, 1018년 거란의 대규모 침공을 초래했다. 하지만 고려는 굴복하지 않고, 거란의 침공을 막아냈다. 거란과의 전쟁에서 승리한 고려의 위상은 크게 올라갔다. 실제로 여진족이 고려에 귀부하였으며,

우산국과 탐라국은 스스로 고려에 복속되었다. 고려의 국력이 커지면서 고려와 송 그리고 거란은 힘의 균형을 이루었고, 동아시아는 약 100년간 평화를 유지하였다.

왕정시대에서 신하의 강한 주체성과 권력은 왕에게는 우려대상이었다. 이 때문에 고려 초기는 왕과 호족의 대립과 충돌이 이어지는 시기였다. 결국 호족은 4대 임금이었던 광종과의 힘겨루기에서 패하고, 대부분 몰락하였다. 광종의 뒤를 이은 경종과 성종은 강력한 왕권을 바탕으로 국가의 통치체제를 정비하였다. 특히 성종은 최승로를 시켜 시무28조를 만들어서, 국가의 통치체제를 확립하였다. 당시 시무28조에 근거한 통치체제의 큰 특징은 중앙집권적 관료체제였다. 중앙집권적 관료체제가 정립되면서, 문벌귀족이 새로운 역사 주도세력으로 등장하였다.

귀족이란 신분제 사회에서 일반사람보다 정치 · 경제 · 사회적 특권을 가진 지배계층을 의미한다. 고려 중기의 문벌귀족은 음서 · 공음전 · 폐쇄적 통혼 등의 정치 · 경제 · 사회적 특권을 지녔던 지배계층이었다. 따라서 문벌귀족은 배부르고 등 따신 존재들이었기에 보수적이고 안정적인 성향을 지녔다. 문벌귀족의 보수적이고 안정적인 성향은 사회에 그대로 반영되었다. 당시 여진족이 고려에 사대요구를 했다. 문벌귀족은 전쟁의 위험을 벗어나, 안정적인 사회를 유지하기 위해 사대요구를 받아들인다.

안정적이고 보수적인 성향이 꼭 나쁜 것은 아니다. 국가성립기에는 국가의 기반을 다질 수 있는 주도세력들의 진취적이고 자주적인 성향이 필요하다. 하지만 국가안정기에는 국가체제를 수성하기 위한 안정적이고 보수적인 성향이 필요하다. 이미 통치기반이 확립되었던 고려 중기는 성종 때 만들어진 통치체제를 바탕으로 안정기였다. 문벌귀족의 보수적이고 안정적 성향은 고려사회를 한층 발전시켰다.

물도 고이면 썩듯이, 권력도 부패한다. 문벌귀족은 자신들의 특권을 바탕으로 많은 폐단을 만들었다. 이때 문벌귀족 밑에서 항상 차별을 받았던 무신들이 들고 일어났다. 1170년에 발생한 무신정변이다. 무신정변 후 100여 년간의 무신집권기가 시작되었다. 무신정변은 특정한 목적과 장기적인 계획을 세우고 실행한 정변이 아니었다. 더욱이 무신들은 정치적 경험과 지식이 부족했다. 결국 고려는 무인들의 탐욕과 국가운영의 미숙으로 점차 쇠락하였다. 이런 상황에서 고종 18년(1231)에 몽골족의 침입을 맞이하였다. 모든 백성이 40여 년간 항쟁을 하였으나, 결국 항복하고 원간섭기를 맞이하였다.

원간섭기는 1271년부터 1351년까지 약 80년간 지속되었다. 원간섭기에 원나라에 기대어 권력과 재력을 키운 권문세족이라는 귀족이 등장했다. 권문세족은 자주성을 상실한 귀족이었기 때문에 국가와 백성을 위해 일을 하지 않았다. 오로지 권문세족은 자신들의 이익을 위해서만 움직였고, 원나라를 받들었다. 원간섭기의 고려는 백성의 생명과 안전을 지켜줄 수 없는 나라였다. 결국 백성들은 큰 고통을 받았다.

원간섭기 때 고려의 조정은 심한 내정간섭으로 주체적인 정치를 할 수 없었다. 당시 내정간섭은 정동행성을 통해 이루어졌다. 정동행성은 본래 일본을 정벌하기 위해 만든 기구였다. 2차례의 일본 원정이 실패하면서, 정동행성은 고려의 내정간섭기구로 성격이 변하였다.

영토도 상당히 줄어들었다. 쌍성총관부·동녕부·탐라총관부가 관할하는 지역을 제외한 나머지 땅만 고려왕이 통치할 수 있었다. 쌍성총관부는 철령(강원도 북부와 함경남도 경계 지역)에 설치되어 고려의 동북부지역을 다스렸고, 동녕부는 평양에 설치되어 한반도 서북부지역을 관할하였으며, 탐라총관부는 제주도를 관할하였다.

원나라는 고려의 2성 6부·중추원 등의 관제를 첨의부·4사·밀직사 등으로 통합·축소하였다. 관직제도의 위상과 기능을 격하시켜, 고려가 주체적인 정치를 못하도록 한 조치였다. 한편 권문세족은 원나라를 등에 업고, 권력을 독점하고 농장을 확대하였다.

국가와 지배층이 자주성을 상실하면, 백성들은 외적에게 쉽게 약탈당할 수밖에 없다. 원간섭기 때 있었던 공녀(貢女) 제도와 응방(鷹坊) 제도는 당시 상황을 잘 보여준다. 공녀제도란 원나라의 요구에 의해 13세에서 16세까지의 처녀들을 공물을 바치던 제도였다. 원간섭기 때 바쳐진 공녀는 『고려사(高麗史)』에 기록된 것만 50회 이상이다. 비공식적인 것까지 합하면 수 천 명의 여성이 강제로 끌려갔다. 공녀로 끌려가면 원나라 귀족의 노비나 처첩이 되었다. 공녀로 끌려가면 비참한 생활을 할 수밖에 없기에, 공녀로 선정된 여성들의 고통과 슬픔은 엄청났다. 공녀로 선정된 여성들은 끌려가지 않기 위해, 몸을 망가뜨리거나 목숨을 끊었다. 고려 후기의 학자 이곡(李穀)의 상소문이 공녀들의 한(恨) 맺힌 역사를 대변한다.

공녀로 뽑히면 부모와 친족들이 곡을 하는데, 밤낮으로 우는 소리가 끝나지 않습니다. 공녀로 뽑혀 떠나는 날이며 …… 울부짖다가 비통하고 분하여 스스로 목을 매 죽는 사람도 있습니다.

『고려사절요』 제25권

고려여성들을 괴롭히던 제도가 공녀제도였다면, 남성들을 괴롭히던 제도는 응방제도였다. 응방이란 원나라가 조공품으로 요구하는 해동청(海東靑 : 고려의 토종매)을 잡아서 사육하던 관청이었다. 응방은 충렬왕 1년(1275)에 처음 설치되었고, 충렬왕 6년(1281)에 응방도감(鷹坊都監)으로 확대되었다. 응방은 백성에게 큰 부담과 고통을 주었다. 우선 흔치 않은 매를 사냥하는 일이 매우 힘들었다. 매를 사냥하기 위해 동원된 백성들은 험한 절벽에서 떨어지거나, 매에게 당해 죽기도 하였다. 그리고 응방을 유지하기 위해서는 엄청난 비용이 들었다. "나라는 작고 백성은 가난한데 가뭄마저 심하니 응방을 없애는 것이 좋겠다"며 폐쇄하려 한 적도 있었다. 무엇보다 응방 관리들의 횡포가 심하였다. 범죄자를 모아 이리간(伊里干)이라는 촌락을 만들어서 응방에 속하게 했는데, 이리간에 속한 관리들의 횡포가 매우 심했다. 이리간 관리들은 조세를 포탈하고, 매사냥을 구실로 민간의 닭이나 개를 뺏는 등 심한 횡포를 부렸다.

공민왕이 즉위하면서, 고려는 원간섭기에서 벗어날 수 있는 계기를 마련했다. 공민왕은 과감한 개혁정책을 펼쳤다. 공민왕의 개혁정책은 원나라 지배에서 벗어나기 위한 반원정책과 권문세족을 처단하기 위한 내정개혁으로 진행되었다. 공민왕은 우선 내정간섭에서 벗어나기 위해 정동행성을 폐지하고, 2성 6부·중추원 등의 관제를 복구하였다. 또 쌍성총관부와 전투를 벌여 철령 일대의 영토를 되찾았다. 공민왕이 철령지역을 되찾는데 큰 도움을 준 인물이 있었다. 철령지역의 토호세력이며, 훗날 조선을 건국하는 이성계의 아버지인 이자춘(李子春)이었다. 이자춘은 공훈을 인정받아 동북면병마사(東北面兵馬使)에 임명되어, 동북면지역의 군사력을 장악했다. 이자춘의 군사적 기반은 훗날 이성계가 조선왕조를 세우는 기반이 되었다. 이런 측면에서 공민왕 5년(1356) 쌍성총관부 탈환사건은 역사전환의 씨앗이 뿌려진 사건이었다.

공민왕은 제도와 영토를 회복하는 한편, 몽골 언어와 몽골풍의 문화를 몰아내기 위해 노력하였다. 공민왕은 제도와 땅을 회복하더라도, 언어와 문화가 회복되지 않으면 큰 의미가 없다고 생각했다. 언어와 문화는 한번 자리 잡으면 쉽게 사라지지 않는다.

한 예로 정동행성의 책임자였던 '다루가치'를 들 수 있다. 다루가치는 원나라에서 총독(總督)·지사(知事) 등을 지칭한다. 『몽골비사(蒙古祕史)』에는 다루가친(荅嚕合臣. Darughachin)으로 기록되어 있다. 어원은 몽골어의 '진압하다', '속박하다'라는 뜻을 지닌 'daru'에 명사어미 'gha'와 '사람'이라는 뜻을 지닌 'chi'를 붙인 것이다. 즉 다루가치는 '진압에 종사하는 사람' 또는 '속박하는 사람'이란 뜻이다. 이런 의미가 '총독·지사'의 뜻으로 바뀌어 널리 사용되었다. 그런데 '사람'의 뜻을 가진 'chi'가 약 700년이 지난 지금도 사용되고 있다. '장사치', '벼슬아치', '음치', '기계치' 등에 붙은 접미사 '치'가 몽골어 'chi'에 유래된 말이다. 언어와 문화까지 개혁하려던 공민왕의 의지가 놀랍다.

공민왕은 권문세족을 척결하기 위한 내정개혁에도 힘을 썼다. 먼저 권문세족이 불법으로 차지한 토지를 정리하고, 노비들을 풀어주기 위해 전민변정도감(田民辨正都監)을 설치하였다. 권문세족들은 공·사전을 점탈하는 한편, 양인을 노비로 삼고 역리·관노·백성 등을 사점(私占)하여 농장을 확대하였다. 이 때문에 국가의 재정기반인 토지와 유역인(有役人)이 대폭 감소하였다. 이러한 폐단을 뿌리 뽑기 위해 공민왕은 신돈을 전민변정도감의 판사로 임명하여 개혁을 단행하였다. 또한 공민왕은 주요 친원파를 제거한 후, 권문세족의 정치적 기반을 없애기 위해 인사기구인 정방(政房)도 폐지하였다.

한편 공민왕은 주요 친원파인 기철·기원 등을 직접 척결하였다. 기철·기원 등은 원나라 순제의 제2황후였던 기황후의 형제들로서, 막강한 권력을 행사하였다. 왕 앞에서 신(臣)이라고 칭하지 않을 만큼 무례하고 방자하였다. 사실 공민왕은 기씨 형제를 제거하기 전에 조일신·노책·권겸 등을 먼저 제거하였다. 조일신은 원나라 귀족들의 후원을 등에 업고 권문세족의 수장 노릇을 하던 사람이었고, 노책은 딸을 원나라 태자비로 바치고 집현전 학사가 된 사람이었다. 권겸도 딸을 원나라 황태자비로 바치고 태부감 태감이 된 사람이었다.

원나라가 쇠락하자, 공민왕은 제일 먼저 조일신을 제거하고 반원정책을 강력히 추진했다. 입지가 좁아진 기씨 형제는 공민왕의 폐위를 도모했다. 역모를 눈치 챈 공민왕은 연회를 베푼다고 속여 기철 일당을 대궐로 불렀다. 공민왕의 계책을 모르던 기철과 권겸은 대궐 안에서 철퇴에 맞아 죽었고, 노책은 집에서 체포되어 처형되었다. 이어서 기철의 아들 기유걸과 기완자불화, 노책의 아들 노제, 권겸의 아들 권상화가 줄줄이 처형되었다. 당시 기철의 아들 기유걸이 공개적으로 처형당할 때, 기유걸의 죽음을 보고 슬퍼하는 사람은 단 한 명도 없었다고 한다.

공민왕의 개혁정책은 나름의 성과를 거두었다. 하지만 원나라의 압력과 권문세족의 반발이 거세어지면서 최종 결실을 보지 못하였다. 그런데 공민왕의 개혁정책이 성과를 보이던 즉위 초기에는 원나라의 압력과 권문세족의 반발이 없었을까? 공민왕은 정말 원나라 간섭에서 벗어나려고 했을까? 원나라의 압력과 권문세족의 반말만으로 공민왕의 개혁이 실패한 이유를 알 수 없다는 이야기이다. 2008년에 유하 감독이 만든 영화 〈雙花店〉은 공민왕 개혁정책의 숨은 이면을 어느 정도 우리에게 보여준다.

〈雙花店〉은 원간섭기 때의 고려왕실을 배경으로 만들어진 격정적인 애정극이다. 사실 〈雙花店〉이라는 제목은 영화내용과는 별 상관이 없다. '雙花店'은 본래 고려가요 제목이다. 쌍화는 만두를, 쌍화점은 만두가게를 의미한다. 노래 1절의 배경이 雙花店이어서, 雙花店이라는 제목이 붙었다. 雙花店 1절의 가사를 살펴보자.

> 쌍화점에 쌍화 사러 가고신댄
> 회회아비 내 손목을 쥐여이다.
> 이 말씀이 이 점밖에 나명들명
> 다로러거디러
> 조그마한 새끼광대 네 말이라 하리라
> 더러둥셩 다리러디러 다리러디러 다리러거디러 다로러
> 그 자리에 나도 자러 가리라
> 위위 다로러거디러 다로러
> 그 잔 데 같이 젊거츠니 없다.

고려가요 雙花店은 전체 4절로 구성된다. 1절은 회회아비(아랍 상인), 2절은 삼장사의 사주, 3절은 우물의 용, 4절은 술집 아비가 주인공이다. 사례와 대상이 다를 뿐이지, 가사의 내용은 모두 남녀의 성(性) 행위를 다룬다.

영화 〈雙花店〉은 공민왕 시해사건을 모티프로 하면서, 전혀 상관없는 고려가요 '雙花店'을 제목으로 하였다. 유하 감독은 "〈雙花店〉은 남녀상열지사(男女相悅之詞)를 다룬 영화라는 점을 강조하기 위해서였다"고 말한다. 감독은 왕과 왕비, 호위무사의 오묘한 애정관계를 통해 고려시대 남녀 간의 사랑을 말하고 싶었던 것이다. 하지만 〈雙花店〉은 『고려사』와 야사(野史)의 내용을 재구성해 공민왕 시해사건을 다루기 때문에, 공민왕 개혁정책의 이면을 들여다볼 수 있는 새로운 계기를 마련한다. 먼저 역사기록에 남겨진 공민왕의 일대기를 정리해보자.

공민왕(1330~1374, 재위 1351~1374)은 충숙왕의 둘째 아들이며, 충혜왕의 동복아우이다. 초명은 기(祺), 이름은 전(顓)이며, 몽골명은 바이앤티무르[伯顔帖木兒]이다. 공민왕의 어머니는 덕비 홍씨로서 고려여성이었다. 왕기는 전례에 따라 12살에 원의 볼모로 보내져, 약 10년을 원의 수도인 연경에서 살았다. 그 사이 왕기는 두 차례나 왕위계승싸움에서 패하는 아픔을 겪었다.

왕기는 21세 때 원 위왕(魏王)의 딸 보탑실리(寶塔實理, 노국대장공주)와 혼인하면서 왕위계승에서 유리한 위치를 차지했다. 그동안 고려의 왕비로 왔던 원나라 공주들은 황실 내에서 큰 힘을 가진 공주들이 아니었다. 또 고려왕비로 왔던 공주들은 고려의 내정을 감시하는 역할을 부여받았기 때문에 남편인 고려의 왕들과 사이가 좋지 않았다.

이에 반해 보탑실리 가문은 황실 내 세력도 컸으며, 보탑실리 공주도 공민왕과 돈독한 정을 쌓았다. 보탑실리의 아버지 위왕은 원나라 12대 황제 명종과 13대 황제 문종의 사촌으로서 황실의 최측근 인물이었다. 위왕은 왕기를 왕위에 올릴 수 있는 큰 힘을 가진 인물이었다. 또 보탑실리 공주도 공민왕을 진정으로 사랑했기 때문에 고려 내정을 감시하는 사람이 아니라, 고려 왕비로서 살려고 했다. 보탑실리 가문의 권력과 보탑실리 공주의 사랑은 왕기가 고려왕으로 책봉될 수 있었던 결정적인 이유였다.

보탑실리 공주는 공민왕의 든든한 정치적 동반자였다. 공민왕의 개혁정책들이 나름의 성과를 거둔 것도 공주 덕분이었다. 공민왕도 후궁을 들이지 않고, 공주만을 사랑하였다. 하지만 둘 사이에는 아이가 없었다. 왕에게 후사가 없는 것은 반대세력에게 큰 빌미를 주기 때문에 공민왕의 측근들은 다른 왕비를 맞으라고 간곡하게 청하였다. 공민왕은 마지못해 두 번째 왕비로 혜비를 들였다. 하지만 혜비도 아이를 갖지 못하였다. 그러던 중 결혼 15년 만에 보탑실리 공주가 아이를 가졌다. 하지만 공주가 출산과정에서 숨을 거두고, 아이도 유산되었다. 깊은 슬픔에 빠진 공민왕은 식음을 전폐한 채 보탑실리의 초상화 앞에서 울기만 하였다. 보탑실리가 죽은 뒤 8년 동안이나 비탄에 빠져 정사(政事)를 돌보지 않았다. 친모인 명덕태후가 보다 못해 공민왕에게 다른 비빈을 권하였지만, 공민왕은 '공주만한 한 여자가 없다'고 하면서 매번 거절하였다.

공민왕은 간신히 정사에 복귀했으나, 이전의 진취적인 개혁군주가 아니었다. 복잡한 국제정세 속에서 일어난 잦은 반란과 전쟁은 공민왕의 인격을 망가뜨렸고, 보탑실리 공주의 죽음은 공민왕을 변질시켰다. 공적으로는 백성의 고통을 외면하고 대규모의 토목공사를 벌이는 왕이 되었으며, 사적으로는 성적인 것만 탐닉하는 왕이 되었다.

미소년들로만 구성한 호위부대인 자제위(子弟衛)를 설치하고, 미소년들과 동성애와 관음증에 빠져 지냈다. 한편 공민왕은 다시 후사를 걱정하였다. 급기야 공민왕은 홍윤·한안 등의 자제위 호위무사들과 비빈들을 강제로 동침하게 해 왕자를 얻으려는 계획을 세웠다. 혜비·정비·신비 등은 한사코 공민왕의 제안을 거부하였으나, 익비는 공민왕의 협박에 못 이겨 홍윤과 동침을 했다. 익비의 원래 성은 왕씨(王氏)로, 본관은 개성이었다. 현종과 원혜왕후(元惠王后)의 아들 평양공 기(平壤公 基)의 13대손인 덕풍군 의(德豊君 義)의 딸이다. 1367년(공민왕 15) 음력 12월 7일에 정비 안씨와 함께 왕비에 책봉되어 익비(益妃)에 봉해지고, 공민왕으로부터 한씨(韓氏) 성을 받았다.

익비는 홍윤 등과 여러 차례 동침을 하면서, 공민왕의 계획대로 임신을 했다. 이 사실을 안 공민왕은 아이를 얻은 후에 익비와 홍윤, 그리고 모든 사실을 아는 내시 최만생을 없애려고 했다. 공민왕의 계획을 눈치 챈 최만생은 홍윤에게 모든 사실을 말했다. 급기야 홍윤·최만생 등은 1374년(공민왕 23) 9월 21일 밤, 술에 취해 정신없이 자는 공민왕의 온몸을 칼로 마구 찔러 시해했다. 공민왕은 뇌수가 벽에 튀어 붙을 정도로 처참하게 죽었다. 이때 공민왕의 나이가 45세였다.

최만생·홍윤 등은 왕을 시해한 죄로 능지처참을 당하였으며, 친족도 모두 유배되거나 노비가 되었다. 한편 익비는 폐서인되어, 사가에서 홍윤의 딸을 낳았다. 하지만 익비가 낳은 아이는 훗날 왕위를 위협할 수 있다는 명분으로 살해당하였다. 익비의 자세한 생애는 전해지지 않는다. 다만 공양왕 2년 (1390)에 "왕으로부터 토지를 하사받았다"는 기록이 나올 뿐이다. 공양왕으로부터 익비가 땅을 하사받은 이유는 공양왕과 순비 노씨(順妃 盧氏)의 딸인 경화궁주(敬和宮主)를 익비의 친정에서 양육했기 때문이다. 어쨌든 목숨은 유지하였던 것 같다. 하지만 그녀의 인생도 참으로 고단하였을 것이다.

영화 〈쌍화점〉은 공민왕 시해사건의 내용과 인물을 모두 차용했다. 하지만 사건의 순서를 재배열하였고, 인물을 재해석하였다. 또 상상력을 극대화하여 격렬한 사랑이야기로 만들었다. 영화 속의 왕비는 원나라 공주로서, 왕의 정책을 지지하는 정치적 동반자이다. 하지만 그 이름이 연탑실리이고, 왕과는 애틋한 사이가 아니다. 또 영화 속에서 왕이 사랑한 인물이며 왕비와 사랑에 빠지는 호위무사 홍림은 공민왕을 시해하는 홍윤이며, 미소년들을 모아 만든 호위부대 건룡위는 자제위이다.

영화 속의 왕은 홍림을 사랑하고 왕비에게는 인간적인 신뢰를 가진다. 후사가 없다는 이유로 강하게 내정간섭을 하는 원나라를 막기 위해 왕비에게 홍림의 아이를 가지게 하고, 그 아이를 후계자로 삼으려고 한다. 왕의 계획대로 왕비가 홍림의 아이를 임신하였으나, 예상치 못했던 일이 벌어진다. 홍림과 왕비가 사랑을 하게 된 것이다. 그러면서 세 사람의 관계는 파국으로 치닫는다. 왕은 계획대로 홍림의 아이를 후계자로 선포하고, 이 사실을 알고 있는 모든 사람을 죽이려고 한다. 이 과정에서 홍림은 왕을 배신하고 왕비와의 사랑을 택하면서 왕을 죽인다.

역사 속의 홍윤과 익비가 영화 속의 홍림과 왕비처럼 절실하게 사랑하는 사이였는지는 알 수 없다. 다만 『고려사』에 "홍윤이 왕명을 핑계 대며 여러 번

왕래하여도 그것이 거짓인 줄 알면서도 거절하지 않아 결국 임신하였다"라고 기록되어 있다. 이를 보아 두 사람이 처음에는 공민왕의 강압으로 어쩔 수 없이 동침을 하였지만, 나중에는 정을 통해 아이를 임신한 것을 알 수 있다.

한 가지 짚고 넘어가야 할 점은 영화 속의 연탑실리 왕비가 역사 속의 보탑실리 공주를 연상시킨다는 점이다. 영화의 배경이 되는 시점은 이미 보탑실리 공주가 죽은 시점이다. 익비를 연탑실리로 그린 허구적 표현은 자칫 잘못하면, 보탑실리공주(노국대장공주)의 역사상과 공민왕 시기의 역사사실들을 훼손할 수 있다.

영화는 검증이 필요한 『고려사』와 야사(野史)의 기록을 과감하게 재구성한다. 역사기록은 당대의 목적과 관점을 담을 수밖에 없다. 우리는 역사서를 이용할 때 내용과 함께 편찬 배경과 시점도 고려해야한다. 『고려사』는 15세기에 조선건국의 정당성을 확보하기 위해 만든 관찬사서이다. 『고려사』는 비교적 객관적 서술태도를 유지한 사서이지만, 고려왕조를 멸망시킨 조선왕조의 입장을 다수 담고 있다. 그 내용을 받아들일 때는 신중하게 검증해야 한다. 사료검증이 부족할 경우, 영화 속 이야기는 의도와는 다르게 관객에게 잘못된 역사상을 전달할 수 있다.

영화 속에서 왕의 마지막 모습은 매우 애잔하다. 하지만 『고려사』에 남겨진 공민왕의 결말은 매우 현실적이고 허무하다. 공민왕 사후 고려왕실은 재기의 기회를 잃는다. 공민왕이 개혁에 실패한 큰 이유는 원의 압력과 권문세족의 거센 반발이었다. 하지만 더 큰 이유는 공민왕 스스로 불우한 삶과 권력다툼에서 발생하였던 스트레스를 이기지 못한 탓은 아닐까!

영화 〈쌍화점〉은 큰 역사 속에 가려졌던 인간 공민왕의 모습과 개혁실패의 이면을 보여준다. 하지만 검증이 필요한 역사기록을 재구성하여 전달하기 때문에 역사왜곡의 소지도 있다. 영화는 제작자의 감성과 사상을 담아내는 매체이며, 허구가 허용되는 예술장르이다. 하지만 영화 제작자는 대중의 삶에 오리엔테이션을 주는 역사를 차용할 때는 좀 더 신중해야 한다.

4. 조선건국의 또 다른 주인공, 〈정도전〉

공민왕은 자신이 벌인 개혁정책들을 마무리 짓지 못했다. 그러나 역사를 전환할 수 있는 씨앗들을 남겼다. 바로 정도전·정몽주 등의 신진사대부와 최영·이성계 등의 신흥무인세력이다. 공민왕은 자신과 뜻이 맞고, 학식도 풍부한 새로운 인재가 필요했다. 공민왕의 눈에 띤 세력이 신진사대부였다. 신진사대부는 대부분 지방의 향리 출신으로서, 성리학을 익힌 학자였으며 지방의 중소지주였다. 신진사대부는 개혁의지와 학식이 풍부한 새로운 인재였다. 공민왕은 신진사대부를 대거 등용하였다.

최영과 이성계도 공민왕 때 자리를 잡았다. 공민왕은 권문세족을 척결하는 과정에서 기철·기원 등 기황후의 일족을 죽였다. 기황후는 일족이 공민왕에 의해 죽자, 복수를 노렸다. 기황후의 의중을 눈치 챈 권문세족 최유가 공민왕을 폐위시킬 계획을 세웠다. 최유는 원나라에 체류하고 있던 친원파로서 충정왕이 왕위에 오를 때 공을 세운 자였다. 최유는 공민왕을 폐위한 뒤에 덕흥군을 옹립하려고 했다. 덕흥군은 충선왕과 궁인 사이에서 태어난 왕자였다. 기황후가 원의 황제를 설득해 덕흥군을 고려국왕으로 책봉하자, 최유는 요양성의 군대를 빌려 고려를 공격하였다.

공민왕 13년(1364) 1월 1일 최유는 원나라 군사 1만을 이끌고 압록강을 건넜다. 공민왕은 최영을 도순위사에 임명하여 안주의 관군을 지휘하게 하였고, 이성계에게 정예 기마병 1천 명을 주어 최영을 돕게 했다. 최영과 이성계의 활약으로 최유는 원나라로 달아났다. 한족의 반란이 계속되는 상황에서 원 순제는 고려와의 충돌을 더 이상 원하지 않았다. 원 순제는 공민왕의 복위를 승인하고, 최유를 고려로 압송시켰다. 그리고 덕흥군은 영평부로 귀양 보냈다. 최영과 이성계는 최유의 군대를 막아내면서 중앙정계에 자리매김하였다.

공민왕이 죽은 후 공민왕의 아들이라고 알려진 모니노가 왕위에 올랐다. 고려 32대 임금인 우왕이다. 우왕 때 고려의 정세는 더욱 어지러워졌다. 권문세족의 토지겸병은 더욱 확대되어, 많은 백성이 토지를 잃고 길거리에 나앉았다. 당시 "권문세족의 토지는 산과 강으로 경계를 하였지만, 농민들은 송곳 하나 꽂을 땅이 없었다"고 한다.

또한 권문세족은 국제정세에 뒤떨어지는 외교를 하였다. 이미 원은 공민왕 17년(1368)에 명에 의해 중국 땅에서 쫓겨났다. 그럼에도 불구하고 권문세족들은 친원외교를 유지하였다. 권문세족의 눈에 국가와 백성은 보이지 않았다. 오직 자신들의 권력만 보였다. 비행기가 최고도에 이르면 바로 밑의 안개만 보이듯이, 권문세족도 눈 밑의 이익만 보였던 것이다. 권문세족의 외교는 고스란히 국가와 백성의 부담으로 이어졌다.

엎친 데 덮친 격으로 북쪽에서는 중국에서 도망쳐온 홍건적들이 노략질을 하였고, 남쪽 해안에서는 왜구들이 노략질을 하였다. 그런데도 국가와 권문세족은 백성들을 구해주지 않았다. 이런 상황에서 백성들은 자포자기(自暴自棄)하였고, 누군가가 자신들을 구해주기만 바랄 뿐이었다.

이때 백성들의 기대에 부응하는 사람들이 나타났다. 최영과 이성계였다. 최영과 이성계는 자신들의 병사를 이끌고 홍건적과 왜구를 무찔렀다. 최영과 이성계는 백성의 영웅이 되면서 민심을 얻었다. 민심을 등에 업은 두 사람은 권문세족의 대항마로 성장했다. 그리고 신진사대부와 결탁하여 이인임 · 염흥방 · 임견미 등의 권문세족을 몰아내고, 권력을 차지하였다.

하늘 아래 태양은 두 개일 수 없다. 더군다나 이성계와 최영의 출신 및 성격은 매우 달랐다. 최영은 보수군벌이었다. 고려의 귀족으로서, 우왕의 장인이었으며 친원파였다. 최영이 원과 연계된 계기는 장사성의 반란이었다. 원나라 말기 중국대륙에서는 한족의 반란이 거세었다. 이 중 북쪽의 주원장 세력과 남쪽의 장사성 세력이 가장 컸다. 공민왕 3년(1354) 원나라 조정은 장사성 세력을 진압하기 위해 고려에 원병을 요청하였다. 이때 최영이 정예병력

2,000명을 이끌고 장사성 세력을 진압하였다. 이때부터 최영과 원은 친밀한 관계를 유지하였다. 이렇듯 최영은 기존체제가 바뀌는 것을 원치 않는 보수 군벌이었다.

반면에 이성계는 신흥무장이었다. 중앙정계에 연줄이 거의 없는 영흥지방의 토호였으며, 친명파였다. 이성계는 홍건적을 토벌할 때, 명나라 군대와 연합작전을 펼친 적이 있다. 이때 이성계는 명나라의 국력을 확인하고, 명과 친밀한 관계를 유지하였다.

서로 다른 성격을 가진 사람들이 하나의 권력을 두고 대립하다보니, 결국 충돌이 일어났다. 요동정벌은 두 세력의 갈등이 표면화된 사건이었다. 우왕 13년(1387) 명나라는 본래 철령 이북지역이 원나라에 속했었다는 이유로, 철령 이북지역을 자국에 귀속시키고 철령위를 설치하였다. 고려는 철령 이북의 문천(文川)·고원(高原)·영흥(永興)·정평(定平)·함흥(咸興) 등의 여러 주와 북쪽의 공험진(公嶮鎭)까지 원래 고려의 영토라고 주장하며, 철령위 설치를 철회하도록 요구했다. 하지만 명나라는 고려의 요구를 받아들이지 않았다.

결국 고려는 우왕 14년(1389)에 최영 세력을 중심으로 요동을 정벌하려는 계획을 세운다. 이성계를 비롯한 많은 신하들이 요동정벌을 반대하였으나, 최영은 우왕을 동원하여 출병을 강행하였다. 1388년 음력 4월 18일 고려는 전국에서 좌우군 3만 8,830명, 수송대 1만 1,634명, 말 2만 1,682필을 동원해 요동정벌에 나섰다. 요동정벌군의 지휘관은 팔도도통사 최영, 우도도통사 이성계, 좌도도통사 조민수였다. 그러나 국내의 역모를 우려한 우왕이 최영은 출전하지 못하게 했다. 결국 최영은 서경(평양)에 남고, 이성계와 조민수만 출정하였다.

음력 4월 18일에 서경을 떠난 고려군은 음력 5월 7일에 압록강 하류의 위화도(威化島)에 도착했다. 하지만 압록강의 물이 불어나, 고려군은 진군을 중단하고 14일을 머물렀다. 그리고 이성계는 "① 작은 나라가 큰 나라를 거스르는 것은 옳지 않다(以小逆大). ② 여름철에 군사를 동원하는 것은 옳지 않다

(夏月發兵). ③온 나라의 병사를 동원해 원정하면, 왜적이 허술한 틈을 타서 침범할 염려가 있다(擧國遠征, 倭乘其虛). ④무덥고 비가 많이 오는 시기이므로 활의 아교가 풀어지고 병사들도 전염병에 시달릴 염려가 있다(時方暑雨, 弓弩膠解, 大軍疾疫)."는 4불가론(四不可論)을 내세워 철병(撤兵)을 요구하였다. 하지만 우왕과 최영은 철병을 허락하지 않았다. 급기야 이성계와 조민수는 정변(政變)을 모의하고, 음력 5월 22일에 회군을 결행하였다. 우왕과 최영은 급히 수도 개경으로 돌아가서 반격을 준비하였다. 이성계와 조민수가 이끄는 군대는 위화도를 떠난 지 9일 만에 개경 부근까지 진군했고, 2일 후에 개경을 함락했다. 그 후 최영은 고봉현(高峰縣, 현재 고양시)으로 유배되었다가 참형되었으며, 우왕도 폐위되었다.

위화도회군으로 이성계 일파는 정치적·군사적 실권을 차지하였다. 또 과전법 시행으로 남아있는 권문세족의 경제적 기반을 약화시키고, 공역자의 생계를 보장했다. 과전법은 공역자가 세금을 거둘 수 있는 사전(私田)을 재정비하는 작업이었다. 과전법은 전지(田地)만 지급했으며, 공역자에게 지정하는 사전은 경기도로 제한했다. 그리고 토지소유자(농민)가 수조권자(收租權者)에게 수확량의 50%를 내던 병작반수제(竝作半收制)를 금지하였다. 수조권자는 논은 현미 30말, 밭은 잡곡 30말을 최대한도로 정한 후, 수확량의 10분의 1만 받을 수 있었다. 아울러 수조권을 빙자해 농민의 농지를 빼앗지 못하도록 규정했다. 사전의 수조권자도 받은 세금에서 논은 1결당 백미(白米) 1말, 밭은 1결당 황두(黃豆) 2말씩을 다시 국가에 납부하였다. 이는 국가가 사전의 최종 수취권(收取權)을 가진 존재임을 확인시키는 조치였다.

과전법은 사전의 폐단을 근본적으로 해결하지는 못했으나, 국가의 재정을 확충하였으며 민생을 안정시켰다. 과전법을 시행하면서 이성계는 남은 권문세족의 기반을 약화시켰으며, 백성의 지지도 얻었다. 위화도회군을 통해 정치적·군사적 실권을 차지하고, 과전법 시행을 통해 백성의 지지를 얻은 이성계는 새로운 왕조를 열기로 결심하였다.

이성계가 왕이 되기로 결심하자, 하나로 뭉쳐 이성계를 돕던 신진사대부들이 분열하였다. 한 쪽에서는 이성계가 왕이 되는 것을 찬성하였으며, 다른 쪽에는 이성계가 왕이 되는 것을 반대하였다. 전자가 급진신진사대부로서 삼봉 정도전이 대표인물이며, 후자가 온건신진사대부로서 포은 정몽주가 대표인물이다. 이성계와 정도전은 정몽주를 비롯한 온건신진사대부들을 품으려고 하였다. 온건신진사대부의 능력과 힘이 필요했기 때문이다. 하지만 정몽주가 끝까지 반대하자, 급기야 이성계의 다섯 번째 아들 이방원이 정도전을 제거하였다. 정몽주가 죽으면서, 온건신진사대부는 세력을 잃고 뿔뿔이 흩어졌다.

이성계를 반대하던 온건파가 척결되자, 정도전을 비롯한 50명의 신하들은 도평의사사에 이성계를 왕으로 추대하였다. 최고 권력기관이었던 도평의사사에서 이성계를 왕으로 인준하면서, 이성계가 왕위에 올랐다. 이때가 1392년 7월 17일이었다. 이성계가 왕위에 오르는 과정은 이전과 달랐다. 무력사용을 최소화하여 평화적으로 정권을 교체한 점, 개혁을 통해 민심을 먼저 확보한 점, 도평의사사의 인준을 받아 합법화한 점 등이다. 이런 점만 보더라도 조선은 고려보다 한 단계 진일보한 나라였다.

우리는 일반적으로 '이성계가 조선을 건국했다'라고 말한다. 그러나 정도전을 비롯한 신진사대부가 '이성계를 왕으로 선택했다'고 말할 수도 있다. 조선의 건국 역사를 다룬 대표적인 사극들이 있다. 하나는 1990년대에 방영된 〈용의 눈물〉이고, 또 다른 하나는 2014년에 방영된 〈정도전〉이다. 둘 다 조선건국의 역사를 다루지만, 보는 관점은 상이하다. 〈용의 눈물〉은 큰 역사 속에서 왕(이성계. 이방원)의 관점으로 조선건국을 바라본다. 반면에 〈정도전〉은 작은 역사 속에서 신진사대부(정도전 등)의 관점으로 조선건국을 바라본다. 〈정도전〉의 내용을 살펴보자.

위화도회군으로 이성계가 권력의 핵심으로 부상하면서, 정도전의 야망도 급물살을 탄다. 고려 말 공양왕 때 조정에서는 정몽주 등의 온건세력과 정도전 등의 급진적 개혁세력이 대립한다. 이성계가 의도했든 의도하지 않았든, 이성계는 이미 급진적 개혁세력의 맹주가 되어 있다. 정몽주가 이방원에 의해 선지교(후일의 선죽교)에서 피살된 후, 정몽주를 추종하는 온건세력은 궤멸한다. 정몽주가 피살된 후 이성계를 추대하려는 움직임이 급물살을 탄다. 드디어 고려왕조는 역사 속에서 종말을 고하고, 새로운 조선왕조가 들어선다.

조선 개국 후 정도전은 눈부신 활약을 한다. 정도전은 천도를 진두지휘하고, 새로운 도성의 모든 도로와 시설을 설계한다. 특히 정도전은 도성을 구성하는 모든 시설에 유교적 의미를 담은 이름을 지어준다. 유교의 기본덕목인 '인(仁)·의(義)·예(禮)·지(智)·신(信)'을 의미하는 보신각(普信閣)과 사대문이 대표적인 예이다. 한성이 유교적 이상을 담은 곳이라는 것을 천명하려는 의도이다. 이외에도 정도전은 조선의 통치규범을 제시한 『조선경국전(朝鮮經國典)』, 재상중심의 중앙집권체제를 제시한 『경제문감(經濟文鑑)』, 성리학의 이념을 확립하기 위한 『불씨잡변(佛氏雜辨)』, 역사로서 조선건국의 정당성을 확보하기 위한 『고려국사(高麗國史)』, 국방강화와 북진정책을 위해 실전 전투기술을 정리한 『진법(陣法)』 등을 편찬한다. 이 책들은 훗날 조선의 통치이념과 통치조직의 기틀을 마련하는 데 큰 역할을 한다.

하지만 재상정치를 실현하려는 정도전과 왕권 중심의 국가를 만들려는 이방원은 반목한다. 정도전과 이방원의 갈등은 이상과 현실의 충돌이다. 정도전은 개국 후 태조의 두 번째 부인 신덕왕후 강씨의 소생인 방석을 세자로 책봉하려고 한다. 태조에게는 두 명의 부인이 있다. 첫째 부인이 신의왕후 한씨이고, 둘째 부인이 신덕왕후 강씨이다. 신의왕후 소생으로는 방우·방과(정종)·방의·방간·방원(태종)·방연 등이 있다. 이들은 아버지가 왕위에 오르는 데 큰 공을 세웠다. 그런데도 정도전은 신덕왕후의 소생 방석을 세자로 책봉하려고 하니, 이방원 등 신의왕후 소생들의 불만은 점차 커졌다. 더구나 사병혁파 문제로 정도전과 이방원의 갈등은 더 커진다. 결국 태조 7년(1398) 제

1차 왕자의 난이 발생하고, 정도전은 이방원이 이끄는 세력에 의해 처형당한다.

정도전은 민본이 실현되는 성리학적 이상세계를 만들기 위해, 이성계와 뜻을 모아 조선을 건국하였다. 정도전은 이상세계의 실현을 목전에 두었으나, 이방원에게 처형되면서 그의 꿈은 물거품이 되었다. 하지만 시간이 흘러 사림이 집권하고, 사림에 의해 정도전이 꿈꾸던 이상세계가 조선사회에서 어느 정도 구현되었다. 그러니 정도전의 이상은 허망한 것이라고 할 수 없다.

정도전은 조선건국의 또 다른 주역이며, 실질적인 설계자였다. 사극 〈정도전〉은 이상세계를 꿈꾸는 신진사대부 정도전의 관점에서 조선건국의 역사를 조명하였다. 그로인해 그동안 가려졌던 정도전을 역사의 무대 위로 불러 들였고, 시청자에게 새로운 역사적 관점과 해석을 제시하였다.

5. 위대한 '사람' 이순신, 〈명량〉

조선왕조는 중앙집권적 관료(양반)체제를 구축하여 국가를 운영했다. 15세기에 정립된 관료(양반)체제는 16세기에 해이해지더니, 임진왜란 이후 붕괴되었다. 임진왜란은 조선의 정치·경제·사회·문화를 변화시킨 큰 전쟁이었다. 임진왜란이란 선조 25년(1592)부터 선조 31년(1598)까지 2차에 걸쳐, 왜군이 조선을 침략한 전쟁이다. 임진왜란은 16세기 동아시아의 상황과 도요토미 히데요시[豊臣秀吉]의 야욕에 의해 발생한 동아시아 국제전쟁이었다.

16세기부터 명의 만주 경략(經略)은 점차 약화되었다. 이 기회를 틈타 여진족은 누르하치를 중심으로 힘을 키워나갔다. 그러나 명은 이러한 여진족의 움직임을 눈치 채지 못하였다. 비슷한 시기 일본에서는 도요토미 히데요시가 100여 년간 지속되었던 전국전쟁을 끝냈다. 도요토미가 전국전쟁을 끝낼 수 있었던 가장 큰 요인은 조총(鳥銃)이었다. 1543년부터 일본의 영주들은 포르투갈 상인들과 교역을 하였다. 일본 영주들은 포르투갈 상인으로부터 신무기인 조총을 받아들였다. 조총은 일본 전역에 확산되었고, 조총부대까지 출현하였다. 급기야 조총의 보유 여부가 전투의 승리 관건이 되었다. 도요토미는 조총부대를 앞세워 전국을 통일하였던 것이다.

도요토미는 전국을 통일한 후 무인정부를 세우지 않았다. 도요토미는 왕실을 받들고, 고대의 관직이었던 관백(關白)을 부활시켰다. 자신이 관백의 자리에 앉아, 경제적·군사적 실권을 장악하였다. 도요토미는 엄격한 신분제도 아래 병농분리(兵農分離)를 강화하였고, 자신의 무사들을 조총으로 무장시켜 군사력을 강화하였다. 또 도요토미는 서부의 상업도시를 장악해 무역권을 독점하였고, 천주교금령(天主敎禁令)을 발표해 교회령을 몰수한 뒤 포르투갈 무역의 본거지를 장악하였다. 국내를 장악한 도요토미는 조선을 비롯한 중국대륙에 욕심을 내었다. 국내 무사세력이 가진 불만을 해소하려는 의도였다. 바로 도요토미 히데요시의 야욕에 의해 발생하였던 전쟁이 두 차례의 왜란(임진왜란·정유재란)이었다.

왜군은 선조 25년(1592) 4월 13일에 약 15만 명의 병력과 조총을 앞세워 조선을 침략하였다. 고니시 유키나가[小西行長]의 제1군이 4월 14일 부산 앞바다에 상륙한 뒤, 후속부대가 계속 상륙하였다. 왜군이 부산 앞바다에 상륙하자, 동래부사(東萊府使) 송상현(宋象賢)과 군민(軍民)들은 동래성을 필사적으로 수호하였다. 칼과 활을 주로 사용하는 조선군은 조총으로 무장한 왜군을 막을 수가 없었다. 부산진과 동래성을 점령한 왜군은 세 갈래로 나누어 북상하였다. 고니시 유키나가의 제1군은 중로(中路. 부산-대구-조령-충주-용인-한양), 가토 기요마사[加藤淸正]의 제2군은 동로(東路. 울산-경주-죽령-원주-여주-한성), 구로다 나가마사[黑田長政]의 제3군은 서로(西路. 김해-성주-김천-추풍령-청주-한성)를 통해 북상하였다.

조선정부에서는 이일(李鎰)과 신립(申砬)을 보내 왜군을 저지하려고 했다. 그러나 이일이 상주에서, 신립이 충주에서 패배하면서 도성(都城)은 풍전등화(風前燈火) 속에 놓였다. 결국 조정은 도성을 버리고 평양으로 피난했다가, 나중에는 의주까지 옮겨갔다. 왜군은 한양을 점령한 뒤 북상을 계속하여, 평양과 함경도 지방까지 이르렀다. 왜군이 파죽지세로 북상하는 동안 조선의 관군은 연전연패를 거듭하였다.

전국에서 일어난 의병과 이순신이 지휘하는 수군은 전세역전의 기회를 만들었다. 이순신과 수군은 옥포·당포·한산도 등에서 잇따라 승리하여 제해권을 장악하였다. 이순신이 제해권을 장악하면서 왜군은 군량과 무기 보급이 어려워졌다. 내륙에서는 의병이 왜군의 연락망과 식량 보급을 끊는 싸움을 벌였다. 의병부대는 전직 관료·사족·승려 등이 주도하여 조직하였고, 농민들이 의병부대에 적극적으로 가담하였다. 대표적인 의병은 경기도의 우성전·홍계남, 경상도의 곽재우·정인홍·김면, 함경도의 정문부, 충청도의 조헌·박춘무, 전라도의 고경명·김천일 등이었다. 수군과 의병의 승전으로 조선은 수세에서 벗어나 반격을 시작할 수 있었다.

한편 조선의 파병요청을 수락한 명나라가 1592년 7월에 전쟁에 참여했다. 명나라는 만주에 있던 군대를 보내 평양성을 수복하였다. 평양성에서 패배한 왜군은 전국에 흩어져 있던 병력을 한양에 집결하여 항전(抗戰)하였다. 그러나 왜군은 군량 및 무기 보급에 어려움을 겪으면서 수세에 몰렸다. 전쟁은 소강상태에 빠지고, 명나라와 일본의 평화협상이 진행되었다.

그러나 명과 일본의 평화협상은 도요토미의 무리한 요구로 결렬되었다. 왜군은 기다렸다는 듯이 재침을 하였다. 바로 정유재란이다. 정유재란은 임진왜란보다 조선백성에게 더 큰 피해와 아픔을 안겨 주었다. 참혹한 피해의 시작은 칠천량해전의 참패였다.

칠천량해전의 참패는 예견된 결과였다. 조선정부는 정유재란 직전에 제해권을 장악하던 이순신을 수군통제사에서 끌어 내리는 오판을 했다. 한편 왜군은 심기일전하여 해전을 위한 철저한 준비를 했다. 도요토미는 1차 전쟁의 패배요인을 해전의 패배에서 찾았다. 이에 도요토미는 먼저 조선수군의 함대를 궤멸시키고, 그 다음 전라도와 충청도를 장악하려는 계획을 세웠다.

일본은 해전의 참패를 되풀이하지 않기 위해, 쓰시마와 간토지역 등에서 선박을 건조하면서 수군을 육성했다. 일본은 대형선박(아타케부네)을 대량 건조하면서, 야간기습과 포위를 위한 훈련도 철저히 했다. 한편 이순신과 원균의 불화를 감지하고, 통역관 요시라(要時羅)에게 거짓정보를 흘리게 해 이순신을 궁지로 몰았다. 이순신의 힘을 뺀 후, 조선의 수군과 맞서려는 전략이었다. 일본의 전략은 적중했다.

치밀하게 준비한 일본과는 달리, 조선의 준비는 미흡했다. 특히 이순신의 해임은 조선수군의 사기를 크게 꺾었다. 명과 일본의 평화협상이 진행되는 동안 선조의 마음은 편치 않았다. 백성의 마음이 자신에게서 돌아섰기 때문이다. 또한 선조는 도성을 버리고 피난 갔던 자신과 달리, 전투과정에서 백성의 신뢰를 얻은 장수와 의병장들이 마음에 들지 않았다. 이런 상황에서 1596년 7월에 발생한 이몽학의 난은 선조의 불안을 증폭시켰다. 더군다나 호남지역의 의병장 김덕령이 이몽학의 난에 연루되었다는 소문까지 떠돌면서, 의병장들에 대한 선조의 의심은 더욱 커졌다.

선조의 시기와 의심이 가득 찬 상황에서 이중첩자 요시라의 첩보가 들어왔다. 1597년 왜장 고니시 유키나가는 첩자 요시라를 경상좌병사 김응서에게 보내서 거짓정보를 흘렸다. 가토 키요마사(加藤淸正)가 어느 날 부산포를 거쳐 일본으로 간다는 정보였다. 김응서는 도원수 권율에게 보고했고, 권율은 조정에 다시 보고했다. 조정은 이순신에게 가토 기요마사를 공격하라는 명령을 내렸으나, 적의 간계(奸計)를 간파한 이순신은 움직이지 않았다. 결국 선조는 왕명을 거스른 죄를 물어, 이순신을 수군통제사에서 해임하였다.

이순신이 해임된 후 원균이 수군통제사로 임명되었다. 임진왜란이 발발하였을 때 원균은 경상우도의 수군을 책임지는 경상우수사였다. 개전 초기 원균은 왜군의 규모에 겁을 먹고, 아군의 배를 침몰시킨 후 무기를 바다에 버리는 어처구니없는 오판을 저질렀다. 당시 경상도의 수군이 전라도의 수군보다 규모가 컸다는 것을 생각하면, 원균이 판단은 비난받아 마땅했다. 그럼에도 불구하고 선조는 원균이 큰 공을 세웠다고 치켜세웠다. 이순신의 공적을 평가절하하기 위해 원균의 공적을 부풀렸던 것이다. 결과적으로 원균을 수군통제사로 임명한 것은 조선정부의 가장 큰 실수였다.

원균이 수군통제사로 부임하자, 이순신 휘하 장수들의 불만은 커졌다. 원균은 부하장수들을 제대로 장악하지 못했고, 모범이 되는 몸가짐을 보이지도 못했다. 상사들과의 관계도 원만하지 못해, 체찰사 이원익과 도원수 권율의 신임을 얻지 못했다. 게다가 원균은 수군을 지휘할 수 있는 실질적인 권한이 없었다. 선조가 육군과 수군의 군사통제권을 체찰사와 도원수에게 맡겼기 때문이다. 당시 원균은 이름뿐인 수군통제사였다.

수군통제사로 부임한 원균은 왜군의 형세와 조선수군의 실정을 알면서, 이순신이 섣불리 공격하지 않은 이유를 알게 되었다. 그런데 조정은 왜군의 주둔지인 안골포와 가덕도를 공격하라는 명령을 내린다. 원균은 조선수군의 전력으로는 이길 수 없다고 판단하여, 조정의 명령을 거부했다. 재차 체찰사와 도원수는 출정할 것을 종용하면서, 원균을 소환해 곤장을 때렸다. 자존심에 상처를 입은 원균은 울분에 차서 칠천량으로 진군하는 과오를 저질렀다.

당시 조선수군이 보유한 전선은 134척이었고, 병력은 13,200명이었다. 조선수군의 전력은 도저히 부산 앞 바다를 장악할 수는 전력이었다. 이마저도 영·호남의 공사노비와 제석산성에 있던 5,000여 명의 병력을 급작스럽게 합친 것이었기 때문에 전투능력도 떨어졌다. 조정의 명령은 실현 불가능한 명령이었다. 그런데도 치밀한 전략을 세우지 않은 채 울분에 차서 출정을 단행했으니, 패전은 당연한 결과였다.

원균이 이끄는 함대는 1597년 7월 14일에 부산 앞바다에서 일본함대와 처음 교전했다. 이때 일본함대는 전면전을 회피하며 도망쳤다. 원균 함대는 왜군 함대를 추격했다. 부산 앞 바다의 물마루를 지나 좁은 지점에 이르렀을 때, 원균의 함대는 풍랑을 만나 표류하였다. 원균의 함대는 물의 형세와 지형의 특징을 잘 몰랐던 것이다. 우여곡절 끝에 원균의 함대는 가덕도에 이르렀으나, 매복하였던 왜군에게 맥없이 도륙 당했다. 피로와 갈증에 지쳤던 조선수군은 갑작스런 적의 출몰에 많은 병력을 잃고, 영등포로 간신히 도망쳤다. 그러나 영등포에도 왜군이 매복하고 있었다. 원균은 허겁지겁 퇴각을 명령했다. 이튿날인 원균 함대는 칠천량으로 물러나 바다에 표류하였다. 이미 원균 함대의 이동경로를 파악한 왜군은 칠천량 주변을 에워쌌다. 칠천량의 비극이 시작되었다.

왜군은 조선의 판옥선에 대항하기 위해, 기습작전과 포위공격 전술을 세워 놓았다. 왜군은 훈련했던 전술에 따라 16일 새벽에 원균 함대를 기습적으로 포위했다. 반면 원균의 함대는 피로에 지쳐 경계를 서지 않는 실수를 했고, 왜군의 급습에 속수무책으로 당했다. 이미 조선군은 왜군의 육박전에 말려들었다. 왜군은 상대방의 배를 여러 척의 배로 둘러싼 후, 범주를 눕혀 사다리로 삼고 상대방의 배로 넘어가 육박전을 벌이는 데 능했다. 반면 조선의 수군은 사거리와 정확성이 우수한 함포와 활을 이용한 공격에 능했다. 따라서 전투의 결과는 불을 보듯 뻔했다. 새벽부터 시작된 전투는 오전 8시경 더욱 치열해졌다. 전세는 점차 조선수군에게 불리해졌고, 결국 조선의 수군은 대패하였다. 원균은 고성의 추원포까지 쫓기다가 육지에서 적병에 의해 죽었다. 『선조수정실록(宣祖修訂實錄)』에는 "원균이 혼자 끝까지 죽기를 각오하고 싸우다가 전사했다"고 기록되어 있다. 아마도 조정(朝廷) 입장에서는 선무일등공신(宣武一等功臣)에 녹훈(錄勳)된 원균의 최후를 역사에 부정적으로 남기고 싶지

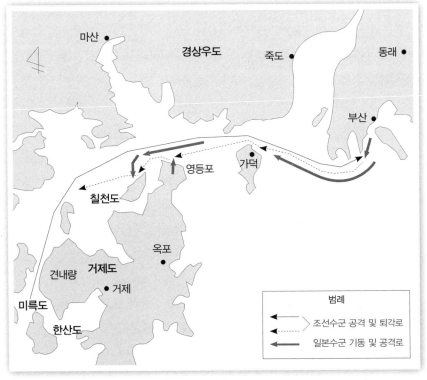

• 칠천량해전 상황도

않았을 것이다.

무패의 신화에 빛나던 조선수군이 제대로 힘 한번 써보지도 못하고 칠천량 앞바다에 수장되었다. 이순신과 함께했던 이억기·최호 등의 장수들과 전쟁 경험이 풍부한 군사들이 모두 죽었다. 원균의 처참한 패배와 수군의 궤멸 소식은 조정을 큰 충격에 빠뜨렸다. 칠천량해전의 참패는 엄청난 결과를 가져 왔다. 제해권을 상실한 조선수군은 왜군의 전라도 진격을 막지 못했다. 왜군 은 경상도와 전라도로 쉽게 진출하였고, 가혹한 약탈을 감행했다. 보급로가 생기면서 왜군의 침략은 용이해졌다. 전황은 조선에게 더욱 불리해졌으며, 일반 백성이 입은 피해는 임진왜란 때보다 더 컸다.

이순신은 절체절명의 위기에서 조선을 또 한 번 구하였다. 칠천량해전에서 패하자, 선조는 이순신을 다시 수군통제사로 임명하였다. 이순신은 선조의 명령이 결코 달갑지 않았다. 부족한 병력, 턱도 없이 모자란 선박과 물자, 사 기가 떨어져 공포에 시달리는 수군 등 모든 조건이 이순신에게 불리했다. 무 엇보다 이순신은 엄청난 정신적인 고통에 시달리고 있었다.

정유재란 직전 이순신은 원균의 모함과 선조의 의심으로 문초를 받고 백의 종군하였다. 그 와중에 모친상을 당하였다. 죄를 받는 중이어서 모친상도 제 대로 치루지 못했다. 당시의 슬픔과 울분은 『난중일기(亂中日記)』에 고스란히 드러난다.

> 일찍 아침을 먹고 어머님을 마중하려고 바닷가로 갔다 …… 조금 있다 가 종 순화가 배에서 와서 어머님의 부고를 전한다. 뛰쳐나가 궁그니 하 늘의 해조차 캄캄하다. 곧 해암(아산 해암리)으로 달려가니 배가 벌써 와 있 었다. 길에서 바라보는 가슴이 미어지는 슬픔이야 이루 다 어찌 적으랴.
> 『난중일기』 정유년(1597) 4월 13일

굵은비가 내렸다. 배를 끌어 중방포에 옮겨 대놓고, 영구를 상여에 신고 집으로 돌아왔다. 마을을 바라보며 찢어지는 아픔이야 어떻게 다 말하랴. 집에 이르러 빈소를 차렸다. 비가 억수같이 쏟아지고 나는 맥이 다 빠진데다가 남쪽으로 내려갈 길이 다급하니, 부르짖으며 울었다. 다만 빨리 죽기를 기다릴 따름이다.

『난중일기』 정유년(1597) 4월 16일

얼마 지나지 않아 칠천량에서 조선수군이 수장되었다는 소식을 접한다. 그런데 고작 12척의 배로 수군을 재건하라는 명령을 받는다. 이순신은 수군통제사로 재임명되었을 때 통곡을 금치 못하였다고 한다. 이순신이 금치 못한 통곡의 의미는 무엇이었을까? 무고한 부하들을 희생시킨 조정을 향한 원망과 더불어, 책임을 자신에게 전가하는 조정을 향한 울분이었을 것이다.

새벽에 이덕필과 변홍달이 와서 전하길 "16일 새벽에 수군이 대패했습니다. 통제사 원균과 전라우수사 이억기와 충청수사 최호와 뭇 장수들이 다수 살해당했습니다"고 하였다. 통곡을 이기지 못했다. 잠시 있으니 도원수가 와서 이르길 "사태가 이에 다다랐으니, 어찌할 수가 없소이다"라 하였는데, 대화가 사시(巳時)에 이르러도 대책을 정할 수가 없다. 내가 아뢰어 내가 해안으로 가서 보고 듣고서 정하겠다고 하니 도원수가 기뻐하였다.

『난중일기』 정유년(1597) 7월 18일

이순신이 공을 세울수록 이순신을 시기하는 선조의 마음은 커졌다. 이 때문에 이순신은 많은 중압감을 느꼈다. 훗날 제기된 이순신 자살설이 당시의 상황을 알려준다. 숙종 때 이민서(李敏敍)는 『서하집(西河集)』에서 "이순신이 일부러 죽을 장소를 노량으로 정하고 갑옷을 벗고 적의 총탄에 맞아 죽었다"며 자살설을 제기하였다. 이민서는 "의병장 김덕령이 억울하게 감옥에 갇힌 이후 곽재우 등의 의병장도 은둔할 곳을 찾아야 했으니, 이순신도 자신의 운명을 알고 미리 죽음을 맞이했다"고 말하였다. 숙종 때의 이여(李畬)와 영조 때의 이이명(李頤命)도 "이순신이 점차 자신의 공로가 커지는 것을 두려워해 죽음을 선택했다"고 말하였다. 이순신이 정말 자살했는지는 알 수 없다. 다만 당시 이순신의 상황이 어떠했는지 대략 짐작만 할뿐이다.

이순신은 수군통제사에 재임된 후 큰 중압감으로 신경이 과민해져 있었으며, 식사부족 등으로 변비가 생겨 큰 고생을 했다. 이순신은 모든 악조건을 극복하고 명량해전에서 승리했다. 명량해전은 이순신이 명량해협에서 12척의 배로 왜군 120여 척의 배를 섬멸한 전투이다. 명량해전은 조선군이 전세를 역전할 수 있는 교두보를 마련했다. 이순신의 영웅적인 활약상이 농축된 전투이다. 이순신이 모든 악조건을 극복하고, 명량해전에서 승리할 수 있었던 원동력은 무엇일까?

이순신의 대단한 업적과 드라마틱한 죽음 때문에 우리는 영웅 이순신만 바라보았지, 인간 이순신을 바라보지 않았다. 명량해전을 배경으로 인간 이순신의 고뇌를 잘 표현한 영화가 〈명량〉이다. 〈명량〉은 2014년에 김한민 감독이 만든 영화이다. 역대 최대인 1,760만 525명의 관객을 동원한 킬러콘텐츠이다. 일각에서는 화려한 해상전투 장면을 강조한 나머지, 전체적인 스토리 라인이 약하다는 비평을 한다. 하지만 〈명량〉은 절제된 스토리와 대사를 통해 인간 이순신의 고뇌를 명확히 전달한다.

명량해전 직전 이순신의 몸과 마음은 지칠 대로 지쳐 있었다. 이순신은 충성을 다 바쳤으나, 자신에게 돌아온 것은 문초와 백의종군이었다. 그로인해 모친상도 제대로 치르지 못했다. 게다가 이순신은 조정의 잘못된 판단으로 자신의 함대와 동료를 잃었다. 당시 이순신의 고뇌와 슬픔은 가히 짐작할 수 없다. 그럼에도 불구하고 이순신이 싸운 이유는 무엇일까? 영화 〈명량〉은 이순신이 싸우는 이유를 '백성'이라고 말한다. 이순신과 아들 이회가 주고받는 대화 속에서 이순신의 마음이 잘 드러난다.

이회 : 아버님은 왜 싸우시는 겁니까?

이순신 : 의리다.

이회 : 저토록 모렴치한 임금한테 말입니까?

이순신 : 무릇 장수된 자의 의리는 충을 좇아야 하고 충은 백성을 향
　　　　해야 한다.

이회 : 임금이 아니고 말입니까?

이순신 : 백성이 있어야 나라가 있고 나라가 있어야 임금이 있는 법이
　　　　지.

　이순신은 백성에게 충성해야 한다고 말한다. 기존의 충(忠)이 임금을 향한 것이었다면, 이순신의 충은 백성을 향한 것이다. 이순신은 백성을 향한 충을 의리(義理)로 정의한다. 의리의 사전적 정의는 "사람으로서 마땅히 지켜야 할 도리"이다. 이순신은 사람으로서 마땅히 지켜야 할 도리이기 때문에 싸우는 것이다. 영화는 이순신이 백성을 위해 싸웠다는 것을 증명하기 위해 백성들이 이순신의 의리에 보답하는 장면을 보여준다.

　영화 속의 탐망꾼 임준영과 아내의 가슴 아픈 사연은 이순신과 백성의 의리관계를 표현한다. 일본진영을 염탐하던 탐망꾼 임준영은 왜군의 포로가 되어 왜선에 갇힌다. 임준형이 갇힌 왜선은 이순신의 대장선을 침몰시키기 위한 화약선이다. 임준영은 자신이 타고 있는 화약선을 이순신에게 보내지 않으려고 희생을 감수한다. 임준영은 아내에게 자신이 탄 배가 화약선이라는 것을 조선수군에게 어떻게든 알리라고 신호를 보낸다. 임준영의 아내는 남편의 뜻을 알아채고 치맛자락을 흔들며 이순신과 병사들에게 위험신호를 보낸다. 구경하던 다른 백성들도 대장선의 위험을 알리려고 고함을 지르며 옷을 흔든다. 백성들의 신호를 알아 챈 안위(安衛)가 포탄을 쏘아, 임준영이 타고 있는 화약선을 폭파하는데 성공한다.

　대장선을 구하기 위해 화약선을 폭파하면 남편이 죽는 것을 알지만, 누구보다 남편의 마음을 잘 아는 아내는 눈물을 머금고 치맛자락을 흔든다. 임준

영이 자신의 목숨과, 임준영의 아내가 남편의 목숨과 맞바꾼 것은 이순신의 목숨이다. 이렇듯 백성들은 자신의 목숨을 바쳐 이순신과의 의리를 지킨다.

이순신과 백성들의 의리는 침몰하는 대장선을 구조하는 장면에서 극대화된다. 이순신의 대장선이 울돌목 회오리에 빠져 침몰하자, 백성들은 어선과 대장선을 밧줄로 연결하여 대장선을 끌어낸다. 백성이 이순신을 구하는 장면은 백성이 이순신에게 일방적으로 구원받는 대상이 아니라, 수평적 관계에서 서로 도움을 주는 존재라는 것을 의미한다.

영화 〈명량〉은 고뇌가 절정에 이른 상태에서 불굴의 의지로 승리를 이끄는 인간 이순신의 모습을 보여준다. 그리고 이순신이 백성을 향해 가지고 있던 의리, 백성이 이순신에게 보이려고 했던 의리가 서로 연대하지 않았다면 승리할 수 없었다는 점도 강조한다.

한편 〈명량〉은 역사 왜곡과 해석의 경계에 서있는 영화이다. 이순신과 명량해전은 국난극복사(國難克服史)에서 자주 언급되는 대표적인 인물과 사건이다. 영화의 내용이 역사사실과 다르다면, 관객은 민감하게 반응할 수밖에 없다.

일부 관객은 영화 속에서 대장선 홀로 싸우는 전투장면을 보고, 이순신을 영웅시하기 위한 과도한 극적 설정이라고 말한다. 하지만 영화 속 전투장면은 이순신이 쓴 『난중일기』의 내용을 그대로 반영한다.

적선 133척이 우리의 배를 에워쌌다. 지휘선이 홀로 적선 속으로 들어가 포탄과 화살을 비바람같이 쏘아 대지만 여러 배들은 바라만 보고서 진군하지 않아 일을 장차 헤아릴 수 없었다. 배 위에 있는 군사들이 서로 돌아보며 놀라 얼굴빛이 질려 있었다. 나는 부드럽게 타이르며, "적이 비록 1,000척이라도 감히 우리 배에는 곧바로 덤벼들지 못할 것이니, 조금도 동요하지 말고 힘을 다해 적을 쏘아라"고 말했다. 그리고서 여러 배들을 돌아다보니, 한 마장(馬場) 쯤 물러나 있었고, 우수사 김억추(金億秋)가 탄 배는 멀리 떨어져 있어 묘연했다. …… (중략) ……

내가 뱃전에 서서 직접 안위를 불러 말하기를, "네가 억지 부리다 군법에 죽고 싶으냐?"고 했고, 다시 불러 "안위야, 군법에 죽고 싶으냐? 물러나 도망가면 살 것 같으냐?"고 했다. 이에 안위가 황급히 적과 교전하는 사이를 곧장 들어가니, 적장의 배와 다른 두 척의 적선이 안위의 배에 개미처럼 달라붙었고, 안위의 격군 7~8명은 물에 뛰어들어 헤엄치니 거의 구할 수 없었다.

나는 배를 돌려 곧장 안위의 배가 있는 곳으로 들어갔다. 안위의 배 위에 있는 군사들은 죽기를 각오한 채 마구 쏘아 대고 내가 탄 배의 군관들도 빗발치듯 어지러이 쏘아 대어 적선 2척을 남김없이 모조리 섬멸했다. 하늘이 아주 크게 도와준 것이다. 우리를 에워쌌던 적선 30척도 부서지니 모든 적들이 저항하지 못하고 다시는 침범해 오지 못했다.

『난중일기』정유년(1597) 9월 16일

이순신은 『난중일기』에 대장선이 홀로 몇 시간을 버틴 후에야 다른 배들이 전투에 참여하여 승리하는 모습을 기록한다. 영화는 『난중일기』의 기록을 바탕으로 두려움에 빠진 병사들을 이끌고 전투를 이끌어가야 하는 이순신의 고군분투를 담았다. 따라서 영화 속의 전투장면은 과하지 않은 설정이다.

정작 역사왜곡의 논란에 휩싸인 장면은 경상우수사 배설(裵楔)을 묘사한 장면이다. 영화 속 배설은 이순신을 암살하려고 하고, 거북선을 불태운다. 그리고 혼자 살겠다고 도망치다가 안위의 화살에 맞아 죽는다. 배설의 후손(경주 배씨 비상대책위원회)들은 명량 관계자들(제작자 겸 감독 김한민, 각본가 전철홍, 소설가 김호경 등)을 '허위사실 적시에 의한 사자 명예훼손 혐의'로 고소하였다. 고소 이유는 영화가 "배설을 사실과 다르게 묘사하여, 경주 배씨 문중과 조상의 명예를 훼손했다"는 것이다. 역사 속의 배설은 거북선을 불태우거나, 안위가 쏜 화살에 죽지 않았다. 다만 배설은 명량해전 직전에 병을 핑계로 참전하지 않았으며, 훗날 혼자 도망친 것이 발각되어 권율에게 참수되었다.

영화 속 배설의 묘사는 역사왜곡인가? 정당한 역사해석인가? 역사는 과거의 사실을 조사하여 기록하는 것이다. 역사탐구의 목적은 과거의 사실을 모사하는 것이 아니라, 수많은 과거사실을 다양한 관점으로 해석하여 역사의 진실에 가까워지는 것이다. 그렇다면 배설과 관련한 역사의 진실은 무엇일까? 다음 기록들을 살펴보자.

배설은 적이 많이 올 것을 근심하고 도망가려고 하였다. …… 그 속뜻은 알고 있었지만 아직 분명하게 드러나지 않았고, 먼저 발설하는 것은 장수로서 취할 계책이 아니므로, 그런 생각을 숨기고 있을 때 배설이 소지를 올렸는데 병세가 위중하여 조리를 하겠다고 하였다. 육지로 올라가서 조리하도록 결재해서 보냈더니, 배설은 우수영에서 육지로 올라갔다.

『난중일기』정유년(1597) 8월 30일

배설이 도망쳤다.

『난중일기』정유년(1597) 8월 30일

전 수사 배설이 복주되었는데, 그 아비 배덕룡과 아들 배상충 등은 모두 방송하였다. 배설은 지난 정유년 7월 한산의 전투에서 패전한 수범이었으나 외지에 망명해 있었으므로 조정이 찾아내지 못했었는데, 이번에 도원수 권율이 선산에서 잡아 차꼬를 채워 서울로 보냈으므로 참수하였다.

『선조실록』권110, 선조 32년 3월 6일(을유)

배설은 목숨을 건지기 위해 나라를 저버린 역적으로서 혈기가 있는 사람이라면 분노하며 미워하지 않는 이가 없었고 그가 방형을 받을 적에는 여정이 모두 통쾌하게 여겼습니다. …… 배설은 임금을 저버리고 도주한 역적이다. 준겸이 만일 자기 임금의 아들을 무시하고 자기 임금의 역적을 장사지냈다면 인신의 대의가 모조리 없어진 것이다.

『선조실록』권122, 선조 33년 2월 20일(갑오)

배설의 후손들은 배설이 이순신을 암살하려고 하지 않았다는 점, 거북선을 불태우지 않았다는 점, 안위의 화살에 맞아 죽지 않았다는 점 등을 들어 영화 속 내용이 역사왜곡이라고 주장한다. 영화는 픽션(허구)을 역사기록보다 폭넓게 허용하는 문화콘텐츠이다. 단 영화 속 픽션이 진실의 범위를 넘어서는 안 된다.

위의 기록들을 보면 배설은 자신의 목숨을 보전하고자 국가와 백성을 져버린 배신자이다. 작가는 배설의 부정적 모습을 스토리 인과관계 속에서 녹여냈다. 명량해전 직전까지 존재하였던 거북선을 배설이 불태웠다거나, 배설이 이순신을 암살했다라고 표현했다면, 분명한 역사왜곡이다. 하지만 거북선은 칠천량해전에서 모두 침몰했다. 실재(實在) 역사에서는 명량해전 직전에 불태울 거북선이 없었다. 또 배설이 '이순신을 시도했다'는 설정을 역사왜곡이라고 보기는 힘들다. 배설의 부정적 모습을 녹여내기 위한 작가해석 및 허구의 허용범위로 볼 수 있기 때문이다.

아담 샤프(Adam Schaff)는 그의 책 『역사와 진실』에서 "사실이지만 중요한 결과를 초래한 것은 역사적 진실, 그렇지 못한 것은 역사적 진실이라는 이름을 붙일 수 없다"고 말했다. 배설이 이순신을 암살했다면 명량해전에 중요한 결과를 초래했겠지만, 암살을 시도한 것은 명량대첩에 큰 영향을 미치지 않는다. 영화 속 배설의 모습은 픽션 상황 속에서 작가의 관점과 해석을 반영한 것이다.

사극 등의 역사문화콘텐츠는 사실과 허구의 이분법적 사고로 바라보아서는 안 된다. 문화콘텐츠는 사실의 역사가 아니다. 역사문화콘텐츠에서 중요한 것은 특정 역사를 향한 작가와 제작자의 역사의식이며, 그들이 전달하고자 하는 진실(메시지)을 파악하는 것이다. 배설과 관련된 논란 이외에 탐망꾼 임준영의 생존 유무, 명량해전 당시 백병전과 충파의 사실 유무 등도 명량해전과 이순신이 가지는 역사적 진실에 큰 영향을 미치지 않는다. 따라서 이 부분도 작가의 역사해석으로 보아도 무방할 것 같다.

영화 〈명량〉은 역사 왜곡과 해석의 경계지점에서 인간 이순신을 바라본다. 또 관객이 기존에 볼 수 없었던 인간 이순신의 모습과 명량해전의 역사적 의미를 보여준다. 그로인해 관객이 과거를 통해 현재를 성찰할 수 있는 계기를 만든다.

6. 정치는 무엇을, 누구를 향해야 하나, 〈광해 왕이 된 남자〉

조선수군이 명량해전에서 승리하면서 전쟁은 교착상태에 빠졌다. 얼마 뒤 도요토미 히데요시가 병사하고, 급기야 왜군은 철수하기에 이르렀다. 이순신은 철수하는 왜군을 섬멸하는 과정에서 왜군의 유탄에 맞아 전사하였다. 이순신이 전사한 마지막 전투가 노량해전(露梁海戰)이다. 노량해전을 끝으로 도요토미 히데요시의 탐욕에서 비롯된 7년간의 전쟁이 끝났다.

임진왜란은 조선의 국가기능을 마비시켰다. 인구는 전란 전에 비해 2/3가 감소하였으며, 경작지는 150만결에서 40만결로 줄었다. 전쟁 중 많은 농민이 포로와 노예로 잡혀갔고, 노비문서의 소실과 양반의 권위 추락으로 양반 중심의 신분제는 동요하였다. 또 사고(史庫) · 경복궁 · 불국사 등의 많은 문화재가 소실되었다. 반면에 일본은 조선에서 약탈해간 활자 · 서적 · 도자기 · 그림 등의 문화재와 학자 · 도공 등을 통해 문화를 발전시켰다. 특히 이때 전해진 조선의 성리학은 일본의 사상과 문화의 발전에 큰 영향을 주었다. 임진왜란은 동아시아 질서를 재정립하는 계기가 되었다. 명나라는 전쟁을 치르면서 국력이 쇠락했다. 명나라의 국력 쇠락은 만주의 여진족이 성장하는 계기가 되었다.

선조는 1598년에 승하한다. 임진왜란이 끝난 지 10년 되는 해이다. 선조는 중종의 서자인 덕흥군의 셋째 아들로서, 최초의 방계 출신 임금이었다. 선조는 정통성이 취약했기 때문에 후계는 적장자 원칙을 고수했다. 하지만 왕비였던 의인왕후와의 사이에서 자식을 얻지 못했다. 대신에 공빈 김씨에게서 임해군과 광해군을, 인빈 김씨에게서 의안군 · 신성군 · 정원군 · 의창군을 얻었다. 선조는 많은 왕자가 있었지만, 모두 적장자가 아니라는 이유로 후계를 정하지 않았다. 하지만 전쟁 발발 후 분조(分朝)하면서 어쩔 수 없이 광해군을 세자로 정했다. 전쟁 종료 후 의인왕후가 죽었고, 선조는 새로운 왕비를 맞이하였다. 인목왕후였다. 인목왕후에게서 고대하던 적장자인 영창대군이 탄생했다. 선조는 말년에 세자인 광해군과 적장자인 영창대군 사이에게 후계를 고민하였다. 선조의 고민은 각 세력 간의 정치적 갈등을 일으켰다. 결국 광해군이 대북파의 힘을 얻어 왕위에 올랐다.

광해군은 영창대군에 비해 정통성이 약했기 때문에 왕권강화라는 큰 과제를 안았다. 조선의 정치적·사회적 혼란 속에 국제환경은 급박하게 돌아갔다. 중국대륙에서 명이 쇠락하면서, 후금이 성장하였다. 그리고 후금은 조선을 압박하였다. 광해군은 전후처리, 왕권강화, 새로운 국제환경 적응이라는 큰 과제를 해결해야 했다.

광해군은 토지조사사업·호적조사사업, 경기도 대동법 등을 시행하여 국가재정을 확보하였으며, 성곽과 무기의 수리·군사훈련 강화를 통해 국방력을 강화하였다. 또한 전후 질병과 인명의 손실을 방지하기 위해 큰 힘을 기울였다. 허준의 『동의보감(東醫寶鑑)』이 광해군의 지원 속에 탄생한 것이다.

한편 광해군은 명과 후금 사이에서 중립외교를 하며 새로운 국제환경에 적응했다. 강홍립의 투항사건은 광해군 중립외교의 대표적 사건이다. 여진족을 통합한 누르하치는 1616년에 국호를 후금(後金)으로 정하고, 1618년에 요동지방에서 명나라와 충돌하였다. 명나라는 조선에 지원병을 강요하였고, 조선은 불가피하게 일만여 명의 지원병을 파견하였다. 다행히 조선의 지휘관이었던 강홍립이 전세가 불리해지자, 후금에게 투항하여 조선과 후금 사이에는 별 문제가 발생하지 않았다. 강홍립의 투항은 '현지에서 형세를 보아 향배(向背)를 정하라'는 광해군의 밀명으로 이루어진 것이다. 이후에도 명나라의 지원군 요청이 계속되었지만, 광해군은 적절히 거절하면서 후금과 친선을 꾀하였다.

광해군의 전후처리사업과 중립외교는 강력한 왕권이 뒷받침되어야 가능했다. 하지만 광해군은 정통성이 취약한 임금이었으며, 광해군을 뒷받침하는 대북파는 서인과 남인에 비해 미약했다. 결국 광해군과 대북파는 왕권강화를 위해 인목대비 폐위, 영창대군 살해(계축옥사), 이황·이언적의 문묘제사 삭제 등의 급진적이며 무리한 정책을 추진하였다. 광해군과 대북파의 무리한 정책은 성리학적 명분론을 강조하는 서인과 남인의 반발을 불러일으켰다. 결국 서인의 주도 아래 1623년 인조반정(仁祖反正)이 일어났고, 광해군은 강제로 퇴위 당하였다.

인조반정은 서인과 남인이 광해군의 폐륜을 징벌하고, 명과의 의리를 지키기 위해 일으킨 사건이다. 반정(反正)이란 '성리학적 명분론에 입각해 잘못된 것을 되돌려 바로 잡는 것'을 뜻한다. 인조반정은 정말 반정일까? 인조반정을 대하는 명의 반응, 백성들의 생각, 반정 이후 공신들의 행보 등을 살펴보자.

반정세력은 정권을 장악한 후, 우선 명에게 책봉을 받으려고 했다. 그런데 전혀 예상치 못한 일이 발생하였다. 숭명반청(崇明反淸)의 기치를 내걸고 출범한 인조정권을 명나라가 부정한 것이다. 『명실록(明實錄)』에 "조선 국왕 이혼(광해군)이 그의 조카 종(인조)에게 찬탈 당하였다"라고 기록되어 있다. 명나라 조정은 인조정권의 행위를 찬탈로 규정하고, 오히려 인조와 반정세력을 토벌하려고 했다.

명은 왜 광해군을 옹호하고, 인조를 부정했을까? 명나라 조정은 광해군을 신뢰하였다. 비록 중립외교의 일환이었으나, 1616년 명이 후금과 충돌할 때 광해군이 지원군을 보냈기 때문이다. 명나라 조정은 광해군을 쫓아낸 인조의 충성을 의심하였다. 또한 명나라 조정은 인조가 후금과 결탁하여 명나라를 공격할 것으로 생각했다. 인조와 반정세력은 광해군의 배반을 강조하고 충성을 서약한 후에야, 명으로부터 책봉을 받을 수 있었다. 인조반정 22개월 만이었다.

인조정권은 백성들에게도 외면당했다. 인조 즉위 후 백성들 사이에 유행한

상시가(傷時歌)가 유행하였다. '시절을 아파하는 노래'라는 뜻이다.

아, 너희 훈신들아 스스로 뽐내지 말라. 그의 집에 살면서 그의 전토를 점유하고 그의 말을 타며 그의 일을 행한다면 너희들과 그 사람이 다를 게 뭐가 있나.

『인조실록(仁祖實錄)』 권9, 인조3년 6월 19일

백성들은 권력의 주인만 바뀌었을 뿐, 광해군 대와 달라진 점이 없다고 생각했다. 반정세력의 부정부패는 대북파와 별반 다르지 않았기 때문이다. 한편 반정 2등 공신이었던 이괄이 논공행상(論功行賞)에 불만을 품고 난을 일으켰다. 이괄의 난은 백성들로부터 상당한 지지를 받았다. 이괄의 난 이후에도 이인기의 역모, 유효립의 역모, 이충겸의 난, 심기원의 역모 등의 역모사건이 꼬리에 꼬리를 문다. 특히 심기원은 반정 1등 공신이었다. 반정공신들의 부정부패와 역모는 인조반정의 진정성을 의심케 한다.

인조와 반정세력은 광해군의 실정을 크게 부각시켰다. 광해군이 추진했던 대부분의 정책은 무산되었다. 인조와 반정세력은 광해군의 중립외교를 치명적인 결함으로 여겼다. 인조정권은 명의 재조지은(再造之恩)을 강조하면서, 친명배금(親明排金) 외교정책을 추진하였다. 명분론에 집착한 나머지 국제역학관계를 무시한 인조정권의 정세판단은 엄청난 결과를 가져왔다. 바로 정묘호란과 병자호란이다. 두 전쟁은 조선의 역사 흐름을 변화시켰으며, 백성들에게 큰 고통을 안겨주었다.

광해군 정권은 정치권을 조정하지 못하고, 내정에 실패하였다. 하지만 인조정권 역시 광해군정권의 한계를 넘지 못했다. 광해군정권의 부정과 비리를 성토했지만, 인조정권도 똑같은 잘못을 저질렀다. 또 인조정권은 광해군의 중립외교를 비난했지만, 자신들은 명분론에 집착하였다. 인조정권의 정치적 판단은 조선의 성리학적 명분론을 강화시키고, 조선 후기 사회의 모습을 크게 바꿨다. 하지만 전쟁이라는 참담한 결과를 가져왔다. 당대 위정자들은 최선의 판단과 결정이라고 항변할 수 있다. 하지만 성리학이 가진 본질은 민본(民本)이었다. 조선은 민본을 내세워 건국한 나라였다. 그렇다면 인조 대 위정자들은 성리학적 명분론보다, 성리학의 본질인 민본을 먼저 생각했어야 했다.

현대의 정치도 다르지 않다. 위정자가 국민을 위해야 국민도 위정자에게 의리를 지킨다. 이런 모습은 역사에서 쉽게 찾을 수 있다. 대몽항쟁·임진왜란·일제강점기 등의 국난(國難)에서 백성은 나라를 위해 분연히 일어났지만, 조선건국·강제 한일합방 시에는 백성은 움직이지 않았다. 역사 속의 모습은 지금의 우리에게 '올바른 정치는 무엇을, 누구를 향해야 하는가?'라는 화두를 던진다.

2012년 추창민 감독이 만든 영화 〈광해 왕이 된 남자〉는 '올바른 정치는 무엇인가?'란 화두에 답을 한다. 〈광해 왕이 된 남자〉는 광해군과 닮은꼴 하선을 통해 광해군 대의 정치상황을 새롭게 조명한다. 영화 속 배경은 왕위를 둘러싼 권력다툼으로 혼란이 극에 달하던 광해군 8년(1616)이다. 광해군은 정치적 혼란 속에서 생명에 위협을 느끼고, 도승지 허균에게 자신과 닮은 인물을 찾아오라는 명령을 내린다. 허균은 기방에서 왕을 조롱하는 역할을 하는 만담꾼 하선을 데려온다. 그날부터 하선은 밤마다 광해군이 떠난 침전을 지킨다. 어느 날 암살 음모로 광해군이 쓰러지자, 하선은 허균의 도움을 받아 본격적으로 왕의 역할을 한다. 하선은 부조리한 세상에서 고통 받는 백성을 위해 대동법을 실시하고 실리외교를 펼친다.

〈광해 왕이 된 남자〉는 광해군을 재조명하는 학계의 최근 연구 성과를 반영하여, 폭군으로 낙인찍힌 광해군을 재발견하였다. 영화는 왕의 유고(有故)로 얼떨결에 잠깐 왕 노릇을 하는 만담꾼 하선을 통해 국가적 위기상황에서 고뇌했던 광해군을 재해석한다. 또 영화는 하선을 통해 군주라면 시대와 명분에서 벗어나, 오직 백성을 위해야 한다는 시대적 요구를 전달한다.

하선은 명에 바치는 조공 물목을 줄줄이 읽으며, 명나라의 무리한 요구도 다 받아들여야 한다고 주장하는 관료들에게 "뭔 물건을 이렇게 많이 갖다 바치며, 명나라와 후금의 전쟁에 동원되는 조선병사들의 피는 어떻게 되느냐"고 묻는다. 이 장면은 광해군의 사고와 고뇌를 함축적으로 보여준다. 또 군주의 판단과 결정은 오로지 백성을 향해야 한다는 메시지를 전달한다.

호판 : 명 황실 앞으로 은자 4만 5천 냥, 대소 합하여 70사, 공품으로 흑칠목통 외 13개 품목을 준비하였습니다.

예판 : 사신에게는 금 한관을 선물하고……
서체가 훌륭한 문필가로 금장을 입혀 예의를 보이는 게 어떨까 합니다.

병판 : 그것 좋은 생각이십니다.

하선 : 경의 뜻대로 하시오.

호판 : 군사는 기마 오백 두에 궁수 삼천, 기병 천을 더하여 이만을 파병토록 하겠사옵니다.

영의정 : 허나, 병사 이만을 척출 한다면 북방의 경계가 ……

병판 : 대감! 이 나라가 있는 것이 누구의 덕입니까. 명이 있어야 조선이 있는 법.
오랑캐와 싸우다 짓밟히는 한이 있더라도 사대의 예를 다하는 것이 황제의 은혜에 보답하는 길이 아니겠습니까. 전하 윤허하여 주시옵소서.

하선 : 적당히들 하시오. 적당히! 도대체 이 나라가 누구의 나라요.
명 황제가 그리 좋으시면…… 나라를 통째로 갖다 바치시든가.
부끄러운 줄 아시오!
좋소. 경들의 뜻대로 명에 이만의 군사를 파병할 것이오.
허나 나는 금에 서신을 보낼 것이오. 홍문관은 적으라.
명에 군사를 파병하였으나 금과는 싸움을 원치 않는다.
부디 우리 병사들을 무사히 돌려 보내주시길 바란다.

영의정 : 전하. 사대의 명분을 버리고 오랑캐에게 손을 내밀다니요.
　　　　 이는 명을 속이고 원수와 화친을 맺자는 것이옵니다. 부디
　　　　 명을 거두소서.
하선 : 그깟 사대의 명분이 뭐요. 대체 뭐길래! 이만의 백성을 사지로
　　　 내몰라는 것이오?
　　　 임금이라면, 백성들이 지아비라 부르는 왕이라면……
　　　 빼앗고 훔치고 빌어먹을지언정, 내 그들을 살려야겠소.
　　　 그대들이 죽고 못 사는 사대의 예보다 내 나라, 내 백성이 열
　　　 갑절, 백갑절은 더 소중하오!

　　〈광해 왕이 된 남자〉는 〈명량〉과는 달리 역사해석의 경계를 넘어섰다. 작가의 해석과 메시지를 전달하기 위해 역사진실의 선을 넘은 것이다. 영화 속에서 중전의 오빠는 광해군에게 바른 말을 하다가 고문을 당한다. 영화 속 중전 오빠의 모습은 역사의 진실과는 차이가 있다. 역사 속의 중전은 판윤 유자신(柳自新) 딸로서, 유희분(柳希奮)·유희발(柳希發)·유희량(柳希亮)과는 형제이다. 유희분·유희발·유희량 형제는 광해군의 최측근으로서 권력을 최대한 누렸다. 이 때문에 이들 형제는 인종반정 후에 권력을 잃고, 처형 또는 유배되었다.

　　영화 속 허균의 모습도 실재(實在) 역사와 많이 다르다. 허균은 조선시대 천재 중 하나로 손꼽히는 인물이다. 허균은 현존하는 우리나라 최초의 한글소설인 『홍길동전』의 저자이다. 사대부였던 허균이 『홍길동전』을 한글로 쓴 것만 봐도, 허균의 파격적인 성향을 잘 알 수 있다. 또 허균은 광해군 때의 권신이었던 이이첨(李爾瞻)과 결탁하여, 최고의 권력을 누렸던 권세가였다. 허균은 신분의 고하를 막론하고 뜻이 맞는 사람과 잘 어울렸다. 도덕관계보다 인간관계를 중요시 여기는 인물이었다. 그러다보니 지인들의 청탁을 받아 탐관오리 짓을 하였으며, 과거시험 부정청탁 사건에 휘말려 파직을 당하기도 했다. 허균의 삶은 마지막까지 파격적이었다. 권력의 최고봉에 있을 때 반역죄

로 사형을 당했기 때문이다.

영화 속 허균은 도승지로서 광해군의 정치적 동반자이다. 허균은 도승지였던 적이 없다. 도승지는 왕의 공식적인 제1비서이다. 영화처럼 왕과 긴밀한 관계를 형성할 수 없었다. 조선시대에 왕과 신하의 독대는 초법적인 일이었기 때문에 흔히 있을 수 없는 일이었다. 아울러 역사에서 왕의 최측근이자 정치적 동반자는 허균이 아니라 이이첨이었다.

영화는 극의 재미를 위해 왕과 모든 관료를 적대적 관계로 만들어 양자의 갈등을 극단적으로 표현하였다. 하지만 왕과 관료의 극단적인 갈등 표현은 당시의 정치적 상황을 왜곡할 수 있다. 광해군 대 정치를 주도했던 세력은 대북파였다. 대북파는 광해군의 든든한 정치적 지원군이었다. 왕과 모든 관료를 적대적 관계로 설정하면, 역사가 한 명의 영웅이나 군주에 의해 발전한다는 역사관을 관객에게 심어 줄 수 있다.

〈광해 왕이 된 남자〉는 지금까지 폭군의 모습으로만 비춰졌던 광해군을 되돌아보고, 국가적 위기상황에서 고뇌했던 광해군을 재발견하였다. 아울러 영화는 위정자의 판단은 오로지 백성을 향해야 한다는 메시지도 전달한다. 하지만 영화는 시대의 요구와 작가의 메시지를 담기 위해 역사해석의 경계를 넘는다. 〈광해 왕이 된 남자〉는 드라마역사의 성격을 가진 팩션사극이다. 팩션사극은 역사를 정밀하게 고증하는 한편, 시대요구도 반영해야 한다. 픽션사극과는 달리 어느 정도 역사사실을 차용했기 때문이다. 따라서 작가는 역사해석의 경계를 지켜야 하며, 대중은 팩션사극을 어떻게 바라보아야 할지 문제의식을 가져야 한다.

7. 나를 위안부라 하지 마라,
〈시대의 초상. 위안부라 하지 마라〉

한국의 근현대사는 아픔과 고통으로 점철된다. 일반적으로 한국의 근현대사는 1863년 흥선대원군이 집권하는 시점부터 현재까지를 지칭한다. 흥선대원군은 집권한 후 세도정치로 약해진 왕권을 강화하고, 삼정의 문란으로 피폐해진 민생을 안정시키려고 강력한 개혁정치를 추진하였다. 이때는 일본 및 서구열강의 침략적 접근이 이루어지던 서세동점의 시기였다. 1876년 조선은 일본과 조일수호조규(강화도조약)를 체결하면서 개항을 하였다. 강화도조약 이후 조선은 급속하게 제국주의 열강에게 흡수되었다. 결국 1919년 8월 29일 조선은 일제에게 영토와 주권을 빼앗겼다.

일제강점기는 암흑의 터널과도 같았다. 간신히 35년 만에 광복을 맞이했더니, 얼마 지나지 않아 한국현대사 최대의 비극인 한국전쟁을 맞이하였다. 약 3년 만에 한국전쟁은 휴전으로 미봉되었고, 우리민족은 분단의 상황을 맞이했다. 휴전 후 남북한 사람들은 참으로 힘든 시절을 보낸다. 북한사람들은 김일성 일가가 구축한 일인독재체제로 큰 고통을 받고 있으며, 남한사람들은 독재와 가난으로부터 벗어나기 위해 발버둥쳐야만 했다. 남한사람들은 이승만·박정희·전두환 독재체제로부터 벗어나기 위해 힘겹게 민주화운동을 전개했고, 배고픔으로부터 벗어나기 위해 땀과 눈물을 흘렸다. 한국의 근현대사에는 우리의 아픔과 고통이 고스란히 배어있으며, 더 나은 삶을 향해 노력했던 우리의 눈물과 땀이 적셔져 있다.

한국의 근현대사는 근대화의 과정이기도 했다. 근대화 또는 근대성의 핵심은 '인간의 존엄성 보장'이다. 인간의 존엄성을 보장하기 위해 자본주의·민주주의 · 평등사회 · 합리적 사고 등이 필요한 것이다. 일본은 우리민족을 근대화시켜준다는 명분으로 식민지배 하였다. 하지만 근대화의 핵심인 인간의 존엄성은 보장되지 않았다. 일본은 자신들의 이익을 위해 인적 · 물적 · 정신적 수탈을 감행하여, 우리 민족의 인권과 명예를 짓밟았다. 대표사례가 '일본군 위안부 피해자'이다.

'일본군 위안부'란 일본이 전쟁을 시작하는 1930년대 초부터 일본이 전쟁에서 패배하는 1945년 사이에 일본군의 성(性) 위안을 위해 강제로 동원한 여성들을 의미한다. 일본은 우리를 근대화로 이끌겠다는 명분으로 지배하였다. 자국 군인의 성 위안을 위해 다른 나라의 여성을 강제로 동원하여 이용한 행위는 인간의 존엄성 보장에 크게 위배되는 짓이다. 따라서 일본군 위안부 제도는 반인륜적 · 비인간적 제도이다.

해당사건이나 특정인물을 지칭할 때는 '일본군 위안부'라는 용어를 사용할 수 있으나, 인권을 침해당한 피해자들에게 '일본군 위안부'라고 지칭하는 것은 옳지 않다. 일본군에게 성폭력 피해를 입은 여성들이기 때문에 '일본군 위안부 피해자'라고 지칭하는 것이 옳다. 특히 앞에 '일본군'을 꼭 붙여 일본군과 일본정부가 관여했다는 사실을 명시해야 한다.

위안부 피해 여성들은 다양한 방법으로 동원되었다. 일제의 위안부 동원방식은 크게 취업사기 · 폭력 · 협박 · 납치 등의 비합법적인 방식과 정신대 · 보국대 등의 소위 합법적 방식으로 구분된다. 어쨌든 피해자들의 의지와는 관계없이 엄격한 감시 속에 끌려갔기 때문에 모두 강제연행이었다. 피해자들의 증언을 살펴보자.

베이징에서 일본 군인에게 연행되어 군용 트럭에 강제로 태워져서 위안소로 끌려갔습니다.

故 김학순 일본군 위안부 피해자

돈을 벌 수 있는 일이 있다는 말에 속아 중국 난징의 위안소로 끌려갔습니다.

故 박영심 일본군 위안부 피해자(북한)

내가 억류되어 있던 곳에 일본군 장교를 태운 군용차가 와서 17세에서 28세까지의 여성들을 광장에 정렬시키고, 위안부로 데려갈 여성을 선별했습니다. 나를 포함한 16명이 선별되어 강제로 트럭에 태워진 뒤, 일본군 위안소로 끌려갔습니다.

얀 루프 오헤른 일본군 위안부 피해자(네덜란드)

다양한 방식으로 강제 연행된 피해자들은 약 20만 명에 이른다. 피해자들은 우리나라, 중국, 동남아시아 등에서 강제 동원되었으며, 주로 11~32세 사이의 결혼 안한 여성들이었다. 이 중 가장 많은 피해자는 우리나라 여성들이었다. 일본군 군의관이었던 아소 테츠오는 "1938년 12월 상해 위안소에 있던 대부분 피해자들은 조선인"이라고 증언한다.

일제는 전쟁이 확대되면서 손쉽게 동원할 수 있는 식민지 여성들을 주 타깃으로 삼았다. 당시 우리나라 여성들은 가부장적 가족구조와 이중적인 성윤리로 노동의 기회가 매우 적었다. 일을 하더라도 일본인 남성의 1/4, 일본인 여성의 1/2의 임금을 받았으며, 유년 여성노동자는 일본인 남성의 1/7 밖에 안 되는 임금을 받았다. 이런 상황에서 조선총독부 등의 관청이 직업의 알선을 핑계로 위안부를 직접 모집하거나, 민간업자를 선발하여 간접적으로 위안부를 모집하였다. 민간업자들은 좋은 돈벌이가 있다고 속여 많은 여성을 끌어왔다. 피해자 대다수가 이 말에 속아 따라나섰다고 증언한다.

당시 우리나라의 젊은 여성들이 성병에 노출되지 않았다는 점도 주요 타깃이 된 이유였다. 일제가 위안부 제도를 운영한 가장 큰 이유는 군인들을 성적으로 위안하여, 전투력을 상승시키기 위해서였다. 만일 성관계를 통해 성병이 군인들에게 전염된다면, 전투력에 큰 문제가 생길 수 있었다. 당시 우리나라 여성들은 유교적 순결인식이 강했기 때문에, 미혼자들은 거의 성병에 노출되지 않았다. 이 때문에 우리나라의 결혼 안한 젊은 여성들이 주로 강제 동원되었다.

간혹 일본의 우익적 성향을 가진 인물들은 '일본정부나 군부가 위안부 운영에 관여한 증거는 없다'라고 말한다. 15년이 넘는 기간 동안 수많은 여성들이 특정한 목적 속에 다양한 방법으로 동원되었는데, 일본정부와 군부가 관여하지 않았다는 것은 어불성설(語不成說)이다.

강제 연행된 여성들은 위안소에서 생활하였다. 위안소는 일본군이 직접 경영하거나, 민간에게 위탁하였다. 민간에서 운영하는 위안소는 군대의 엄격한 관리와 감독을 받았다. '위안소 이용규칙'을 통해 강제 동원된 여성들의 고통을 간접적으로 느낄 수 있다. 피해자들의 위안소 생활은 일본군에서 제정한 위안소 이용규칙에 따라 엄격히 통제되었다. 규칙에는 군인을 상대하는 시간, 상대해야 할 군인의 숫자, 요금, 성병검진, 위생상태 등이 명시되었다.

군인의 계급의 따라 낮에는 사병, 저녁에는 하사관, 밤에는 장교가 이용할 수 있었다. 군인들은 이용료에 해당하는 군표(군용수표)를 위안소 주인(운영자)에게 지불했다. 그러나 정작 피해자들에게 군표는 전달되지 않았다. 오히려 피해여성들은 주인에게 식비·옷값·화장품값 등의 명목으로 착취당했다. 한편 성병검사는 위안소를 운영하는 데 매우 중요한 사안이었다. 피해자들은 매주 딱딱한 나무탁자 위에서 수치스럽게 군의관에게 성병검사를 받았다. 혹여 성병에 걸리면 부작용이 큰 606호라는 주사를 맞았으며, 임신을 방지하기 위한 수은을 강제로 먹었다. 위안소를 이용하는 군인들은 삿쿠(남성용 피임기구)를 사용하도록 되어 있었지만, 군인들은 대부분 삿쿠를 사용하지 않았다. 대다수의 여성들은 성병에 감염되었고, 성병치료를 위한 약물복용으로 후유증을 앓아야 했다.

당시 일본군에게 위안소의 여성들은 성적인 도구였다. 그런데 이용규칙조차 지켜지지 않았다. 여성들은 규칙과 상관없이 군인을 상대해야 했다. 군인의 요구를 거부하면 매질을 당하거나, 고문을 당했다. 심지어 살해를 당하기도 했다. 규정상 위안부를 구타하는 것은 금지되었으나, 일본 군인과 관리자의 폭행은 공공연하게 일어났다. 지금도 피해자들은 그때의 상처를 간직하고 있으며, 폭행으로 인한 후유증을 호소한다. 위안소 군의관이었던 아소 테츠오는 자신의 책 『화류병의 적극적인 예방법』에서 "군용특수위안소는 오락시설이 아니라 위생적인 공중변소였다"라고 표현한다.

숫자도 헤아릴 수 없고, 토요일·일요일이나 날이나 전투 끝난 다음 말은 말도 못해. 여자 하나에 백 명 이상 군인을 상대해야 했어.

故 정서운 일본군 위안부 피해자

밖에 나올 여유가 어디 있노? 화장실에 가서 밑을 씻을 여유도 없는데. (군인 받으면서 도시락을) 확 깨물어 먹는다. 배가 고프니까.

故 김순악 일본군 위안부 피해자

월경이 나오는데도 막 피가 펑펑 나오는데도 막 할라고 막 사람 받으라고.

故 문필기 일본군 위안부 피해자

내가 저기다가 목을 매면 죽겠는데. 내가 이렇게 죽어야 하는가. 살아야 되는가. 자꾸 우는 거야. 땅을 긁으면서.

이옥선 일본군 위안부 피해자

젖도 이렇게 해놓고 그 다음에 칼자루로 다 쭉 그어 놓고 찢어 놓고 ………

김영숙 일본군 위안부 피해자

칼로 가지고 젖가슴 이거를 이렇게 거머쥐고 싹 도려 버리데예.

故 심달연 일본군 위안부 피해자

　피해자들의 끔찍한 경험은 과거의 기억으로만 남지 않고, 현재의 고통으로 이어진다. 2차 세계대전이 끝난 후, 많은 일본군 위안부 피해자가 고향으로 돌아오지 못했다. 위안소의 존재를 은폐하려는 일본군에 의해 집단적으로 유기·학살되거나, 수치심으로 현지에 남겠다는 피해자들이 많았기 때문이다. 2017년 7월 우리정부에서 파악하고 있는 피해자는 239명이며, 생존자는 38명이다. 수치심으로 신고하지 않거나 신고 전에 돌아가신 분들이 많다고 하더라도, 정부에서 파악한 피해자의 수가 너무 적다. 전쟁이 끝난 후에도 고향으로 돌아오지 못한 피해자가 많았음을 의미한다.

　고향으로 돌아온 일본군 위안부 피해자들의 삶도 평탄치 않았다. 여성의 순결을 중요시 여기는 가부장적 사회분위기로 수치심을 가진 채 살아야 했고, 정신적·육체적 고통을 겪어야 했다. 피해자들은 정신적인 고통과 사회적 차별이 가장 괴롭다고 토로한다. 피해자들은 환각·환청·히스테리 등의 증상을 동반하는 화병과 강박증을 겪고 있으며, 순결을 중요시하는 사회적 편견 때문에 행복한 삶을 살지 못하고 있다.

남편에게 '불결한 여자다, 군인을 상대했다' 등의 구박을 자주 당했다.

故 김학순 일본군 위안부 피해자

숙모에게 '양반집에서 너와 같은 계집이 나올 리가 없다'고 크게 꾸지람 당했다.

故 문옥주 일본군 위안부 피해자

부친이 그녀를 전염병 환자와 같이 취급하였고 친척도 더러운 것을 보는 것처럼 경멸했다고 한다.

엔 헨드텔데스 바리사리사라 일본군 위안부 피해자(필리핀)

일본군 위안부 피해자들의 과거와 현재의 고통을 잘 표현한 다큐멘터리가 2007년에 방영된 〈시대의 초상, 위안부라 하지 마라〉이다. 〈위안부라 하지 마라〉는 일본군 위안부 피해를 입은 이용수 할머니의 삶의 이야기이다. 이용수 할머니는 16살에 일본군에게 강제로 끌려가 피해를 입은 후, 아직까지 고통 속에서 살고 있다. 다큐멘터리는 이용수 할머니의 얘기를 통해 일본군 위안부 피해자들의 고통과 위안부 문제의 역사적 의미를 대중에게 전달한다.

〈위안부라 하지 마라〉는 내레이션 없이, 50분 동안 이용수 할머니의 목소리를 중심으로 피해자들의 삶을 조명한다. 이용수 할머니는 1944년 10월 어느 날 저녁, 집 밖에 나갔다가 영문도 모른 채 일본군에게 끌려갔다. 끌려간 곳은 대만에 있었던 일본군 위안소였다. 이용수 할머니는 끌려가면서 "엄마, 엄마……. 이 사람들이 나 죽일라고 한다. 엄마 살려줘"라고 울부짖던 당시의 상황을 회상하며 눈물을 글썽인다. 이용수 할머니는 "배를 타고 대만으로 끌려가는 도중 일본 해군에게 순결을 잃었다"는 고백과 위안소에서 "하루에 70명 이상의 군인을 받았다"는 충격적인 증언을 한다.

강요에 못 이겨 하루 적게는 20명, 많게는 70명의 일본군에게 성폭행을 당했다. 생리 중에도 일본군을 받아야 했다. 요구를 거부키라도 하면 칼을 가지고 쭉쭉 째는 잔인한 폭력과 죽임까지 당해야 했다. 이런 피해자들에게 자의로 몸을 팔았다는 뜻을 지닌 위안부라는 호칭은 가당치도 않다.

〈나를 위안부라 하지 마라〉 중에서

이용수 할머니는 부모님에게 사실을 말하지 않았다. 결혼도 안하고, 자신의 고통을 45년 동안 가슴에 묻고 살았다. 하지만 1991년 김학순 할머니가

180 **히스텔링(History+Storytelling)** -역사, 문화콘텐츠를 입다-

최초로 "일본군 위안부였다"고 증언을 하는 모습을 보고, 이용수 할머니도 용기를 내어 정부에 신고를 했다. 이용수 할머니는 신고한 후 "모든 사람들이 과거를 알게 돼 후회와 동시에 죽고 싶은 심정밖에 없었다"고 고백한다.

이용수 할머니는 사람들의 잘못된 인식과 일본정부의 반성 없는 태도에 분노한다. 그리고 우리가 흔히 쓰는 위안부라는 말에 역정을 낸다. "위안부는 일본군을 따라다니면서 즐겁게 해주면서 섹스를 해줬다는 뜻이다. 종군 위안부가 아니라 일본군 성폭력 피해자로 정정해야 한다"며 목소리를 높인다. 한편 2006년 4월 27일 미국을 방문한 아베 신조 일본 총리가 부시 미국 대통령에게 사과하는 모습을 보고 "나에게 무릎을 꿇고 빌어야지. 아베가 부시한테 왜. 아이고 참 웃기는 인간"이라면서 일침을 가한다. 할머니는 일본정부에게 "반드시 내 앞에 무릎을 꿇고 사죄해야 한다. 천황도 안 된다. 일본 총리가 내 앞에 무릎을 꿇어야 한다"며 단호하게 말한다.

이용수 할머니는 매주 수요일 12시 일본대사관 앞에서 열리는 수요시위에 빠짐없이 나간다. "제일 괴롭고 부끄러운 게 수요시위에 나가 앉아 있는 일"이라고 토로한다. "시위를 할 때 젊은이들이 독사대가리처럼 고개를 바짝 들면서 흔들고 갈 때면 나쁜 놈이라는 생각이 든다"고 솔직히 털어 놓는다. 그는 마지막에 "피해자들이 하나 둘 돌아가실 때 억장이 무너진다"는 말과 함께 눈물을 글썽인다. 반세기가 지나도 여전히 아물지 않는 상처와 아픔이 고스란히 다가온다.

일본군 위안부 피해자들의 고통은 현재까지 이어진다. 일본군 위안부 피해자 문제는 과거의 문제이면서, 현재와 미래의 문제이다. 그리고 피해자들의 문제이면서, 우리의 문제이다. 일본군 위안부 피해자 문제를 해결하기 위해서는 핵심사안을 파악한 후에 해결방안을 모색해야 한다.

첫 번째 핵심사안은 일본정부의 위안부 운영은 '반인륜적 범죄'라는 점이다. 국제사회는 결의를 통해 인권침해를 범죄행위로 규정하였다. 도덕과 법의 차이는 강제성이다. 도덕은 어겼을 때 처벌을 받지 않지만, 법은 어겼을 때 처벌을 받는다. 따라서 당시 일본정부와 관계자들은 법적처벌을 받아야 한다.

두 번째 핵심사안은 피해자들의 보상이다. 반인륜적 범죄행위에 의해 피해를 받은 피해자들은 보상을 받아야 한다. 경제적 보상과 함께 피해자들의 인권과 명예회복이 필요하다. 결국 일본군 위안부 피해자 문제가 해결되려면, 일본정부의 법적처벌과 피해자들의 명예가 회복되어야 한다.

일본정부의 법적처벌과 피해자들의 명예회복은 피해자들의 요구가 관철되어야 이루어질 수 있다. 피해자들은 ① 일본정부의 진정성 있는 사과와 법적배상, ② 일본의 전쟁범죄 인정·위안부 피해 진상규명·책임자 처벌, ③ 일본의 올바른 역사기술과 역사교육, ④ 위령탑과 사료관 건립 등을 요구한다. 지금까지 일본정부와 잘못된 우익 성향을 가진 인사들은 피해자들의 요구를 받아들이기는커녕, 망언을 일삼았다.

> 징용령으로 위안부가 된 여자는 한 사람도 없었다. 그런 말은 모두 거짓말이다. 사실무근이다.
>
> 구로시마 이따루(전 조선총독부 정보과장)

> 종군위안부 정책은 국제법 위반이 아니다.
>
> 무라야마 도미이치(전 일본 총리)

> 위안부들이 일본군에 종사한 일을 자랑스럽게 여겼을 것이다.
>
> 시마무라 요시노부(전 농림수산성)

> 한국에는 기생집이 많아 위안부가 일상적이다 …… 위안부 강제 동원의 증거는 없다.
>
> 아베 신조(일본 총리)

1991년 김학순 할머니가 최초로 일본군 위안부 피해를 증언한 후, 일본군 위안부 피해자 문제는 우리사회의 큰 화제였다. 최초 증언 이후에 이 문제를 해결하고자, 피해자들과 더불어 민·관에서는 노력을 기울였다. 하지만 큰 진전을 이루지 못했다. 그러던 중 2015년 12월 28일 한국정부와 일본정부는 '한일 정부 간 일본군 위안부 피해자 합의'를 하였다. 양국의 정부는 합의를 통해 일본군 위안부 피해자 문제를 최종적·불가역적으로 종결하기로 약속하였다. 주요내용을 소개하면 다음과 같다.

〈일본정부 표명사항〉

일·한 간 위안부 문제에 대해서는 지금까지 양국 국장급 협의 등을 통해 집중적으로 협의해 왔다. 그 결과에 기초하여 일본정부로서 이하를 표명한다.

① 위안부 문제는 당시 군의 관여 하에 다수의 여성의 명예와 존엄에 깊은 상처를 입힌 문제로서, 이러한 관점에서 일본정부는 책임을 통감한다. 아베 신조 내각총리대신은 일본국 내각총리대신으로서 다시 한 번 위안부로서 많은 고통을 겪고 심신에 걸쳐 치유하기 어려운 상처를 입은 모든 분들에 대해 마음으로부터 사죄와 반성의 마음을 표명한다.

② 일본정부는 지금까지도 본 문제에 진지하게 임해 왔으며, 그러한 경험에 기초하여 이번에 일본정부의 예산에 의해 모든 前 위안부 분들의 마음의 상처를 치유하는 조치를 강구한다. 구체적으로는 한국정부가 前 위안부분들의 지원을 목적으로 하는 재단을 설립하고, 이에 일본정부예산으로 자금을 일괄 거출하고, 일한 양국 정부가 협력하여 모든 前 위안부분들의 명예와 존엄의 회복 및 마음의 상처 치유를 위한 사업을 행하기로 한다.

③ 일본정부는 상기를 표명함과 함께, 상기 ①, ②의 조치를 착실히 실시한다는 것을 전제로 이번 발표를 통해 동 문제가 최종적 및 불가역적으로 해결된 것임을 확인한다. 또한 일본정부는 한국정부와 함께 향

후 유엔 등 국제사회에서 동 문제에 대해 상호 비난·비판하는 것을 자제한다.

<한국정부 표명사항>

한·일간 일본군위안부 피해자 문제에 대해서는 지금까지 양국 국장급 협의 등을 통해 집중적으로 협의를 해왔다. 그 결과에 기초하여 한국정부로서 이하를 표명한다.

① 한국정부는 일본정부의 표명과 이번 발표에 이르기까지의 조치를 평가하고, 일본정부가 상기 ①, ②에서 표명한 조치를 착실히 실시한다는 것을 전제로 이번 발표를 통해 일본정부와 함께 이 문제가 최종적 및 불가역적으로 해결될 것임을 확인한다. 한국정부는 일본정부가 실시하는 조치에 협력한다.

② 한국정부는 일본정부가 주한일본대사관 앞의 소녀상에 대해 공관의 안녕·위엄의 유지라는 관점에서 우려하고 있는 점을 인지하고, 한국정부로서도 가능한 대응방향에 대해 관련 단체와의 협의 등을 통해 적절히 해결되도록 노력한다.

한일 정부 간 일본군 위안부 피해자 합의에 대해 피해자 측은 '일본군 위안부 문제가 반인륜적 범죄임에도 불구하고 일본정부의 범죄 인정과 진상 규명·공식 사죄와 법적 배상·책임자 처벌과 역사교육·추모사업·망언에 대한 반박·재발방지 조치 등 그 어떤 것도 제대로 이루어지지 않았다. 무엇보다 합의에 피해자가 배제되었으니, 이 합의는 최종적이고 불가역적으로 해결된 것이 아니다'고 반발하였다.

반면에 정부 측은 '일본정부의 책임을 최초로 표명하도록 했고, 피해자에 대한 공개사과를 표명하게끔 하였으며, 일본정부예산 출연에 의해 피해자 명예 및 존엄 회복과 마음의 상처 치유사업을 시행한다는 약속을 받았다'는 성과를 강조하였다. 또 일본정부가 약속을 지킨다는 전제 하에 '최종적이고 불가역적으로 해결될 것임'을 확인한 것이라고 말한다.

일본정부는 합의에서 표명한 약속들을 겉으로는 이행하였다. 내각총리대신 아베가 직접 사과문을 읽지 않았지만 총리 명의로 사과문을 발표하였고, 일본정부의 예산 명목으로 10억 엔의 돈을 우리정부로 보냈다. 그렇다면 일본군 위안부 피해자 문제는 최종적 불가역적으로 해결된 것인가? 일본군 위안부 피해자 문제는 국제사회의 문제이기도 하다. 그리고 한 순간의 사죄와 한 번의 보상이 중요한 것이 아니다. 다시는 이러한 문제가 발생되지 않도록 방지하는 것이 중요하다. 따라서 국제사회의 반응과 향후 일본정부의 행보를 파악할 필요가 있다.

국제연합(UN)은 한일 정부 간의 합의는 피해자들의 요구를 충족시키지 못한 합의라며 재합의를 권고하였다. 국제연합 이외에도 LA타임지 · 뉴욕타임지 등 세계 유수의 언론도 한 · 일 정부 간의 합의를 강력한 어조로 비판하였다. 다음은 국제연합 인권위원회의 구체적인 반응이다.

한일 위안부 합의는 피해 생존자들의 요구를 충족시키지 못한다. 한일 양국이 소녀상 철거를 고려하기로 한 것은 역사적 진실과 정의의 상징을 제거하는 것과 같다. 이에 대해 깊이 우려한다. 이번 합의가 있기까지 피해자들을 위해 20년 이상 대표해 온 단체와 적절한 협의과정이 없었다. 이는 진실과 정의를 찾으려고 했던 수십 년 간의 노력을 훼손하고, 생존자들을 고통에 빠뜨린 것이다. 전쟁 무기로 사용된 여성과 소녀들에 대한 성적인 폭력을 비난하고, 여성 피해자들의 보상받을 권리를 옹호하여, (누구도) 처벌받지 않는 상황을 종식시키는 것이 국가의 책임이다.

국제연합뿐만 아니라, 일본역사학연구회 · 일본역사학협회 등 15개 일본의 역사연구 관련 단체도 연대성명을 통해 양국의 합의를 비판하였다.

(한·일 정부는) 위안부 피해자들의 명예와 존엄이라는 인권과 깊이 관련된 문제에서 당사자를 방치한 채 타결을 도모했다. …… 정부 간에 일방적으로 '해결'을 선언하고 이후의 논의를 봉쇄하는 듯한 수법으로는 위안부 문제의 근본적인 해결은 없다.

한일 정부 간의 합의 이후에 일본정부는 진정한 반성과는 거리가 먼 행보를 보인다. 언론 상에 나타난 일본정부의 행보를 살펴보면 다음과 같다.

교도통신 등 일본 언론에 따르면 자민당 소속 사쿠라다 요시타카(櫻田義孝·66) 중의원 의원(6선)은 14일 자민당 본부에서 열린 외교·경제 협력본부 등의 합동회의에서 군위안부에 대해 "직업으로서의 매춘부였다"며 "그것을 희생자인 양 하는 선전 공작에 너무 현혹 당했다"고 말했다.

서울신문(2016. 1. 14)

교도통신에 따르면 아베 총리는 18일 국회 참의원 예산위원회 질의에서 "지금까지 정부가 발견한 자료 중에서 군과 관헌에 의한 위안부의 강제연행을 직접 보여주는 기술은 발견되지 않았다"라고 밝혔다 …… 아베 총리는 "일본정부는 한국과의 청구권 문제가 1965년 협정을 통해 법적으로 최종 해결됐다는 입장에 변화가 없다"라며 "양국이 서로 성의를 갖고 위안부 합의 내용을 실행해 나갈 것으로 확신한다"고 밝혔다.

오마이뉴스(2016. 1. 18)

우에다 기요시(上田淸司) 사이타마현 지사는 최근 산케이와의 인터뷰에서 "동서고금을 막론하고 위안부를 데리고 군이 행진하지는 않는다. 위험한 지역에 위안부는 절대 오지 않는다"라며 "종군(從軍)이라는 말은 절대 사용하지 말았으면 좋겠다. (일본 군)영령에 대한 실례다"라고 말했다 …… 또 "해외 언론들이 잘못된 인식으로 위안부를 성노예라고 표현하면서 그 수를 20만 명이라고 부풀렸다"고도 말했다. 이어 "현 시점에서 정부가 소리를 키워선 안된다. 정부는 최종적, 불가역적인 해결로 합의했으니 다시 되풀이하지 않도록 노력을 하면 된다. 한국 측이 1개 더 되풀이하면 일본도 1개 되풀이 하면 된다. 그것이 싸움을 확대하지 않기 위한 하나의 방책이다"라고 정부 차원의 움직임은 자제해야 한다고 설명했다.

뉴시스(2016. 1. 26)

일본정부가 군위안부 강제연행의 증거가 발견되지 않았다는 공식 입장을 작년 말 한일 합의 이후 유엔 기구에 제출한 것으로 31일 확인됐다 …… 일본정부는 "일본정부의 관련 부처와 기관이 가진 유관 문서의 연구와 조사, 미국 국립문서기록관리청(NARA)에서의 서류 검색, 전직 군부 측과 위안소 관리자를 포함한 관계자에 대한 청취 조사, 한국정신대문제대책협의회(정대협)에 의해 수집된 증언 분석 등 전면적인 진상 조사를 실시했다"면서 "이런 조사에서 일본정부가 확인할 수 있는 서류 어디에도 군과 관헌에 의한 위안부 '강제 연행(forceful taking away)'은 확인되지 않았다"고 밝혔다.

The Huffington Post korea(2016. 1. 31)

NHK 등에 따르면 16일(현지시간) 스위스 제네바에서 유엔 여성차별철폐위원회의 일본에 대한 심사 회의가 열렸다. 이날 일본 대표로 참석한 스기야마 신스케(杉山晉輔) 외무성 심의관은 위안부 강제연행설이 널리 퍼진 원인은 "일본인 요시다 세이지(吉田淸治·사망)가 집필한 책에서 일본군의 명령으로 한국 제주도에서 많은 여성을 강제 연행했다는 허위 사실을 날조하고 발표했기 때문"이라고 지적했다.

News1(2016. 2. 17)

일본정부가 교과서 검정을 통해 위안부 동원의 강제성을 삭제하고 관련 내용을 대폭 축소했다 …… 일본 문부과학성은 19일 오전 2017년도 고등학교 1, 2학년 고교 교과서 검정 결과를 발표했다. 검정에 통과한 역사교과서 17종 중 9종에선 위안부 문제가 아예 언급되지 않았으며, 나머지 11종의 교과서에선 "끌려갔다"가 "모집됐다"로 바뀌는 등 일본 교과서의 위안부 관련 서술은 아베 정권의 기조에 충실하게 바뀌었다.

미디어오늘(2016. 3. 18)

한국과 일본의 불가역적 합의가 발표된 직후. 아베 총리는 강제성을 부인하던 기존 입장으로 되돌아갔고, 일본정부는 법적 책임을 외면했습니다. 다음달 10일 참의원 선거 운동이 공식 개시된 가운데, 집권 자민당은 위안부 관련 조사 연구를 담당할 제3자 기관 신설을 공약했습니다. 지난 20일 발표한 공약집에서 "역사적 사실에 반하는 부당한 주장이 일본의 명예를 현저히 손상하고 있다"며 강제성을 부정할 논리와 자료를 찾겠다는 뜻을 밝혔습니다.

JTBC 뉴스 중(2016. 6. 24)

스가 요시히데 관방장관은 2일 위안부 관련 기록물을 한국 등의 시민단체가 유네스코 세계기록유산 등재 신청을 한 것과 관련해 "이번의 등록 신청은 민간단체에 의한 것으로 신청의 자세한 내용은 현 시점에서는 잘 모르니 코멘트를 삼가려 한다. 그런 전제에서 말한다면 유네스코의 여러 사업은 가맹국간의 우호와 상호이해, 그 촉진이라는 유네스코 설립의 본래 취지와 목적을 추진하기 위한 것으로, 앞으로 일본정부는 이번 사업이 정치적으로 이용되지 않게 하기 위한 제도개혁 등을 포함해 계속 전력으로 대응해 가겠다"고 말했다. 일본정부가 전력을 기울여 이번 등재 신청을 저지하겠다는 '선전 포고'를 한 셈이다.

한겨레신문(2016. 6. 2)

한국정부와 위안부 협상을 주도한 일본 외무성은 지난 3월 홈페이지에 위안부 강제동원을 부정하는 정부 당국자의 유엔 발언 내용을 일본어로 올린 데 이어 최근에는 영문 홈페이지에도 같은 내용을 게시한 것으로 20일 파악됐다 …… 지난 3월 홈페이지에 올렸던 일본어판 내용을 영어로 번역한 것이다. '여성차별철폐조약 7, 8회 정부보고 심사 중 스기야마 심의관 발언 개요'라는 제목의 글은 "일본정부는 한일 간에 위안부 문제가 제기된 1990년대 초 이후 이에 대한 본격적인 사실 조사를 했지만, 정부가 발견한 자료 가운데는 군이나 관헌에 의한 '강제연행'을 확인하지 못했다"고 주장했다. 이어 "위안부 강제연행이라는 견해가 확산한 것은 요시다 세이지(吉田淸治·사망)씨가 '나의 전쟁 범죄'라는 책에서 '일본군의 명령으로 제주도에서 많은 여성을 끌고 갔다'는 허위사실을 날조해 발표했기 때문"이라고 했다.

데일리한국(2016. 8. 20)

지금 한일 정부 간의 합의를 부정적으로 보는 국제사회의 시선과 반성 없는 일본정부의 행보를 볼 때, 일본군 위안부 피해자 문제는 최종적·불가역적으로 해결되지 않았다. 우리정부는 "일본정부가 합의 상의 약속을 성실히 지켰을 때 최종적·불가역적으로 해결되었음을 확인해준다"고 분명히 밝혔다. 일본정부는 합의에서 표명한 약속을 성실히 이행하지 않고 있다.

우리는 2015년 12월 28일에 있었던 양국 정부의 합의가 최종적·불가역적 해결이 아님을 인지하고, 일본군 위안부 피해자 문제를 해결하기 위해 관심과 노력을 기울여야 한다. 시간이 얼마 남지 않았다. 239명의 신고자 중 생존자는 38명이다. 살아계신 피해자들의 평균나이는 89세이다. 피해자들이 생존해 있을 때 어느 정도 해결해야한다. 그래야만 피해자들의 한(恨)도 풀어줄 수 있으며, 과거사 정리도 왜곡 없이 할 수 있다.

8. 한국전쟁, 끝나지 않은 열전(熱戰), 〈웰컴 투 동막골〉

　한국전쟁은 1950년 6월 25일 북한의 남침으로 시작하여 1953년 7월 27일 휴전으로 미봉된 전쟁이다. 국내 대결로 시작하여 국제 충돌로 번진 대규모 전쟁으로서, 남북한 사상자만 약 300만 명에 이른다. 한국전쟁은 우리 역사 최대의 비극 중 하나이며, 한국의 현대사를 전전(戰前)과 전후(戰後)로 갈라놓은 사건이다.

　한국전쟁은 종전된 것이 아니라 휴전으로 미봉되었다. 종전되지 못한 열전의 여파는 현재 우리사회에 큰 영향을 미친다. 적대적인 체제와 전시상태가 지속되면서, 남북한 갈등의 상처가 치유되지 못하는 것이다. 1990년대 이후 국제냉전은 종식되었지만, 한반도의 냉전은 여전히 진행 중이다. 우리는 지금까지 현실정치와 이데올로기를 중심으로 한국전쟁을 바라보았다. 남북한은 누구의 잘못인지를 따지기 위해 전쟁의 기원과 성격을 규명하는데 힘을 기울였고, 어떤 이념이 더 좋은가를 증빙하기 위해 각자의 이념과 체제우위의 선전을 일삼았다. 결국 남북한은 접점이 없는 평행선만을 달려왔다. 접점이 없으니, 전쟁과 휴전으로 생겼던 갈등과 상처는 치유될 수 없었다. 현실정치와 이념을 중요시 여기는 사고와 방법으로는 한국전쟁이 남긴 의미와 상처를 이해할 수 없다.

　사실 한국전쟁이 발발한 다음 날에 미국은 최초의 휴전 제안을 하였다. 그러나 전쟁은 그대로 진행되었다. 그 이후 미국과 소련은 전황에 따라 휴전 제안과 거부를 반복하였다. 전쟁이 소강기에 들어가는 1951년 7월부터 양측은 각자 유리한 조건에서 전쟁을 끝내기 위해 무력충돌과 정전회담을 병행하였다. 1951년 7월 이후 미국과 소련의 공식적인 회담은 무려 575차례였다.

그러나 회담장소는 한반도의 평화를 위한 장소가 아니라, 각자의 체제우위와 승리선언의 선전장이었다.

결국 미국과 소련의 주도 하에 1953년 7월 27일에 휴전협정이 타결되었다. 북진통일을 주장하던 이승만은 미군의 작전지휘권을 환수하겠다고 위협하는 한편, 반공포로를 석방하면서 휴전에 반대하였다. 미국은 미군포로 귀환이 위태로워지자, 이승만을 제거하려는 계획을 세우기도 하였다. 하지만 작전지휘권을 유엔군에 두는 조건으로 '한미상호방위조약'을 체결하면서 이승만을 달랬다. 이때부터 한국군의 작전지휘권은 유엔군사령관에게 주어졌다. 한편 이승만은 미국으로부터 20개 사단 규모의 병력과 군사·경제적 원조도 약속받았다. 이렇게 동족상잔의 비극은 일단락되었다.

문제는 한국전쟁이 종결된 것이 아니라, 휴전된 것이라는 점이다. 휴전의 영향은 정치·경제·사회·문화·이데올로기 등 모든 분야에서 한국현대사를 지배한다.

전쟁으로 인한 인적 피해와 경제적 피해는 엄청났다. 전쟁으로 말미암은 사상자는 남북한 약 280~369만 명(전체 인구대비 10%)에 달했다. 또 민족의 이산(離散)과 가족의 해체가 이루어졌다. 북으로 넘어가거나 납치된 사람이 약 30만 명이며, 남쪽으로 내려온 사람이 45~100만 명이다. 한편 경제적인 피해도 컸다. 공업 및 제조업의 경우 남한은 1949년 대비 42%가, 북한은 60%가 파괴되었다. 또 광업은 20%, 농업은 78%가 파괴되었다.

전쟁과 휴전은 군사적·정치적인 측면에서 남북한에 큰 영향을 미쳤다. 북한은 1952년부터 전쟁 책임론과 결부된 반대파 숙청작업을 단행했다. 그 결과 김일성의 패권이 강화되었으며, 정치·경제·사회·문화 전반에서 군사동원체제가 구축되었다. 남한의 이승만은 전쟁 중이던 1952년 여름 부산정치파동을 이용하여 대통령 직선제를 관철시켰다. 또한 헌병·특무대·경찰 등의 억압기구와 국민회 등 5대 사회단체를 동원하여 반공독재체제를 강화하였다. 한편 휴전 이후 남북한은 군사력을 크게 증강하였다. 특히 남한은 정규군을 약 10만 명에서 약 63만 명으로 증대하였다. 강화된 군사력은 필연적으로 정치개입과 군부집권의 위험성을 가진다. 실제로 남북한 모두 강화된 군사력이 정치에 이용되었다.

남북한은 휴전 이후 경제적 노선을 다르게 잡는다. 북한은 전후복구를 거쳐 사회경제체제로 돌입했다. 농업 집단화·상공업 국유화·중공업 우선주의 노선을 택한 것이다. 남한은 미국의 원조에 의존해 대외 종속적인 관료자본주의체제를 형성하였으며, 수입대체공업화를 필두로 공업화의 길에 접어들었다. 또 남북한의 대결은 국제적으로 동서진영 사이의 이데올로기 대결, 군비증강, 군사 블럭형 군사대결, 동북아시아 냉전구조의 심화를 가져왔다. 전쟁과 휴전으로 인한 여파는 남북한의 차이를 극명히 했고, 분단의식과 대결의식을 심화시켰으며, 민족공동체의식을 파괴하였다.

이런 상황에서 전쟁과 휴전의 상처를 어떻게 치유할 수 있을까? '누구의 잘못인지, 누구의 이념이 더 좋은지'를 따지는 방법으로는 한국전쟁의 잔혹함을 이해할 수 없고, 휴전의 상처를 치유할 수 없다. 이제는 전쟁의 상처를 치유하고, 휴전의 여파를 해결하면서, 미래를 준비해야 한다. 전쟁의 발발은 과거의 기억으로 남아 있지만, 휴전은 우리에게 현재의 고통과 위험으로 존재하기 때문이다.

전쟁의 상처를 치유하고 휴전의 여파를 해결할 수 있는 방법은 분단의 상황에서 벗어나는 것이다. 한국전쟁의 기원을 밝히고, 책임소재를 명확히 하는 것만으로 분단 상황에서 벗어날 수 없다. 그렇다면 어떻게 해야 할까?

이상적인 탈 분단의 방향을 제시한 영화가 있다. 2005년 박광현 감독이 만든 〈웰컴 투 동막골〉이다. 이 영화는 2005년 최고의 흥행작이었다. 전국 800만 7,000명의 관객을 동원하여 2005년 흥행순위 2위에 올랐으며, 삼성경제연구소가 선정한 2005년 히트 상품 9위에 올랐다. 〈웰컴 투 동막골〉은 한국전쟁이 한창이던 1950년 11월에 국군 표현철 일행, 인민군 리수화 일행, 미군 스미스가 각자의 사정으로 강원도 동막골에 유입되어 벌이는 일을 바탕으로 이야기를 전개한다.

동막골은 갈등도 미움도 존재하지 않는 평화로운 마을이다. 동막골에 들어 온 군인들은 모두 전쟁에서 이탈한 낙오자들이다. 한강을 폭파하라는 명령을 거부하고 도망친 국군 표현철 일행, 부상자를 사살하라는 상부의 명령을 거부하고 도망친 인민군 리수하 일행, 정찰 중 비행기가 추락하여 동막골에 들어온 미군 스미스, 이 모두가 전쟁에서 이탈한 자들이다.

동막골에 들어온 이방인들은 각자가 가진 이념으로 말미암아 갈등과 충돌을 일삼는다. 특히 국군 위생병 문상상과 인민군 소년병 택기는 한국전쟁이 누구의 잘못으로 일어났는지를 가지고 극한 대립을 한다. 두 사람의 대립은 현실정치와 이념 중심으로 한국전쟁을 파악하고, 분단을 해결하려던 남북한의 모습을 떠오르게 한다.

문상상 : 지금쯤이면 종로에서 끗발 날리고 있을 몸인데.
　　　　저것들이 쳐들어와가지고. 이게 뭐야 이게.
택기 : 우리가 쳐들어갔다고. 미군 앞세워 밀고 올라온 게 뉘긴데.
문상상 : 야! 임마 넌 모르면 주둥이 좀 닥치고 있어.
택기 : 그라면 우리가 밀고 내려왔다는 긴가.
리수화 : 택기! 그만 하라우.
택기 : 저 어벙세가 자꾸 프라이 치지 않소. 우리가 쳐 내려 갔소?
리수화 : 우리가 쳐내려갔어.
택기 : 아! 우리가 쳐내려갔소.
문상상 : 거봐 새끼야.
택기 : 나는 그냥 내려갔소. 가라 하니까 갔지.
　　　　　　　　　　　　　　　　　　　　〈웰컴 투 동막골〉 중에서

국군과 인민군은 극한 대립을 하지만, 마을을 습격한 멧돼지를 힘을 모아 잡으면서 화해한다. 하지만 잠시 동안의 평화를 맞이한 동막골에 위험의 그림자가 다가온다. 추락한 미군기가 인민군에게 폭격당한 것으로 오인한 미군이 마을을 집중 공격하기에 이른다. 이 사실을 안 동막골의 국군, 인민군, 미군은 한국전쟁 사상 유례가 없는 연합작전을 펼쳐 동막골을 지켜낸다.

〈웰컴 투 동막골〉은 세계의 평화라는 보편성을 강조한다. 즉 남북한의 평화가 곧 세계의 평화라는 인식 아래 주변국들의 협조가 있어야 탈 분단을 이룰수 있다고 말한다. 서로를 극도로 싫어하면서 싸우던 남한군, 북한군, 미군등이 하나가 되어 인류공동의 적과 싸우는 일은 현실에서는 불가능한 꿈이다. 하지만 영화는 우리의 꿈은 통일을 넘어 평화가 되어야 한다고 강조한다.

현실로 다가온 통일은 우리에게 희망이 아니라 불안이다. 우리가 꿈꾸는현실은 탈 분단을 통한 평화로운 세상이다. 통일과 한반도의 평화는 주변국의 동의와 협조 없이는 현실적으로 불가능하다. 이러한 우리의 현실적 상황을 〈웰컴 투 동막골〉은 코믹하고 판타지하게 풀어냈다.

영화는 한반도의 위기는 궁극적으로 우리민족의 갈등에서 발생한 것이 아니라, 외세의 개입으로 발생하였다고 말한다. 그리고 스미스라는 미군병사를 통해 한반도 문제의 해결책을 나름 제시한다.

미군이 동막골을 인민군의 대공기지로 오인하고 폭격하려고 하자, 표현철일행·리수화 일행·스미스는 힘을 합쳐 미군 포격을 다른 곳으로 유인하여동막골을 지키려고 한다. 이 때 표현철이 스미스에게 유도작전에 참여하지 말고, 미군본부에 가서 동막골이 북한군의 대공기지가 아님을 말해달라고 한다.

표현철 : 부탁이 있다. 스미스와 함께 부대(본부)로 돌아가라.
스미스 : 아니야. 난 당신들과 가겠다.
표현철 : 당장은 어떻게 해보겠지만 2차 공격이 가해지면 그때는 다
　　　　 끝입니다.
　　　　 동막골은 당신 손에 달려 있어요. 그들이 당신 말은 믿을 것
　　　　 입니다.

스미스 : 선택의 여지가 없군. (손목시계를 건네며) 이걸 가져가. 내 행운
의 상징이야.

〈웰컴 투 동막골〉 중에서

위 장면은 한반도의 탈 분단은 남북한의 민족적·정치적 합의뿐만 아니라, 한반도를 둘러싼 주변국의 동의와 협조가 있어야 가능하다는 것을 보여준다. 단 영화에서 말하는 주변국의 동의와 협조는 국가 간의 정치적인 동의와 협조가 아니다. 세계평화만이 상생의 길이라는 인식 속에서 나오는 주변국의 자발적인 동의와 협조이다. 〈웰컴 투 동막골〉은 한반도의 탈 분단을 위해서는 이념을 매개로 한 적과 친구의 정치적인 전쟁공동체가 아니라, 인간애를 매개로 한 인류공동체가 정착되어야 한다는 이상적인 메시지를 우리에게 전한다.

농업혁명, 산업혁명, 정보통신혁명 등 세 차례의 혁명은 인류의 역사를 획기적으로 바꾸었다. 지금은 정보통신혁명이 이루어지는 정보통신시대이다. 정보는 인간의 지적 호기심을 채워줄 수 있는 자료(Data)이며, 통신은 자료(Data)를 전달하는 수단이다. 지금은 대부분의 자료(Data)가 디지털자료로 바뀌어 인터넷을 통해 수많은 사람에게 전달된다. 이 때문에 정보통신시대를 디지털인터넷시대라고도 부른다.

정보통신시대는 지식이 한 방향으로 전달되지 않고, 쌍방향으로 공유된다. 사람들은 기존의 지식과 현실에 회의를 느끼고, 새로운 지식과 미래를 갈망한다. 대중은 현실의 결핍과 열망을 인터넷의 정보를 통해 해소하고, 사이버 공간에서 새로운 세계를 만든다. 그로인해 원본과 사본이 구분되지 않는 시뮬라크르 현상이 생겼으며, 사실과 허구가 공존하는 팩션시대가 열렸다.

한편 디지털인터넷기술의 발달은 급격한 사회변화를 일으켰다. 급격하게 변하는 정보통신시대에 사는 사람들은 과거를 되돌아보지 않고, 현재에 적응하며 미래를 대비하는 데 급급하다. 알 수 없는 미래만 바라보며 사는 현실의 삶은 늘 결핍될 수밖에 없다. 사람들은 현실에서 발생하는 결핍을 허구(꿈)로 채우려고 한다. 이 때문에 지금은 사람들의 감성을 채울 수 있는 문화산업이 대세이다.

문화산업의 핵심은 질 좋은 문화콘텐츠이다. 질 좋은 문화콘텐츠는 경제적 파급효과뿐 만 아니라, 사회변화를 이끈다. 이 때문에 질 좋은 문화콘텐츠를 '킬러콘텐츠'라고도 한다. 킬러콘텐츠는 기술(Technology)과 이야기

(Contents)가 만나야 만들어질 수 있다. 지금까지 우리는 인문학의 가치를 소홀히 한 채 기술(Technology)의 발달만 추구하였다. 그 결과 지금의 우리는 이야기(Contents)의 부재에 시달리고 있다.

기술(Technology)은 쉽게 모방할 수 있으나, 좋은 이야기(Contents)는 쉽게 모방할 수 없다. 좋은 이야기는 한 나라의 오랜 역사와 문화 속에서 찾을 수 있다. 한 나라의 역사와 문화는 좋은 이야기를 찾을 수 있는 보물창고이다. 따라서 문화산업과 킬러콘텐츠의 중요성이 지속되는 한 역사와 문화의 중요성도 커진다. 따라서 역사자료와 문화유산을 체계적으로 보존·활용할 수 있는 통합시스템이 필요하다.

최근 역사자료와 문화유산을 보존·활용할 수 있는 아카이브(Archives)가 떠오르는 중이다. 아카이브(Archives)는 본래 공공기록물을 수집·보존·활용하는 공공기록관이었다. 최근 보통사람들의 사회적 기억을 보존·활용할 수 있는 장소가 필요해지면서, 아카이브의 개념이 라키비움(Lachiveum)으로 바뀌는 중이다. 라키비움(Lachium)이란 '도서관(Library), 기록관(Archives), 박물관(Museum)의 합성어로, 세 가지의 기능을 복합적으로 이행하여 이용자에게 다양한 정보자원을 제공하는 기관'을 의미한다.

역사자료와 문화유산을 체계적으로 보존·활용하기 위해서는 라키비움의 성격을 가진 '역사문화유산 아카이브'가 필요하다. 역사문화유산 아카이브는 역사문화자원을 체계적으로 수집·분류·정리·보존하여 자원의 심각한 손실을 막을 수 있고, 자원을 필요한 사람들에게 제공하여 새로운 정보와 킬러콘텐츠를 창조할 수 있다.

한국국학진흥원이 운영하는 스토리테마파크는 조상들의 일기와 생활 이야기를 원천소스로 제공한다. 많은 작가가 스토리테마파크에서 아이디어를 찾고 있으며, 자신이 만든 이야기를 고증한다. 스토리테마파크는 역사문화유산 아카이브의 기능을 수행하고 있으며, 역사문화자원이 문화콘텐츠가 되는 데 큰 역할을 한다. 실제로 천성일 작가는 드라마 〈추노〉의 아이디어를 스토리테마파크에서 얻었다고 한다.

이렇듯 역사문화유산 아카이브는 킬러콘텐츠의 화수분이 될 수 있다. 단 역사문화유산 아카이브가 제 기능을 수행하기 위해서는 체계적인 자료관리 시스템, 전문인력 등이 구축되어야 하며, 누구나 쉽게 찾을 수 있는 열린 복합문화공간이 되어야 한다.

역사문화유산 아카이브를 설립하고 운영하는 것은 쉽지 않다. 많은 비용이 들어갈 뿐만 아니라, 역사문화유산은 종류와 성격이 다양하기 때문이다. 역사문화유산 아카이브는 역사문화유산의 종류와 성격에 따라 운영방식이 달라야 한다. 저자의 부족한 역량으로는 모든 역사문화유산 아카이브의 구체적인 운영방안을 제시할 수 없다. 다만 무형문화유산 아카이브의 필요성과 운영방안을 담은 작은 논문을 덧붙이면서 책을 마치겠다.

덧붙이는 글

무형문화유산 아카이브의
필요성과 운영방향

1. 머리말

무형문화유산은 형태가 없는 유산으로서 사람에 의해서만 전승과 재현이 가능하다. 연행자와 관련 기록자원이 없다면 해당 무형문화유산의 존재와 가치는 소멸한다. 한국은 무형문화유산의 가치를 일찍 깨닫고 1962년부터 문화재보호법을 제정하고, 무형문화재 보호정책을 실시해 왔다. 그 결과 총 126종목의 국가지정 중요무형문화재와 400여 종목의 시도무형문화재가 지정되어 보호되고 있다.[1)]

최근 국제사회에서도 무형문화유산에 대한 관심이 증가하고 있다. 1989년 '전통문화 및 민속보호에 관한 권고(Recommendation on the Safeguarding of Traditional Culture and Folklore)'안 채택부터 2003년 '무형문화유산보호협약 (Convention for the Safeguarding of the Intangible Cultural Heritage)'에 이르는 유네스코의 무형문화유산 보호활동이 이를 입증한다. 특히 무형문화유산 보호협약에는 "인류의 공동자산인 무형문화유산을 보호하자는 세계 각국의 강력한 의지가 담겨있다(정상우, 2009, 413~414쪽)."

국제사회의 무형문화유산 보호동향은 원형만을 보존을 중요시 여기던 방향에서 원리 보존을 통한 새로운 가치창출을 중요시 여기는 방향으로 변하였다. 무형문화유산은 사람에 의해서만 전승과 보존이 가능하기 때문에 전승자 (연행자)가 사라진다면 해당 무형문화유산의 원형 보존은 어렵다. 하지만 해당 유산의 원리와 가치만 유지된다면 전승자가 사라지더라도 언제든지 재현할 수 있다. 해당 유산의 모든 정보를 담고 있는 것이 기록자원[2)]이며, 기록자원

---

1) 중요무형문화재 126종목(세부종목 포함)·시도지정문화재 410종목이 지정되어 보호되고 있으며, 각각 185명과 485명의 보유자가 인정되어 전수활동을 이어나가고 있다(문화재청, 2014).
2) 무형문화유산 기록은 음성·영상·출판물·박물 등 그 종류가 매우 다양하다. 이 글에서는 일반적인 기록 개념과 구분하기 위해 '자원'이라는 용어를 사용하겠다.

을 체계적으로 보존·활용하도록 해주는 것이 아카이브이다. 무형문화유산의 아카이브의 구축은 무형문화유산의 생존성을 보장하는 가장 중요한 수단이라고 할 수 있다.

최근 문화자원 아카이브에 대한 관심이 증가하면서 다양한 문화자원 아카이브가 설립되어 운영되고 있으며,[3] 관련 연구도 증가하고 있다. 무형문화유산 아카이브와 관련해서는 국립무형유산원(아태무형문화유산전당)[4] 건립사업 보고서들과 김시덕(2008), 함한희(2009)의 연구가 눈에 띈다.

국립무형유산원은 세계 무형문화유산 보호의 주도권을 선점하기 위해 문화재청에서 전북 전주에 건립한 무형문화유산 전문기관인데, 아카이브를 핵심기능으로 설정하였다. 동 사업과 관련해 총 3개의 사업계획 보고서가 나왔다. "무형문화유산전당 건립 종합계획(2007)"에서는 '무형문화유산의 안정적 전승기반 구축 및 창조적 재창출'이라는 목적 아래 아카이브의 대략적인 기능과 필요공간을 제시하였다. 무형문화유산 자료의 수집·보존·활용 방안을 간략히 제시하고 있다. 그러나 무형문화유산 아카이브의 명확한 개념과 구체적 운영방안은 제시하지 못하였다. "아태무형문화유산전당 운영 프로그램 개발 및 조직 운영방안 수립(2009)"에서는 아카이브의 자세한 운영방안과 공간 프로그램을 제시하고자 하였으나, 만족스러운 결과를 도출하지 못하였다. 이용자 수요조사를 실시하지 않아 아카이브가 이용자들에게 어떠한 가치를 줄 것인가를 고려해보지 않은 것이 주원인이었다. "아태무형문화유산전당 운영프로그램 개발(2010)"과 "아태무형문화유산전당 특성화방안 연구(2011)"에서는 아카이브 기능을 수집과 기록, 정리 와 보존, R&D 및 협력망 구축으로

---

3) 문화자원 아카이브로는 한국영상자료원·국립예술자료원(아르코예술정보관)·국립민속박물관 민속아카이브·국립무형문화유산원(아태무형문화유산전당) 아카이브, 국립국악원 아카이브, 광주아시아문화전당 아카이브 등이 있다.

4) 2006년부터 시작된 동 건립사업은 2011년까지 '아태무형문화유산전당'이란 가칭으로 사업이 추진되다가 2012년 초 '국립무형문화유산원'이라는 정식 기관명을 채택하였다.

구분하고 그에 따른 세부 프로그램을 제시하고 있다.

"국립아시아문화전당 내 문화자원센터 구축 전략연구(2007)"에는 아시아문화자원센터의 자원 수집 · 관리 · 활용 방안과 유관기관 간 네트워크 구축 전략이 간략히 담고 있다.

김시덕(2008)은 자신의 민속아카이브 설립 경험을 바탕으로 민속아카이브의 개념과 임무를 제시하고 있다. 민속 아카이브와 민속 박물관을 비교하여 민속 아카이브의 개념과 특성을 정의하고 있으며, 민속 아카이브 표준화 선도 · 민속학 정보센터 구축 · 아시아 최대의 민속학 자료 구축 등의 임무와 과제를 부여하고 있다.

함한희(2009)는 구술아카이브의 필요성과 철학적 배경을 제시한 후 자료의 효율적 활용을 위한 수집 · 보관 · 전시 · 디지털 아카이브 · 연구 · 교육 등이 총체적으로 관리될 수 있는 통합시스템 모델을 제시하였다.

이외에도 몇몇 보고서와 연구논문에서 문화자원 아카이브의 역할과 운영방안을 제시하고 있으나, 대부분 포괄적이고 추상적이다. 이 글에서는 무형문화유산 아카이브의 필요성과 구체적인 운영방안을 제시하고자 한다. 이를 위해 먼저 관리대상 자원의 내용과 범위를 제시하고, 다음으로 국내외 사례조사를 통해 운영의 시사점을 찾아보겠으며, 마지막으로 주요기능의 파악 후 이를 효율적으로 운영할 수 있는 통합시스템 운영모델을 제시하겠다.

2. 무형문화유산 아카이브의 필요성과 구축방향

1) 무형문화유산 아카이브 구축의 필요성

무형문화재 또는 무형문화유산은 형태가 없는 유산으로서 사람에 의해서만 전승과 재현이 가능한 인류의 소중한 자산이다. 한국정부는 1962년부터 중요무형문화재 제도를 운영하여 무형문화재의 원형보존에 힘쓰고 있으며, 국제사회에서도 2003년 유네스코 "무형문화유산보호협약"을 체결하여 무형문화유산을 보호하기 위해 노력하고 있다.

하지만 우리나라의 문화재보호법 상의 무형문화재 개념과 유네스코 무형문화유산보호협약 상의 무형문화유산의 개념은 그 범위와 내용에서 상당한 차이를 보이고 있어 보호정책 추진 시 많은 어려움이 있다. 다음 표를 살펴보자.

• 무형문화재와 무형문화유산의 차이점

	무형문화유산 (유네스코 무형문화유산보호협약)	무형문화재 (한국 문화재보호법)
정의	공동체 · 집단 및 때로는 개인이 자신의 문화유산의 일부로 인식하는 관습 · 표상 · 표현 · 지식 · 기술 및 이와 관련된 도구 · 물품 · 공예품 및 문화공간을 말함	연극 · 음악 · 무용 · 공예기술 등 무형의 문화적 소산으로서 역사적 · 예술적 또는 학술적 가치가 큰 것
범위	○ 무형문화유산의 전단수단으로서 언어를 포함한 구전 전통 및 표현 ○ 공연예술 ○ 사회적 관습, 의식 및 축제 ○ 자연과 우주에 대한 지식 및 관습 ○ 전통적 공예기술	○ 중요무형문화재와 시도지정무형문화재 두 가지로 구분 ○ 중요무형문화재는 연극 · 음악 · 무용 · 공예기술 · 놀이와 의식 · 음식 · 무예 7개 분야로 구분되어 각 종목으로 지정 되어 있음

출처 : 『무형문화유산보호협약』 제2조 제1항 · 제2항 ; 『문화재보호법』 제2조 제1항 제2호.

유네스코 협약에서는 무형문화유산 범위를 인간의 지식 · 산물 · 도구 및 환경까지 폭넓게 규정하고 있으나, 한국 문화재보호법에서는 무형문화재 범위를 공예와 예능 중심의 인간지식에서 발생한 소산물로만 규정하고 있다. 유네스코 협약이 전승과 창조에 중점을 두는 반면, 문화재 보호법은 결과와 원형에 중점을 두는 것이다. 하지만 살아있는 사람들의 지식에서 발현한 문화적 소산이라는 점과 그 가치를 판단할 때 희소성과 인멸 가능성을 전제로 한다는 점은 다르지 않다.

결국 무형문화재 또는 무형문화유산이란 살아있는 사람들의 지식과 경험에서 파생한 역사성·예술성·학술성이 높은 문화적 소산인 것이다. 다만 사람들의 지식과 경험에서 파생한 무형유산이기 때문에 사람에 의해서만 전승과 재현이 가능하다. 따라서 그 존재가 희소하고 절멸 가능성이 높은 대상부터 우선 보호해야 하며, 해당 무형문화유산의 원리와 창조 중심으로 보호방식도 변해야 한다.

유네스코에서는 각 국의 무형문화유산에 인류공동유산으로서의 의미를 부여하고, 다양한 보호정책을 추진하고 있다. 유네스코 무형문화유산 보호정책의 핵심은 해당 무형문화유산의 원리와 창의성을 보호하는 것이다. 이에 따라 각 나라의 무형문화유산 보호동향도 원형과 보전 중심에서 원리와 창조 중심으로 바뀌고 있다. 이러한 상황에서 무형문화유산의 가장 효율적인 보호방안은 해당 유산의 모든 정보를 담고 있는 기록자원을 보존·활용하는 것이다. 기록자원은 문화유산의 생존성을 보장하는 가장 중요한 수단이자 요소이기 때문이다.

현재 우리나라 무형문화유산 자원의 보존과 활용 체계는 미비한 실정이다. 무형문화유산 기록자원의 전반적인 현황조차 파악되지 않았으며, 향후 창출될 자원의 전반적인 수집과 활용방안도 부족하다. 대부분의 무형문화유산 기록자원들은 국립문화재 연구소, 국립 도서관·박물관, 기록 보존소, 몇몇 대학의 연구소·자료실 등에서 타 자료들과 함께 보관되어 있다. 하지만 국립

기존		향후
•문화원형 중심 •전통문화 보전 •생산물 축적 •전문성 중시 •전문인 중시	⇨	•문화원리 중심 •전통문화 창조 •지식 활용 •문화다양성 중시 •전문인+민간인

• 무형문화재 보호동향 변화

기관이 아닌 경우 전문 인력과 보존시설 미비로 자원의 열화와 파손이 심각하며, 소장된 기록자원들의 디지털화 계획도 수립되지 않아 소중한 자산들이 소멸될 우려가 있다. 따라서 무형문화유산 기록자원을 종합적이고 체계적으로 관리할 수 있는 무형문화유산 아카이브[5) 구축이 시급하다.

2) 유관기관 사례로 본 시사점

무형문화유산 기록자원 관리 및 활용과 관련해서 기존의 많은 기관들이 부분적으로 그 기능을 수행하고 있었다. 이에 유관기관의 조직·기능·소장 자료·사업현황 등을 조사하여 분석하고자 한다. 이 작업의 가장 큰 목적은 무형문화유산 아카이브의 구축방향을 도출하기 위함이다. 이를 위해 한국영상자료원·국립예술자료원·국사편찬위원회[6)·와세다 대학 연극박물관·뉴욕 공연예술도서관의 운영사례를 살펴보겠다.

(1) 한국영상자료원[7)

한국영상자료원(Korean Film Archive)은 영화와 영상자료를 수집·보존·복원하고, 이것을 대중이 활용할 수 있도록 서비스를 제공하는 공공기록관이다. 1974년 재단법인 '한국필름보관소'로 서울 중구 남산동에 설립되어

---

5) 예전 아카이브는 공공기록물 및 공적 역사자료만을 수집·관리하였다. 그러나 최근에는 개인자료·민간자료·사적자료 등 개인의 영역까지 범위를 확대하고 있으며, 특수 목적의 전문 아카이브가 증대되고 있다. 특히 정치적·법적 패러다임에서 역사적·문화적 패러다임으로 변화하는 과정에서 문화역사 아카이브가 증가하고 있다(강관표, 2009. 11쪽).

6) 국사편찬위원회는 무형문화유산 자원관리와 밀접한 관련은 없다. 하지만 역사자료의 수집·정리·보존·활용에 대한 오랜 경험과 괄목할만한 성과를 가지고 있어, 무형문화유산 아카이브의 운영방안을 도출하는 데 참고하고자 한다.

7) 한국영상자료원 조사는 사이트(http://koreafilm.or.kr)를 통한 문헌조사와 오성지 한국영상자료원 프로그램팀장·장광헌 한국영상자료원 보존센터장과의 면담을 통해 이루어졌다.

1990년 서초동으로 이전하였으며, 1991년부터 재단법인 '한국영상자료원'으로 명칭을 변경하였다. 현재는 영화 진흥법에 근거한 특수법인으로 개편되어 마포구 상암동에 위치해 있다. 필름과 동영상 자료 보존을 위한 보존고와 복원 시설 · 영화 상영 서비스를 제공하는 시네마테크 · 전시를 위한 영화박물관 · 열람실인 영상 자료실 등으로 이루어져 있다. 국제영상자료원연맹 (International Federation of Film 아카이브. FIAF) 정회원 기관이다.

현재 545,637점의 자료를 소장하고 있으며, 지속적으로 국내외 영화필름 · 비디오물 · 오디오물 · 이미지물 · 대본 · 서적과 정기간행물 · 의상 및 미술소품 · 영화인 애장품 등의 영화자료를 수집하고 있다. 자료의 수집은 "영화 및 비디오 진흥에 관한 법률"에 의한 의무 납본, 증여계약에 의한 기증, 매매계약을 통한 구입, 사본을 제작하여 수집하는 복사 등의 방법을 통해 이루어진다. 수집한 자료는 목록으로 만들어 이용자가 쉽게 찾아볼 수 있게 하였고, 보존처리와 복원을 거쳐 항온항습이 되는 보존고에서 보관한다. 이것들은 다양한 방법으로 대중들에게 활용(상영·대여·열람 등)된다. 한국영상자료원은 영상과 관련한 다양한 기능을 수행하는데, 그 기능은 다음과 같은 운영목표에 잘 나타나 있다.

① 영상자료 수집 및 보존을 통한 영상문화 인프라 구축
② 시설 및 자료 활용의 증대를 통한 영상 향유권 확대
③ 국제적 영상자료 보존 및 영화 연구개발 센터로 위상 확립
④ 세계를 선도하는 디지털 필름 아카이브 설립 지향
⑤ 경영혁신을 통한 고객 지향적인 행복한 조직문화 달성

위와 같은 목표달성을 위해 원장과 이사회를 필두로 1국 6팀(사무국/보존기술센터/경영지원팀/기획홍보팀/수집팀/디지털정보화팀/프로그램팀/서비스운영팀)의 기능별 조직과 연구기관인 한국영화사연구소가 별도로 설치되어 다양한 사업들을 추진

하고 있다.[8] 이러한 조직설계는 기능별 전문성과 사업운영의 효율성을 확보하기 위함으로 보인다. 그러나 실제 운영목표에 비해 조직구조가 작고, 인력이 부족하여 업무 중첩 및 과다로 인해 어려움을 겪고 있었다.

한국영상자료원은 체계적이고 전문적인 영상자료의 수집 · 보존 시스템을 구축하고 있으며, 다양한 방법으로 영화자료를 서비스하는 것으로 확인되었다. 실제로 이것은 영화사 연구토대 구축과 영화의 대중화라는 두 가지 목적을 구현하는데 큰 기여를 하고 있다.

무형문화유산 아카이브가 영상과 디지털 자료를 주요자원으로 설정한 이상 한국영상자료원의 자료수집과 관리체계는 필히 벤치마킹해야 할 대상이다. 특히 법률에 의한 자료제출의 의무화, 매체 특성에 따른 전문시설 구축, 다양한 방법을 통한 정보제공 등은 무형문화유산 아카이브 운영에 필히 반영해야 할 사항이다.

(2) 국립예술자료원(아르코 예술정보관)[9]

한국문화예술위원회 소속 국립예술자료원은 국내 최대의 전문예술정보기관으로서 서울 서초동 예술의 전당 내에 위치해 있다. 문화예술의 창작 및 연구 활동을 지원하고 문화예술의 저변확대에 기여하기 위해 1979년 발족하여 각종 문화예술 정보자료를 체계적으로 수집 · 정리 · 보존하여 문화예술인

---

8) 주요 사업은 한국영화 디지털아카이빙 · 한국영화 DB 구축 · 영화관련 교육콘텐츠 개발 · 한국영화 복원 · 한국영화사 연구 및 자료 발간 · 원로 영화인 구술사 채록 및 다큐멘터리 제작 · 중요 영화촬영지 선정 및 기념비 제작 · 고전 영화 상영 · 영화 관련 자료 수집 및 복원 등 수집 및 보존, 콘텐츠 활용에 관련된 사업들이다. 아울러 영상자료원은 영화관 · 영화 박물관 · 영상 자료실 · 찾아가는 영화관 · 한국 영화사 연구 및 발간 · 온라인을 통한 영화 자료 제공 등의 영화 자료 제공 서비스도 병행하고 있다.

9) 국립예술자료원 사례조사는 해당 사이트(http://koreafilm.or.kr)와 이범환(2009)의 연구를 참조하여 이루어졌음.

과 일반인들에게 제공하고 있다. 1992년 문예진흥원의 자료관과 예술의 전당 예술자료관이 통합되어 1993년 문예진흥원 예술자료관으로 재개관 되었으며, 2005년 문예진흥원이 한국문화예술위원회(Arts Council Korea)로 공식 출범하면서 그 명칭이 아르코 예술정보관으로 변경되었다. 그리고 2010년 3월 국립예술자료원으로 다시 명칭을 바꾸고 재도약을 준비하고 있다.

국립예술자료원은 다양한 매체로 구성된 공연기록물을 수집하고 있는데, 현재 도서자료·비도서자료·영상자료·음악자료·뉴미디어 등 총 293,116점의 자료들을 소장하고 있다. 문화예술과 관련된 단행본 및 연속간행물·음반·영상DVD 등의 시장유통 자료는 구입을 하거나 기증을 받고 있다. 특히 문화예술위원회 "정기 창작예술 활동 지원사업"의 결과물은 사업을 수행한 단체들로부터 이관되어 보관된다. 이외에도 문화예술 관련 개인 및 단체들로부터 자료들을 구입·기증받고 있으며, 직접 제작하기도 한다(이범환. 2009. 44~45쪽).

국가예술자료원은 문화예술 자료의 수집·정리·서비스가 주요기능이다. 이외 예술계의 자료를 발굴하는 "한국 근현대 예술사 구술채록사"와 "우수공연 및 주관 사업에 대한 동영상 제작" 등과 같은 새로운 자료를 발굴·제작하는 역할도 한다.[10]

국가예술자료원 조직은 원장 아래 기획사업팀·정보서비스팀·운영지원팀으로 이루어진 사무국이 구성되어 있다. 그런데 조직규모가 관리할 자료 및 사업 규모에 비해 너무 협소해 팀 간 업무 중첩 및 과다로 인해 많은 어려움이 있는 것으로 파악되었다.

---

10) 최근 정보통신기술이 발전함에 따라 국가예술자료원에서도 이에 발맞춰 '국가예술자료원·문화예술정보 서비스·미술작가 500인·구술로 만나는 한국 예술사·한국동인지문학관·예술강좌 등'의 사이트 운영을 통해 디지털 이용환경을 제공하고 있다. 또한 문화예술의 대중화를 위한 다양한 예술 사회교육 프로그램(고전음악강좌·미술 강좌·명작 예술 감상회 등)도 운영하고 있다.

국가예술자료원은 국내 유일의 예술 아카이브로서 문학·미술·음악·연극·무용 등 예술 전 장르에 걸친 전문자료를 지속적으로 수집하고 있다. 아울러 구축되어 있는 다양하고 방대한 자료를 통해 예술 창작과 연구 활동을 지원하고 있으며, 예술 정보의 체계적인 공유와 확산을 위한 다양한 기획 프로그램도 시행하고 있다. 하지만 예술 전 장르의 방대한 자료를 수집하고 있음에도 불구하고, 체계적인 수집과 분류 시스템을 구축하지 못하고 있다. 도서관에서 사용하고 있는 단순 분류체계를 사용하고 있으며, 자료의 활용에 있어서도 단순 검색 기능만을 사용하기 때문에 자료를 효율적으로 제공하지 못하는 것이다.

무형문화유산 아카이브 또한 무형문화유산이라는 포괄적인 주제를 가지고 자료를 수집·보존·활용해야 한다. 이 때문에 매우 체계적이고 종합적인 자원 관리체계를 구축해야 하며, 이를 기반으로 단순검색이 아닌 이용자와 상호 교감할 수 있는 시소러스 검색시스템을 완비해야 한다.

(3) 국사편찬위원회[11]

국사편찬위원회는 한국 역사자료의 조사·수집·편찬과 간행을 통해 한국사 연구발전에 기여하고자 설치되었다. 광복직후 민족 사료의 유실을 방지하기 위해 조선총독부 조선사편수회가 소장하고 있던 자료를 인수받아 1946년 3월 경복궁 뒤뜰에 있는 집경당에서 국사관으로 발족하였다. 임시기구였던 국사관에 이어 1948년 대한민국정부가 수립되자 정부는 역사편찬기구의 중요성을 인식하여 대통령령 제417호로 1949년 3월 직제를 개편하여 국사편찬위원회를 조직하였다. 이후 사료수집 활동의 강화·각 시대사 및 특수

---

11) 국사편찬위원회 조사는 사이트(http://www.history.go.kr)를 통한 문헌조사와 장필기 사료조사실장과의 면담을 통해 이루어졌다.

자료의 편찬 · 학술회의 개최 · 학술조사활동 · 자료전시회 등을 통해 한국사 연구발전에 큰 공헌을 하고 있다.

국사편찬위원회는 『조선왕조실록』, 『비변사등록』, 『한국사사료총서』, 『승정원일기』, 『고종시대사』, 『한국사론』, 『각사등록』, 『한국독립운동사』, 『일제침략하 한국 36년사』, 『자료 대한민국사』 등 48종 1,100여 권의 자료집을 간행하고 있다. 그리고 각종 고서 및 고문서 17만 1,800점, 해외자료 약 100만 장 분량을 수집하여 소장하고 있다.

국사편찬위원회의 주요사업은 국내외 각종 사료의 조사 · 수집 · 보존 · 편찬사업과 한국사 연구 · 편찬 · 연수 · 보급 활동으로 구분된다. 이러한 사업 수행을 위해 위원장 아래 1부1과4실이 구성되어 있으며, 편사기획실 · 사료조사실 · 연구편찬실 · 자료정보실로 나누어진 편사부와 총무과가 있다. 특이점은 위원장 아래 10명 이상 16명 이내의 비상근 위원이 있다는 점이다. 비상근 위원들은 국사 편찬의 계획 · 사료수집 및 간행계획 등에 대해 심의하며, 임기는 3년으로 위원장의 추천에 의해 교육과학기술부 장관이 위촉한다.

국사편찬위원회는 '한국사 연구의 발전을 위해 사료를 수집 · 편찬하여 제공하는 연구 집단'이라는 뚜렷한 정체성을 가지고, 국내와 국외의 활동방향을 달리하여 활동을 펼치고 있다.[12] 또한 유관 기관 및 다양한 사이트와 연계하여 수많은 한국의 역사자료를 한 번에 검색할 수 있는 '한국역사정보통합시스템'을 구축하고 있다.

---

12) 국사편찬위원회는 국내와 국외를 구분하여 활동 방향을 달리하고 있다. 국내 활동방향은 사료 관리 및 공개의 원스톱 서비스 체계 구축 · 사료 연구 및 편찬의 경쟁력 강화 · 한국사 관련 정보 인프라의 구축과 선도 · 한국사 관련 전문 연구인력 양성이다. 반면 국외의 활동방향은 한국사 전문자료의 신속하고 정확한 서비스 강화 · 국민 교양을 위한 한국사 정보 서비스 확대 · 한국사 지식 및 의식의 고양을 위한 한국사능력검정시험 확대 · 한국역사 분야 종합정보센터 역할 확대를 목적으로 하고 있다. 차별화된 방향성 아래 한국사 자료의 체계적인 DB 및 인터넷 서비스 망을 구축하여 신속하게 온라인으로 정보를 제공하고 있으며, 역사 연구의 지평을 넓히고 문헌사료의 제약을 극복하기 위해 구술자료 수집 및 아카이브 구축 작업도 2004년부터 시행하고 있다.

국사편찬위원회 사례에서 주목할 점은 뚜렷한 기관의 정체성과 유관기관과의 연계 속에서 마련된 통합정보시스템이다. 무형문화유산 아카이브도 국사편찬위원회와 마찬가지로 "무형문화유산의 안정적인 전승체계를 마련하고, 대중에게 무형문화유산의 가치를 전달해야 한다"는 뚜렷한 목적을 가져야 하며, 뚜렷한 목적을 바탕으로 명확한 타깃과 활동방향을 정해야 한다. 또한 단기간에 관련 자료를 수집·정리하여 DB를 구축하기 어렵기 때문에 유관기관 간 연계를 통한 통합정보시스템 구축도 고려해야 한다.

⑷ 일본 와세다대학 연극박물관
(The Tsubouchi Memorial Theatre Museum of Waseda University)

와세다대학 연극박물관은 1928년 10월 츠보우치 쇼오의 고희(古稀)와 『셰익스피어 전집』 전40권 완역을 기념하여 설립되었다. 이곳은 일본의 가부키부터 셰익스피어 연극까지 일본의 연극발달사를 한 눈에 볼 수 있는 유일한 연극 전문 박물관이다(이범환, 2009, 40쪽).

츠보우치 쇼오의 제안으로 16세기 영국의 포춘 극장을 모델로 설계하였으며, 지상 3층과 지하 1층으로 구성하였다. 이 건물의 특징은 연극박물관 전체가 하나의 극장자료로 구성되었다는 것이다. 정면의 지붕이 있는 돌출부가 무대이고, 입구는 그 양쪽으로 나와 있다. 도서 열람실·분장실·무대를 에워싸는 양 옆의 공간은 특별석이며, 건물 앞 광장은 일반석이다. 특별한 건축양식으로 인해 이 박물관은 도쿄 신주쿠의 문화재로 지정되어 있다(성기숙 외, 2007, 66쪽).

연극박물관의 자료 수집은 주로 기증을 통해 이루어진다. 개관 이후 박물관의 전통과 명성이 알려지면서 기증사례가 점차 증가하고 있다. 물론 기증 외에 박물관 자체예산으로 구매도 한다. 소장 자료는 세계 최고의 명성답게 동서양의 다양한 문화예술 자료들이 망라되어 있다. 현재 박물자료·귀중서·사진자료·도서·서양서·동양서·연극화보·시청각 자료 등 약 120만

점의 자료들이 소장되어 있다(성기숙 외, 2007, 66~67쪽).

연극박물관의 주 기능은 전시이며, 크게 상설전시와 기획전시로 나누어진다. 상설전시는 셰익스피어실 · 일본연극사 열람실 · 츠보우치 쇼오 기념실에서 이루어지며, 기획전시는 연간 7~8회 정도 시행된다. 그리고 매년 5월에는 츠보우치 쇼오를 기념하는 '쇼오제'를 개최하여 다양한 부대행사를 마련하기도 한다. 이외 다양한 주제의 연극 강좌를 통해 공연예술의 학문적 담론을 생산 · 발전시키는데 기여를 하고 있으며, 관보(연극박물관) · 학회지(연극연구) 등의 출판물도 발간하고 있다. 또한 학술 프로티어 사업을 통해 순수 학문적 접근 및 자료의 조사연구까지 수행한다. 이 밖에도 교내 도서관과 연계하여 와세다 대학의 모든 자료 및 정보를 자유롭게 검색할 수 있는 서비스를 제공하고 있다. 연극박물관은 연극뿐만 아니라 문학 · 역사 · 음악 · 미술 · 건축 · 무용등 주변 예술분야를 포함한 다양한 영역의 연구에 도움을 주고 있는 것이다.

와세다대학 연극박물관은 전시와 함께 자료의 수집 · 정리 · 제공 및 연구기능을 수행하고 있으며, 교내 도서관과 연계하여 도서관 자료를 자유롭게 검색할 수 있는 서비스를 제공하고 있었다. 이러한 모습은 박물관 · 도서관 · 기록관이 결합된 새로운 복합문화공간 라키비움의 전형을 보여주는 사례이다. 무형문화유산 아카이브도 주변 시설과의 연계를 통해 이용자들에 친근하게 다가가는 복합문화시설로서 자리매김해야 하며, 무형문화유산이란 폭넓은 주제를 적극 활용하여 다양한 영역의 연구와 발전에 도움을 주어야 한다.

(5) 미국 뉴욕 공연예술도서관(The New York Public Library for the Performing Arts in the Dorothy and Lewis B. Cullman Center)

공연예술도서관은 뉴욕 맨하튼 링컨센터플라자 내에 위치하고 있으며, 뉴욕 공공도서관의 연구도서관 중 하나이다. 음악 · 연극 · 무용 · 녹음 부문을 중심으로 다양한 공연예술 관련 자료들을 조사 · 연구하는 공연예술 전문 도서관이다. 1888년 뉴욕 공공도서관의 전신인 레녹스 도서관 시절 금융가 조셉 드렉셀의 음악 소장품을 기증받아 음악 부문을 개설한 것이 첫 시작이다. 1931년 프로듀서 겸 극작가인 데이비드 벨라스코의 유품을 받아 연극부문이 개설되었고, 1944년에 무용부문이 개설되었다. 이후 1965년 링컨센터로 이전하면서 녹음부문을 개설하였으며,[13] 2001년 보수 공사비용의 상당부분을 기증한 쿨만 부부의 이름을 따서 Dorothy and Lewis B. Cullman Center로 개칭하였다(스가야 야키코. 2004. 88쪽).

뉴욕 공연예술도서관의 대표적 자료수집 방법은 자체제작과 기부이다.[14] 이외 경매에 나온 것들을 매입하기도 한다. 자료는 고급문화에서 대중문화에 이르기까지 폭넓게 수집한다. 음악은 르네상스 시대부터 랩뮤직까지, 무용은 발레부터 피겨 스케이트까지 다룬다. 연극은 고전연극에서 뮤지컬을 망라하고, 녹음자료는 대통령의 연설부터 효과음까지 수집하여 보존한다. 이 밖에 영화·텔레비전·라디오 프로그램·서커스·마술·코미디·만담·인형극 등 각 지역에서 이루어지는 축제 관련 자료도 수집한다.[15]

뉴욕 공연예술도서관의 주 기능은 공공도서관으로서의 열람서비스이다. 그런데 전통적인 도서관보다 다양한 서비스를 제공한다. 도서관과 아카이브의 역할을 동시에 하는 것이다. 자료의 활용에 있어서도 다양하고 적극적인

---

13) 1965년 링컨센터로 이전·독립하면서 녹음 부문인 The Rodgers and Hammerstein Archives of Recorded Sound를 개설하였다.

14) 뉴욕 공연예술도서관은 1970년부터 미국 브로드웨이 및 오프 브로드웨이 전미 극장에서 상영된 작품은 물론 연극과 관련된 TV프로그램과 영화 등 수천여 점의 테이프 및 인터뷰 기록들을 제작하여 소장하고 있다. 아울러 역사적 가치가 높은 자료를 기증받기 위해 개인 및 단체를 교섭하는 일을 주요과제로 선정하여 소장자료를 확장하고 있다.

15) 뉴욕 공연예술도서관은 무대예술 전 분야의 자료를 수집 및 관리하고 있으며, 약 1,000만 여 점의 자료를 소장하고 있는 세계 최대 공연예술 전문도서관이다. 책의 비율이 30% 정도이며, 영화, 무대, 공연 등의 대본, 악보, 무대세트 미니어처, 의상 디자인, 신문 스크랩, 편지, 프로그램, 사진, 비디오, 테이프 등의 다양한 자료가 나머지를 차지하고 있다(스가야 야키코, 2004, 74쪽).

활동을 펼치고 있다. 상설전시를 비롯한 매년 200개 이상의 문화프로그램을 이용자에게 제공하고 있다. 공연·세미나·독서회·강의·영상회 등이 대표적 프로그램들이다. 또한 도서관 자료의 활용도를 높이기 위해 정보 활용 강좌를 진행하기도 한다(성기숙 외. 2007. 32~33쪽). 뉴욕 공연예술도서관은 이처럼 다양한 서비스를 제공하기 위해 직원의 전문성을 요구하고 있으며, 약 150명의 직원이 근무하고 있다.

뉴욕 공연예술도서관의 특징은 문화예술의 전 분야에 걸친 폭넓은 자료들을 수집·관리하고 있다는 점과 전문적인 인력을 확보하여 박물관·도서관·아카이브 성격이 결합된 운영시스템을 구축하였다는 점이다. 이를 통해 기본적인 공연예술 정보 외에도 전시 및 강좌 등의 다양 서비스를 제공함으로써 열린 문화공간으로 자리매김하고 있다. 이 특징들은 복합문화공간을 추구하는 무형유산 아카이브로서는 간과할 수 없는 부분이다. 특히 인문학적 소양과 기록학적 지식이 겸비한 인력이 절대적으로 필요한 무형 아카이브로서는 뉴욕 공연예술도서관의 인재 확보방안을 주목해야 한다.

3) 무형문화유산 아카이브 구축방향

공공재적 성격이 강한 무형문화유산을 관리하는 아카이브는 기본적으로 다음의 성격을 가져야 한다. 첫 번째는 자원의 과학적 관리와 적극적 활용을 통해 전승기반을 강화하고 무형문화유산 가치를 제고시켜야 하며, 두 번째는 무형문화유산의 정보 구축과 네트워크 형성을 통해 문화다양성을 증진시켜야 한다. 이를 위해서는 다음과 같은 조건들을 갖추는 방향으로 아카이브 구축 계획이 수립되어야 할 것이다.

① 콘텐츠 개발 및 다양한 활용을 위한 무형유산 자원 수집 및 확보
② 자원들의 체계적 관리를 위한 통합시스템 구축

③ 자료의 다양하고 적극적인 활용을 통한 열린 복합 문화공간 구축
④ 인문학적 소양과 기록관리학 지식을 겸비한 전문 인력 인프라 구축

특히 자원의 확보 및 서비스를 위한 치밀한 수집정책 마련과 이용자와 상호 교감할 수 있는 다양한 아웃리치 개발에 주력해야 한다. 그래야만 빈약할 수밖에 없는 자원의 한계를 극복할 수 있다. 따라서 수집정책과 서비스 부분을 중심으로 운영방안을 제시해 보겠다. 무형문화유산 아카이브의 전반적인 운영방향을 제시해 보면 다음과 같다.

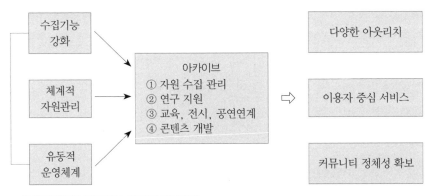

• 무형문화유산 아카이브 운영의 기본방침

3. 무형문화유산 아카이브의 기능과 운영방향

1) 수집기능 강화

무형문화유산 기록자원을 수집할 때는 수집대상의 먼저 범위와 주제를 명확히 설정한 뒤, 수집대상에 적합한 수집전략을 세워야 한다. 무분별한 수집

은 인력·시간·공간의 낭비를 초래할 뿐만 아니라 유관기관 간 불필요한 경쟁을 유발할 수 있기 때문이다. 무형문화유산의 수집범위와 주제는 다음과 같이 분류할 수 있다.

무형문화유산 자원이란 '연행자가 그 기·예능을 실연 및 재연하는데 필요한 모든 객체(기록·자료·유형의 도구 등 포함)의 집합'을 말한다. 이러한 무형문화유산 자원은 원형의 재현이 가능하게끔 하는 본 자원(1차 자원)과 해당 무형유산을 해석한 보조자원(2차 자원)으로 구분할 수 있다. 본 자원은 무형문화유산 그 자체 또는 공통요소라고 할 수 있는데 '사람·도구·공간·대상·행위·기원 등이 해당된다. 보조자원은 해당 무형유산의 정보를 제공하는 자원으로서 2차 가공자원이라고 할 수 있다. 이를 자세히 살펴보면 다음 표와 같다.

• 무형문화유산 분류체계

자원유형		설명	구성요소	정보유형
본 자원 (1차 자원)		직접 설명 및 재현을 가능하게 함	– 무형문화유산 자체 – 공통요소 • 사람, 공간, 도구, 대상, 행위, 기원	• 동영상 • 사진 • 구술 • 문헌자료 등
보조자원 (2차 자원)	과정 자원	○맥락 정보 제공 (변화 및 이력)	–수집, 관리 등 이력 정보 (행정문서 포함)	• 계획서 • 사전조사보고서 • 사진 • 동영상 • 평가보고서 • 관리기록 등
	연관 자원	○관련 콘텐츠 제공	–해당 무형문화유산 정보 제공	• 사진 • 동영상 • TV 프로그램 • 다큐멘터리 등
	해석 자원	○학술적, 문화적 맥락 설명	–문화자원 객체 설명 및 해석	• 연구논문 • 학술저널 • 단행본 • 홍보물

무형문화유산의 원형과 가치를 인류가 왜곡 없이 활용하고 재현하기 위해서는 위의 표에서 제시된 자원들이 통합적으로 수집·관리되어야 한다. 그러나 현실적으로 해당 무형문화유산에 관련된 모든 객체들을 일시에 수집하는 것은 불가능하다. 해당 무형유산에서 생산되는 기록과 자료의 형태가 매우 다양하고, 생산 시기가 다르기 때문이다. 아울러 이미 생산되어 있는 자료도 산재되어 있어 현황 파악이 쉽지 않은 점도 통합적 수집 및 관리에 어려움을 주는 요인이다. 따라서 무형문화유산 자원들의 수집은 위 개념을 전제로 철저한 계획과 다양한 방법을 통해 이루어져야 한다. 또한 수집된 자원들은 매체별·주제별로 보존 및 관리가 이루어져야 한다.

수집할 기록자원 유형과 범주를 결정했다면, 수집 우선순위 등을 고려하여 상황에 적합한 수집 전략을 구상해야 한다. 대략적인 자원의 수집과정은 다음과 같다.

• 자원의 수집과정

원활한 수집활동을 위해서는 치밀한 수집정책이 필요하다. 수집정책은 수집 프로그램의 윤리적인 토대를 형성하며, 불필요한 자원의 탈락기준을 구체적으로 제공한다. 또한 기관의 수집사명과 수집의 정당성을 확보하는 수단이 되며, 소장자 및 기증자에게 그들 자원의 소중함을 객관적으로 설명해 준다. 특히 기관의 사명과 방향을 제시하여 수집 프로그램의 일관성을 유지하여 제한된 자원을 현명하게 사용할 수 있도록 해준다. 이렇듯 수집정책은 꼭 필요한 것이기 때문에 수립 전 고려해야 할 점이 많다(한국 국가기록연구원, 2003, 65~66쪽). 이를 제시해 보면 다음과 같다.

① 아카이브 재원의 이용가능성 분석
- 이용할 수 있는 예산이 아카이브 시설을 유지하기에 충분한가?
- 수집 정책이 재정과 비교했을 때 적절한 범위를 이루고 있는가?
② 아카이브의 공간에 대한 분석
- 소장공간은 충분한가?
- 소장할 수 있는 범위를 초과하여 수집하고 있지는 않은가?
- 담당자에 의한 자원 관리공간과 이용자의 이용공간이 구분되어 있는가?
③ 정보의 이용가능성 고려
- 아카이브가 수집하는 자료가 활용을 위해 보존할 만한 가치가 있는가?
- 이용자들의 수요를 이끌어낼 수 있는 정보를 담고 있는 자료인가?
④ 참고자료의 이용가능성 고려
- 아카이브는 수집한 자원의 일반적 조사 연구를 위해 필요한 1차, 2차(책, 팸플릿, 연대표, 신문 등)를 소장하고 있는가?
⑤ 유관 기관의 자료 수집정책 고려
- 자원을 수집하는데 협력관계를 형성하고, 불필요한 경쟁을 피할 수 있는 유사기관이 있는가?

수집정책 초안에서는 아카이브의 사명과 수집목적을 기술하여 성문화해야 한다. 이를 토대로 수집 프로그램의 일반적인 범위와 그것이 근거를 두고 있는 법적, 행정적 권위가 설명되기 때문이다. 또한 수집정책에서 수집범위의 명확화는 가장 중요하다. 따라서 다음 사항들이 필히 기술되어야 한다.

• 수집범위 기술내역

주 제	수집 범위를 한정하는 가장 일반적인 방식
출 처	사료의 생산자, 관리자 별로 범위를 규정
기능 및 활동	기능과 활동에 따라 범위를 규정하는 것
자원 형태	사진, 동영상, 구술자료, 박물류 등 자원의 형태에 따라 범위를 규정. 다만 다양한 형태의 사료를 보존·이용할 수 있는 설비가 아카이브에 구비될 수 있는지 고려해야 함.
지리적 영역	특정 도시, 지역 등 특별히 수립하고자 하는 지역 결정
시 기	어떤 시기에 있는 것을 수립하고 하는지 시대 범위 설정

출처 : 한국국가기록원(2003, 67쪽) 참조

수집정책이 아카이브의 사명 및 운영 방향을 광범위하게 제시한다면, 가이드라인은 수집의 실무내용을 상세히 제공한다. 가이드라인에는 수집의 우선순위·수집활동·수집 시 고려사항·보유조건·유관기관 간 협조·보유자원의 처분 등에 대한 내용이 포함되어야 한다.

• 가이드라인 기술내역

수집 우선순위	• 수집자원의 효율적 활용 및 중점분야의 집중적 수집 위해 우선순위 설정 필요 – 아카이브 사명 및 목적에 부합하는 자원 – 기 소장되어 있는 자원과 관련성이 깊은 자원 – 아카이브의 주요 기능 및 주제와 관련 있는 자원 – 타 기관과 중복되는 자원에 대한 검토 필요 – 적기에 이관되지 않을 경우 소멸 위험이 있는 자원 – 연구자들의 수요가 높은 자원
수집 활동	• 권유와 수용으로 구분 –권유 : 미수집 및 미연구 되었던 수집방법으로서 수집범위 확장시 유용함 –수용 : 기 수집된 자원의 내용을 보완하기 위한 방법
수집 시 고려사항	• 자원의 소유권 및 저작권법 검토 • 사료이용의 제한 • 전당 아카이브의 재원 고려

보유 조건	• 수집자원 중 보유하기 부적절한 자원은 미리 처분방식의 결정 필요 −타 아카이브로의 이관 및 매각 −기증자에게 반환하거나 동의를 얻어 폐기
수집 제외조항	• 수용하지 않을 자원의 유형 설정 −관리상 문제 및 아카이브 목적과 일치되지 않은 자료 −기존 소장물의 범위를 보다 강화시키기 위함
유관기관 간 협조	• 유관기관 간 협력 범위 및 성격 규정 −소장 자료를 더 적합한 기관으로 이관하거나, 기증자를 적절한 기관으로 안내 −소장 자료에 대해 타 기관과의 책임을 공유해야 할 때 지침 제공 −수집정책과 밀접한 관련을 맺고 있는 유관기관의 정책요소 고려
처분	• 처분에 관한 규정 마련 : 미래 재평가에 대한 기준 제공 −처분은 합법적이어야 하며, 기증자 동의의 필요성 정책에 명시
정책의 승인 및 개정	• 수집정책의 권위 확보를 위해서는 운영자 및 직원들의 승인 필요 • 수집정책은 환경변화를 수용할 수 있는 유연성과 지속적인 개정 필요 • 수집정책은 모든 수집활동 및 박물관 운영의 원칙을 제시하여야 함

출처 : 한국국가기록원(2003, 67~71쪽) 참조

수집정책을 수립했으면 실제 수집을 위한 행동지침을 마련해야 한다. 그것이 리드(leads)의 개발이다. 그리고 리드 개발 전 무형문화유산의 역사적 가치를 평가할 수 있는 전문적인 수집전담 연구원을 확보하는 것도 매우 중요하다.

리드(leads)란 잠재적 자원의 소장자·내용·위치 등 수집준비와 수집과정 전반의 정보를 기록한 것이다. 리드는 전략적인 정보수집 및 분석결과이기 때문에 자료수집의 핵심을 차지한다. 이러한 리드파일은 기존 문헌자료·신문·뉴스 등의 보도 자료를 기반으로 하여, 관련자들의 면담 및 추천 등의 방법을 통해 개발된다. 리드 개발을 위해서는 다음 표와 같은 기초자료 및 활동들이 필요하다.

• 리드 개발을 위한 기초자료 및 활동

최근 문헌조사	-신문, 법인체, 회보, 학술연구 성과물 등 다양한 자료 이용
선행기증자	-기증을 경험한 기증자들은 관련 분야에 정통함 -수집담당자는 이를 통해 리드 작성에 필요한 정보 다수 확보
기증자컬렉션	-기증자의 자료를 통해 풍부한 정보 획득 -컬렉션의 주요 생산자 및 관련 동료, 조직 간 상호 관련성에 관한 정보가 있는 자료 조사
연구자	-아카이브 자료를 이용하는 연구자 활용 -자신 연구와 관련된 개인 소장품에 대한 정보제공 가능성 있음
적극적인 홍보	-잠재적 컬렉션 확보를 위해 우편 · 전시회 초청 · 기사 및 인터넷 홍보 필요

출처 : 한국국가기록원(2003, 72쪽) 참조

리드파일은 잠재적 자원에 대한 정보를 기록하고, 소유자들과의 접촉 및 협상을 하는데 활용한다. 리드에는 잠재적 기증자, 현 소장자, 접촉 대상자의 이름 · 주소 · 전화번호 · 리드의 정보원 · 생산자의 주요 기능 및 활동 등 수집과정에 대한 모든 정보를 담겨져 있기 때문이다.

수집 담당자는 잠재적인 기증자와 접촉 및 협상을 지속적으로 시도해야 한다. 우선 우편과 이메일을 통해 아카이브에 대해서 소개하고, 기관의 수집 프로그램에 대한 내용이 담긴 안내책자를 동봉하여 우송해줘야 한다. 그 이후에 수집담당자는 전화로 잠재적 기증자와의 계속적인 접촉을 시도해야 한다. 협상은 자료가 소장되어 있는 현지 방문을 끝낸 후 관련기록을 남기는 후속업무를 수행해야 한다. 후속업무 시 남겨지는 기록에는 '접촉한 사람과 하지 못한 사람, 접촉에 의해서 어떤 새로운 잠재적인 리드가 제공되었는가'에 대한 내용이 담겨져야 한다. 이 기록에는 또한 접촉에 대한 논의사항과 접촉자로부터 어떠한 확약을 받고, 접촉 후 어떤 조치가 취해져야 하며, 기증자에게 제공하기로 한 추가정보 및 여타 지원 사항에 대한 내용도 필히 포함되어야 한다. 특히 협상 시에는 법적근거가 있는 기증증서를 필히 작성해야 한다(한국문헌정보기술, 2009, 94~102쪽).

무형문화유산 기록자원은 형태가 다양하고, 유통체계가 없어 수집이 용이하지 않다. 따라서 가장 효율적인 수집 방법은 생산자 또는 관련자에게서 직접 수집하는 것이다. 이를 위해서는 명확한 수집정책 아래 구입 · 기탁 · 기증 · 생산(복사·복원) · 제출 · 교환 등과 같은 다양한 방법을 동원해 자원을 수집해야 한다. 이 중 공공재로서의 성격이 강한 무형문화유산의 특성 상 기증 및 기탁을 유도하는 것이 가장 바람직하다. 그리고 전략적으로 수집이 용이한 대상부터 우선 수집하는 것이 유리하다. 우선 수집대상을 제안해 보면 다음과 같다.

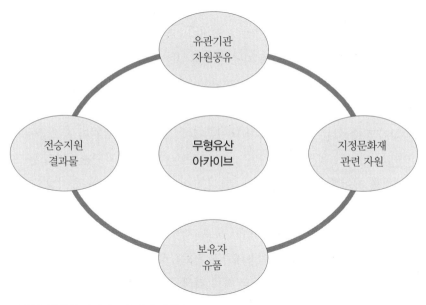

• 무형문화유산 아카이브 우선 수집대상

유관기관 간 자원공유는 자원 확보는 물론 소실 및 파손에 대비해 이중보관을 가능하게 한다. 그리고 국가지정 및 시도지정 · 유네스코 대표목록 등재 종목에 대해 앞에서 제시한 자원유형에 따른 수집을 시도해 본다면 통합적 수집이 가능할 것이다. 우리나라 무형문화재 보호정책에서 가장 큰 문제로 지적되는 부분이 보유자 사망 후 그들의 유품과 전승지원에 대한 결과물을 보존 및 처리하지 못하는 점이다. 이러한 유품 및 전승지원 결과물에 대해 수집활동을 벌인다면 단기간 내 충분히 많은 양을 확보할 수 있을 것이다.

2) 체계적 자원관리 및 유동적 운영체계

기록정보자원의 효과적인 정리와 보존을 위해서는 수집자원의 지적 통제와 물리적 통제가 조화를 이루어야 한다. 효과적인 지적 통제를 위해서는 체계적인 분류체계가 설정되어야 한다. 무형문화유산의 경우 주제 분류와 출처 분류의 방법이 복합적으로 활용되어야 한다. 즉 자원의 매체별 보존·처리가 가능한 전문시설 구축과 함께 자료 관리를 위한 세세한 규칙 및 원본자료의 훼손을 최소화하기 위한 조치가 마련되어야 한다는 것이다.

정리·보존된 자원의 효율적 제공을 위해서는 소장 자료가 무엇인지를 쉽게 찾아볼 수 있는 무형문화유산 데이터베이스 기반의 자료관리 시스템이 필요하다. 이 시스템은 조사·연구·수집·보존·활용 등 자원관리의 모든 프로세스를 제어할 수 있어야 한다. 그리고 이를 위해서는 효율적 지적통제를 위한 자원관리 매뉴얼과 메타데이터가 구축되어야 한다. 메타데이터는 ① 자료의 고유성 식별, ② 자료의 내용·구조·맥락에 관한 정보 제공, ③ 접근과 이용에 관한 조건 제공, ④ 이용내력과 자료관리 과정의 추적, ⑤ 인증 받지 않은 이용자의 제한, ⑥ 이용자의 자료 검색 등을 가능하게 해준다. 현재 널리 사용되고 있는 메타데이터 표준으로는 도서관에서 주로 사용되는 MARC와 더블린코어, 기록물 관리 국제표준인 ISO15489, 미술작품을 정보화하기 위해 사용되는 CDWA 등이 있다. 무형문화유산 자원은 형태가 다양하고 미정형화 되어있어 관리 매뉴얼 및 메타데이터를 표준화하기 매우 어렵다. 그러나 유관 기관 간 자료공유를 위해서는 상호 협력하여 특성에 맞는 메타데이터 표준 개발이 추진되어야 한다(아태무형문화유산전당기획단. 2010. 53~58쪽).

이와 같은 자원관리시스템을 기반으로 자료의 원스톱서비스를 위한 디지털아카이브 구축이 필요하다. 정보통신기술의 발전으로 인해 디지털자료가 증가하면서 무형문화유산 아카이브는 디지털 아카이브를 지향하고 있다. 디지털아카이브는 효과적인 자료 검색 및 활용을 위해 데이터베이스 상에서 사용되는 용어들의 상관관계를 분석하고 정리하는 시멘틱 검색시스템으로 구축되어야 한다. 이는 모든 단어를 자동으로 연결시켜 확장 검색을 실현하므로 검색의 편의성을 제고시키며 결과의 재현율을 향상시키기 위함이다.

앞서 말했듯이 무형문화유산 자원의 효율적 관리를 위해서는 물리적 통제도 중요하다. 따라서 물리적 통제에 필요한 조건과 환경 구축에 대해서도 간략히 살펴보도록 하겠다. 개인이 가지고 있던 자료들은 보존상태가 좋지 않은 것이 많기 때문에 사료가 입수되면 바로 소독처리를 하거나 일정량을 모아서 한꺼번에 소독처리를 한 후에 입고시켜야 한다. 또한 자원의 관리는 전산시스템으로 이루어져야 한다. 따라서 자료 입수과정에서의 리드파일 또는 입수된 자료의 기술사항 등은 모두 전산시스템에 등록되어 전자적인 방법으로 관리되어야 한다. 이러한 전산시스템의 정기적인 유지보수는 필수 조건이다. 수장고의 배치는 이용의 편리성과 향후 자료의 입수 양을 고려하여 배치하여야 한다. 또한 자료의 정기적인 정수점검을 통해 전시 및 편찬 작업 등을 위해 출고된 자료가 분실되지 않았는지 확인해야 한다. 그리고 수장고 출입은 철저히 통제하며, 담당자와 동행하는 경우 같이 들어온 사람에 대한 내용을 철저히 기록해야 한다. 시설물의 상태는 매일 점검하여 누수·화재·해충의 위험으로부터 보호해야 한다. 또한 사료의 열람현황과 입출상황도 수시로 점검해야 한다(한국국가기록원. 2003. 74~75쪽).

아카이브 기록자원의 관리는 행정지원 등의 운영업무도 포함된다. 특히 유동성 있는 운영체계를 확립하기 위해서는 운영업무가 매우 중요하다. 그 내용을 살펴보면 모기관의 관할 부서와의 의사소통 수집 및 사료기증 시 발생하는 각종 계약 및 비용관계, 운영을 위한 인사·재무관리 등의 업무가 있다.

　운영업무는 대부분 통계관리를 통해 이루어진다. 아카이브는 비용투자가 지속적으로 이루어져야 하므로 적은 비용으로 큰 효과를 유도해야 한다. 이를 위해서는 아카이브 모든 업무에서 발생하는 각종 통계자료를 분석하여 불필요한 비용과 불합리한 업무의 유무를 지속적으로 검토해야 한다. 유동성 있는 운영관리를 위해서는 인력관리가 매우 중요하다. 아카이브의 직원은 무형문화유산·역사학·기록 관리에 대한 전문적 식견을 가지면서 의사결정을 할 수 있는 최소한의 인력으로 구성해야 한다. 운영의 유동성과 투입비용의 효과를 높이기 위해서는 단순 관리업무에 투입되는 인력을 최소화해야 하기 때문이다. 전산관리 등의 업무는 별도 인원을 배치하는 것보다 기존시스템 관리 인력을 활용하여 통합적인 관리체계를 구성하는 것이 효율적이다. 자원의 이동·보존 등은 비정기적으로 발생하는 업무이기 때문에 필요할 때 전문업체를 선별하여 업무를 위탁하는 것도 비용절감의 방법이다. 종이문서의 기본적인 처리 등은 기록관리학 대학원과 연계하여 실습·견습 등의 제도를 활용하는 것도 좋은 방법이다. 자료의 물리적 처리문제 해결과 함께 학제 간 연계를 통해 새로운 연구 활동을 제공하고, 연구 성과를 실무에 적용시켜볼 수 있는 일거양득의 효과를 볼 수 있기 때문이다. 전시 및 이벤트 등 일시적인 사업의 경우 시설대여나 전문 업체의 도움을 받아 행사운영의 유동성을 확보하는 것도 효율적이다. 단 일부 고정 교육 및 전시 프로그램은 제외해야 하며, 아카이브의 기본운영 방침과 내용구성에 적합한 업체를 선별할 수 있도록 주의해야 한다.

3) 이용자 중심의 서비스 강화

　무형문화유산 아카이브의 주요 이용객은 '연구자 집단, 일반인, 무형문화유산 전문가' 세 부류로 구분된다. 따라서 타깃별 차별화된 서비스 제공이 필요하다. 하지만 서비스 프로그램 계획 시 상호 교감할 수 있는 친근한 방법의 사용은 어느 타깃에서나 적용되어야 할 공통사항이다.

무형문화유산의 전승기반 강화를 주목적으로 삼고 있는 무형문화유산 아카이브의 특성상 핵심 타깃은 전승자를 비롯한 무형문화유산 전문가들이 될 것이며, 주요 타깃은 무형문화유산 연구자들일 것이다. 그리고 일반 대중은 잠재적 타깃이 될 것인데, 이들을 위한 서비스 프로그램은 수요조사 후 점진적으로 확대해 나가는 것이 좋을 것이다. 무형 아카이브의 이용자 분석 및 서비스 제공방향을 표로 정리해 보면 다음 표와 같다.

• 이용자 분석 및 서비스 제공 방향

이용자	• 일반인(어린이, 학생, 어른 등) • 연구자 집단 • 무형문화유산 관련자(전승자, 기획자, 관련 공무원 등) • 기타(관광객, 교사 등)
이용 방법	• 오프라인을 통한 고객대응 서비스 • 온라인 전시 및 온라인 정보 제공의 활성화
서비스 제공	• 무형문화유산 관련 기관 간 정보 및 네트워크 구축을 통한 서비스 제공

먼저 무형문화유산 전문가 대상 프로그램을 살펴보자. 무형문화유산 자원을 생산하는데 직접적 관련이 있는 연행자와 기획자 등은 업무 필요성 때문에 무형문화유산 아카이브의 자원 및 기록을 가장 많이 찾을 것이다. 따라서 이용에 불편함을 느끼지 않도록 연구자나 일반인들보다 질 높은 열람 및 서비스를 제공해야 한다. 즉 비공개 자료 및 희귀본 등을 열람할 수 있도록 해주며, 무형문화유산 이해증진 및 관리에 대한 세미나 및 워크숍 등의 교육 프로그램을 별도로 제공하여 만족도를 높여 주어야 한다. 특히 일반 이용자와는 차별화된 특별 이용제도의 운영도 고려해 보아야 한다.

다음은 연구자 대상의 프로그램에 대해 살펴보자. 이들을 위해서는 연구지원 프로그램 등의 독립적이고 실질적인 프로그램을 운영해야 한다. 자체적인 프로그램 개발 이외에도 학교·연구소·재단 등의 기관을 통해 연구자와 연구단체를 지원하는 방안도 고려해야 한다. 또한 지원 대상에 대한 지속적이고 체계적인 평가를 바탕으로 우수한 연구 집단과 개인에게는 아카이브의 기록자원을 독점적으로 제공하여 연구 자료로 활용할 수 있는 혜택을 주어야 한다. 연구지원 프로젝트 외에 학제 간 연구 지원과 협조도 필요하다. 무형문화유산은 역사학·인류학·민속학·사회학·기록관리학 등 다양한 학문에서 다뤄질 수 있는 특성이 있기 때문에 학제 간 통섭에 알맞은 주제이다. 아울러 전자기록물의 장기보존 등 기록관리 기술에 관한 연구지원도 병행해야 한다. 그래야만 내실을 기할 수 있는 서비스 프로그램이 제공될 수 있다.

마지막으로 일반인 프로그램을 살펴보자. 일반인은 앞선 두 집단과는 다르게 ① 학생 및 교사, ② 가족 단위, ③ 지역 주민 등으로 세분화될 수 있다. 따라서 그에 따른 서비스 제공 방향과 프로그램이 달라져야 한다. 교사와 학생들은 교육을 목적으로 아카이브를 이용할 것이기 때문에 학교 교육과 연계된 프로그램 제공이 효율적이다. 그런데 막연한 교육 프로그램 보다는 시험준비 및 과제물 도와주기 등의 구체적인 목적달성이 가능한 교육 프로그램이 효과적이다. 가족 단위의 이용자는 가장 중요한 타깃이다. 교육·전시·열람 프로그램은 물론 입장료 할인 등 실질적인 서비스도 고려해야 한다. 또한 주말, 휴일 및 특정 기념일 등을 활용한 특별 이벤트도 지속적으로 개발해야 한다. 즉 축제, 세미나 및 학회 등을 자주 개최하여 무형문화유산과 관련해서는 항상 아카이브가 관련되어 있다는 인식을 심어줘야 한다. 마지막으로 지역주민들에게는 자원봉사와 같은 주인의식을 심어줄 수 있는 프로그램이 적격이다. 지역주민들이 애정을 가지고 참여할 수 있는 자리를 마련해 줄 수 있으며, 현실적으로도 운영인력을 확보할 수 있는 장점도 있다.

이외에도 관광을 목적으로 타 지역에서 방문하는 이용자들을 타깃으로 주변 문화기관과 연계한 프로그램을 개발해야 한다. 더 나아가 인근지역의 문

화행사와 연계하여 프로그램을 개발할 수 있고, 무형문화유산과 관련한 국가
행사를 당국과 연계하여 개최할 수도 있다.

4) 무형문화유산 아카이브 운영모델

무형문화유산 아카이브는 무형문화유산 기록자원을 수집 · 평가 · 분류 ·
보존하여 유용하게 활용 할 수 있는 복합문화시설을 지향해야 한다. 이 목적
을 달성하기 위해서는 다른 아카이브와는 차별성이 있어야 한다. 그 차별성
은 자료 수집과 서비스에서 찾을 수 있다. 즉 문서 · 음성 · 영상자료 등 다양
한 매체로 된 많은 원형자료를 확보해야 하며, 무형문화유산의 특성을 살린
체험과 같은 특별한 서비스를 제공해야 한다. 이를 위해서는 다음과 같은 조
건들이 선행되어야 한다.

① 무형문화유산의 가시성을 극대화할 수 있는 영상자료 및 디지털 매
체를 중심으로 한 무형문화유산 자원 수집
② 자원들의 효율적 관리 및 창의적 활용을 위한 유관기관 간 통합시
스템 구축
③ 접근성 및 활용성 극대화를 위한 디지털아카이브 운영
④ 주변 공연 · 전시 · 교육시설과 연계한 창의적 자료 활용
⑤ 박물관(Museum) · 도서관(Library) · 기록관(Archives)이 결합된 라
키비움(Larchiveum)형식의 새로운 문화 공간 창출

정리해 보면 무형문화유산 아카이브는 영상과 디지털 매체를 중심으로 한
다양한 형태의 자원들을 체계적으로 관리하고, 적극적으로 활용하여, 그 원
형과 가치를 올바르게 재현할 수 있도록 하는 전문 아카이브이다. 이상의 내
용을 정리하여 운영모델을 제시하면 다음과 같다.

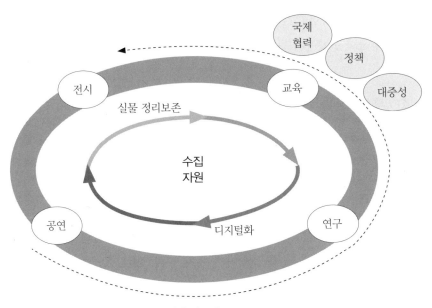

• 무형문화유산 아카이브 통합시스템 운영모델

　수집된 자원들은 분류체계에 따라 실물로 정리·보존함과 동시에 디지털 자료로 변환하여 보존한다. 실물 및 디지털 자료는 연구·전시·교육·공연 등 2차 콘텐츠 제작에 필요한 원천소스를 제공하는데 사용하며, 이 자료들은 이용자들이 쉽게 접근하여 활용할 수 있도록 만든다. 이렇게 만들어진 2차 콘텐츠는 대중들에게 보다 쉽게 무형문화유산의 가치와 의미를 전달할 수 있어 지식창출의 저변을 확대할 수 있다. 즉 무형문화유산의 대중성이 확보되는 것이다. 대중성이 확보되면 다양한 무형문화유산 보호 및 활용정책들이 개발되어 시행될 수 있으며, 이 정책들은 국제교류 및 협력에 활용되어 국격을 높일 수 있는 계기를 만들어 줄 수 있다.

5. 맺음말

우리나라 무형문화유산 자원은 매우 부족한 실정이다. 그나마 있는 자료들조차 전국에 산재하여 체계적인 관리가 힘들다. 이로 인해 무형문화유산 지식이 대중들에게 전달되지 않아 무형유산의 전승기반 약화와 대중들의 흥미 감소를 유발하고 있다. 이를 해결하기 위해서는 자료의 수집·보관·활용을 일관성 있게 추진할 수 있는 무형문화유산 전문 아카이브가 필요하다. 지금까지 무형문화유산 아카이브의 구체적 운영방안을 제시해 보았다.

우선 우리나라 문화재보호법 상의 '무형문화재' 개념과 유네스코 무형문화유산협약 상의 '무형문화유산' 개념을 비교·분석해 무형문화유산 아카이브의 개념을 도출하였으며, 관리대상 자원을 본 자원과 보조자원으로 구분해 그 내용 및 범위를 명확히 하였다. 다음으로 국내외 유관기관(한국영상자료원·국립예술자료원·국사편찬위원·와세다대학 연극박물관·뉴욕 공연예술도서관)의 조직·기능·소장자료·사업현황 등을 조사하여 아카이브 운영의 시사점을 찾아보았다. 그 결과 '복합문화공간으로서의 통합시스템 구축과 다양한 서비스 제공'이 핵심 사안이라는 것을 알았다. 마지막으로 앞서 도출한 내용들을 바탕으로 기본 운영방향과 기능을 제시하였다. 먼저 수집활동에 필요한 세부지침들을 제시하였고, 다음으로 지적통제와 물리적 통제를 통한 자원관리 방안과 유동적 운영체계를 위한 주요내용들을 살펴보았으며, 마지막으로 전문가·연구자·일반인으로 이용자를 구분하여 대상별 프로그램을 제시하였다.

무형문화유산 기록자원은 소중한 무형문화유산의 생존성을 유지하는 중요한 수단이다. 따라서 아카이브는 다양한 자원들의 체계적 관리와 원활한 정보제공을 위한 통합시스템 구축이 필요하다. 즉 실물 아카이브와 디지털 아카이브가 함께 구축되어야 하는 것이다.

히스텔링
(History+Storytelling)
역사, 문화콘텐츠를 입다

참고자료

□ 사료(史料)

『삼국사기(三國史記)』

『삼국유사(三國遺事』

『고려사(高麗史)』

『고려사절요(高麗史節要)』

『숙종실록(肅宗實錄)』

『연산군일기(燕山君日記)』

『중종실록(中宗實錄)』

『정조실록(正祖實錄)』

『선조실록(宣祖實錄)』

『인조실록(仁祖實錄)』

『비변사등록(備邊司謄錄)』

『난중일기(亂中日記)』

『징비록(懲毖錄)』

『정조어찰첩(正祖御札牒)』

□ 단행본

논저(論著)

강만길, 2006, 『고쳐 쓴 한국 근대사』(창비).

강만길, 2008, 『고쳐 쓴 한국 현대사』(창비).

김기덕, 2007, 『한국 전통문화와 문화콘텐츠』(북코리아).

김기덕, 2005, 『영상역사학』(생각의나무).

김기봉, 2003, 『역사란 무엇인가를 넘어서』(푸른역사).

김기봉, 2007, 『팩션시대-영화와 역사를 중매하다』(프로네시스).

김기봉, 2009, 『역사들이 속삭인다』(프로네시스).

김영순·김현 외, 2006, 『인문학과 문화콘텐츠』(다할미디어).

김영순·박기수 외, 2005, 『문화콘텐츠학의 탄생』(다할미디어).

김정미, 2014, 『한국사 영화관』(메멘토).

김정운, 2014, 『에디톨로지』(21세기북스).

김현숙, 2013, 『동북공정-당신이 알아야 할 한국사』(동북아역사재단).

방기철, 2014, 『한국역사 속의 전쟁』(새문사).

배영동 외, 2007, 『마을민속 자원화 어떻게 할 것인가』(민속원).

백승국, 2005, 『문화기호학과 문화콘텐츠』(다할미디어).

송기호, 2007, 『동아시아의 역사분쟁』(솔).

송찬섭 외, 2017, 『한국사의 이해』(한국방송통신대학교).

안대회, 2010, 『정조의 비밀편지』(문학동네).

역사비평 편집위원회 편, 2009, 『논쟁으로 읽는 한국사 1, 2』(역사비평사).

유동호 외, 2017, 『역사의 고전』(건국대학교 출판부).

윤유석, 2014, 『역사이야기 스토리텔링』(북코리아).

이재필 외, 2010, 『무형문화재 기록화 가이드북』(국립문화재연구소).

이종관, 2009, 『디지털컨버전스 시대의 의식과 행동』(정보통신정책연구원).

임용한, 2004, 『전쟁과 역사1』(혜안).

전국역사교사모임, 2008, 『역사, 무엇을 어떻게 가르칠까』(휴머니스트).

전병길, 2014, 『공동경비구역』(책마루).

정창권, 2011, 『문화콘텐츠학 강의』(커뮤니케이션북스).

정창권, 2008, 『문화콘텐츠 스토리텔링』(북코리아).

조한옥, 2003, 『문화를 보면 역사가 달라진다』(책세상).

최혜실, 2006, 『문화콘텐츠, 스토리텔링을 만나다』(삼성경제연구소).

한국사연구회 편, 2012, 『새로운 한국사 길잡이 상, 하』(지식산업사).

한영우, 2004, 『다시 찾는 우리역사』(경세원).

한홍구, 2003, 『대한민국사 2』(한겨레신문사).

함한희 외, 2008, 『마을민속 아카이브 어떻게 할 것인가』(민속원).

함한희 외, 2007, 『무형문화유산의 현대적 의미 찾기』(전북대 고고문화인류학과).

홍성화 외, 2015, 『세계 속의 한국사』(건국대학교 출판부).

번역서

나스레딘 호자 저 · 박종욱 역, 2007, 『나스레딘 호자의 행복한 이야기』(풀잎).

발터 벤야민 저 · 최성만 역, 2008, 『역사의 개념에 대하여 외』(길).

데이비드 하워드 저 · 심산스쿨 역, 2007, 『시나리오 마스터』(한겨레출판사).

E.H 카 저 · 김택현 역, 2001, 『역사란 무엇인가』(까치).

에릭 바누 저 · 이상모 역, 2000, 『세계 다큐멘터리 영화사』(다락방).

엘빈 토플러 저 · 김진욱 역, 2014, 『제3의 물결』(범우사).

프랑수아 도저 저 · 김복래 역, 1998, 『조각난 역사』(푸른역사).

제롬 드 그루트 저 · 이윤정 역, 2014, 『역사를 소비하다』(한울아카데미).

마이클 하임 저 · 여명숙 역, 1997, 『가상현실의 철학적 의미』(책세상).

마샬 맥루언 저 · 김상호 역, 2011, 『미디어의 이해』(커뮤니케이션북스).

스가야 야키코 저 · 이진영 역, 2004, 『미래를 만드는 도서관』(지식여행).

세일라 커런 버나드 저 · 양기석 역, 2009, 『다큐멘터리 스토리텔링』(커뮤니케이션북스).

이케다 노부오 저 · 이규원 역, 2000, 『인터넷 자본주의 혁명』(거름).

□ 연구 논문 및 보고서

논문(論文) 등

권신영, 2009, 「역사를 바라보는 새로운 시선, 〈황산벌〉」, 『씨네포럼』 10.

김경식 · 정지훈, 2015, 「팩션영화 〈광해, 왕이 된 남자〉의 흥행요서 분석 연구」, 『한국콘텐츠학회논문지』 15-6.

김기덕, 2009, 「팩션영화의 유형과 대중적 몰입의 문제」, 『역사문화연구』 24.

김기덕, 2000, 「정보화시대의 역사학 −영상역사학을 제창한다」, 『역사교육』 75.

김기덕, 2002, 「역사가와 다큐멘터리 −〈역사스페셜〉의 사례를 중심으로」, 『사학연구』 65.

김기봉, 2012, 「〈해를 품은 달〉 막장 사극인가 사극의 진화인가」, 『철학과현실』 93.

김기봉, 2006, 「역사를 통한 역사교육 −국사교육을 넘어서」, 『역사교육』 97.

김기봉, 2002, 「포스트모던 시대의 역사로서 사극」, 『상명대 인문과학 연구소 심포지엄 자료집』.

김현숙, 2012, 「동북공정 이후 북학의 고구려사 연구동향」, 『국학연구』 21.

노광우 · 최지희, 2012, 「역사 코미디 영화로서의 〈황산벌〉과 〈평양성〉」, 『영화연구』 51.

박경환, 2008, 「기록유산을 활용한 전통문화콘텐츠 개발」, 『국학연구』 12.

손희정, 2015, 「〈광해〉와 〈명량〉의 흥행은 무엇의 표상인가」, 『영화연구』 65.

신원선, 2004, 「드라마 〈다모〉를 보는 네 가지 방식」, 『문학과영상』 5-2.

신원선, 2014, 「〈명량〉을 보는 세 가지 방식」, 『현대영화연구』 19.

양근애, 2008, 「TV드라마 〈대장금〉에 나타난 가능성의 역사 구현방식」, 『한국극예술연구』 28.

이범환, 2009, 「공연예술 아카이브의 효율적 운영방안 연구」, 단국대학교 대학원 석사
　　논문.

이영미, 2014, 「TV드라마 〈정도전〉의 성과, 그리고 아쉬움」, 『황해문화』 84.

정상우, 2009, 「무형문화재 보호의 기본원칙과 법적 과제」, 『외국법제정보』 36.

조명상, 2015, 「TV사극에 나타난 역사 재현, 〈용의 눈물〉과 〈정도전〉의 비교분석」,
　　서강대학교 대학원 석사논문.

함한희, 2009, 「구술아카이브 자료의 활용에 관한 제언」, 『제1회 전국기록인대회 자료
　　집』.

연구 보고서 등

김영하, 2004, 「시대착오', '세대갈등' 두 불사신을 만나다」, 『한겨레신문』 2004. 2.
　　26.

메타기획, 2009, 「아태무형문화유산전당 운영 프로그램 개발 및 조직 운영방안 수립」
　　(문화재청).

문화재청, 2016, 「2015 무형문화재 현황」(문화재청).

성기숙 외, 2007, 「국립극장 공연예술박물관 설립 기본계획」(국립극장).

유동호 외, 2010, 「아태무형문화유산전당 운영프로그램 개발」(문화재청).

유동호 외, 2011, 「아태무형문화유산전당 특성화 방안 연구」(문화재청).

주명철, 2001, 「사극에서 무엇을 읽을 것인가」, 『신동아』 2001년 7월호.

중앙대학교 건설환경연구소, 2007, 「아시아문화전당 내 문화자원센터 구축전략 수립」
　　(문화관광체육부).

한국관광개발연구원, 2007, 「무형문화유산전당 종합계획」(문화재청).

한국국가기록연구원, 2003, 「수원 사운역사박물관 건립 타당성 조사 및 기본계획 연
　　구」(수원시).

한국문헌정보기술, 2009, 「병무행정 사료기록 수집체계와 절차개발에 관한 연구」(병
　　무청).

□ 역사문화콘텐츠

영화

〈황산벌〉
〈왕의 남자〉
〈형사〉
〈공동경비구역 JSA〉
〈살인의 추억〉
〈태극기 휘날리며〉
〈명량〉
〈광해, 왕이 된 남자〉
〈웰컴 투 동막골〉
〈허공에서의 질주〉
〈천국의 아이들〉
〈밀양〉
〈흐르는 강물처럼〉
〈쇼생크 탈출〉

TV드라마

〈대장금〉
〈다모〉
〈정도전〉
〈기황후〉
〈해를 품은 달〉

다큐멘터리

〈KBS스페셜 한중일 역사분쟁 – 동북공정, 역사의 창장 10년〉

〈KBS역사스페셜 발해, 고구려를 꿈꾸다〉

〈역사스페셜 이차돈 순교는 정치쇼였나〉

〈EBS시대의 초상, 위안부라 하지 마라〉

□ 사이트

동북아역사재단 http://www.nahf.or.kr

한국콘텐츠아카데미 http://www.edu.kocca.kr

일본군위안부피해자 e역사관 http://hermuseum.go.kr

문화유산연구지식포털 http://portal.nrich.go.kr

한국역사정보통합시스템 http://koreanhistory.or.kr

국립예술자료원(아르코 예술정보관) http://www.knaa.or.kr

국사편찬위원회 http://www.history.go.kr

법제처 www.moleg.go.kr/

한국영상자료원(KOFA) http://koreafilm.or.kr

뉴욕공연예술도서관 http://www.nypl.org

유네스코(UNESCO) portal.unesco.org

히스텔링
(History+Storytelling)
역사, 문화콘텐츠를 입다

찾아보기